教育部人文社科青年项目“农村面源污染防治法律实效研究”（项目号12YJC820082）成果

湖北水事研究中心文库

农村面源污染防治法律实效研究

基于湖北省的实证分析

邱秋◎著

中国社会科学出版社

图书在版编目(CIP)数据

农村面源污染防治法律实效研究：基于湖北省的实证分析 / 邱秋著 .—北京：中国社会科学出版社，2018. 11

ISBN 978-7-5203-3320-7

Ⅰ. ①农… Ⅱ. ①邱… Ⅲ. ①农业污染源-面源污染-污染防治-环境保护法-研究-中国 Ⅳ. ①D922. 683. 4

中国版本图书馆 CIP 数据核字(2018)第 239497 号

出 版 人 赵剑英
责任编辑 梁剑琴
责任校对 夏慧萍
责任印制 李寡寡

出　　版 中国社会科学出版社
社　　址 北京鼓楼西大街甲 158 号
邮　　编 100720
网　　址 http：//www. csspw. cn
发 行 部 010-84083685
门 市 部 010-84029450
经　　销 新华书店及其他书店

印　　刷 北京明恒达印务有限公司
装　　订 廊坊市广阳区广增装订厂
版　　次 2018 年 11 月第 1 版
印　　次 2018 年 11 月第 1 次印刷

开　　本 710×1000 1/16
印　　张 15. 5
插　　页 2
字　　数 255 千字
定　　价 68. 00 元

内容摘要

据《第一次全国污染源普查公报》（2010年2月6日），农村面源污染已在关键指标上超过工业点源污染，成为我国水污染的主要因素，迫切需要法律调整，而适合农村需要的法律供应却严重不足。近年来，尽管相关的国家及地方立法十分活跃，然而，农村面源污染问题并未随着“立法爆炸”而得到根本改善，仍然呈急剧恶化之势。现行水污染防治法主要是针对城市，针对工业点源污染防治而立，实施于农村时“水土不服”，法律文本（应然法）难以转化为法律实效（实然法）。本书通过实证分析评估现行立法的法律实效，通过规范分析寻找实然法与应然法的错位，最终回答如何矫正实然法与应然法的错位，促进农村面源污染防治法从法律文本走向法律主体的实质行动。

本书以法律实效为中心，重点考察和分析现行农村面源污染防治法在执法、司法和守法等实施环节的实际运行情况。本书研究沿以下路径逐层推进：实证分析发现问题→比较分析寻求原因→多学科分析提供解决方案。通过实证分析评估现行立法的法律实效，通过规范分析寻找实然法与应然法的错位，最终回答如何矫正实然法与应然法的错位，促进农村面源污染防治法从法律文本走向法律现实，为环境法调整农业分散个体的污染行为提供理论支撑和研究方法，同时为我国农村面源污染防治提供富有操作性的国家和地方立法建议，以及加强农村面源污染防治执法、守法和司法能力的制度优化方案。本书在系统梳理国外农业污染防治法律实效的基础上，以农村面源污染十分严重，地方立法走在全国前列的湖北为例，从国家及湖北现行农村面源污染防治法律规范的实效入手，深入剖析我国农村面源污染防治法律供应不足的表现、原因，并从理念和制度上提供提高我国农村面源污染防治法律实效的具体方案。

第一章界定了本书所研究的法律实效的基本问题，分析农村面源污染防治中法律实效研究的意义，界定了实证研究的范围、目的，开展的基本情况与样本选择。第二章选择美国、欧盟国家与日本作为典型案例，系统梳理了农村面源污染防治法律实效的域外经验。第三章从法律效力的结构、法律效力的时空维度、对象维度及事项维度等方面，较为全面地呈现了我国现行农村面源污染防治立法的应然法律效力。第四章通过实证研究揭示了我国农村面源污染防治法的实然，即现行立法的法律实效及其影响因子。这种客观呈现既有整体的农村面源污染防治效果，又分别针对现行农村面源污染防治法的实际运行，即执法、守法、司法展开分项的实效分析。第五章采用比较法，发现我国农村面源污染防治实然法与应然法在法律规范层面存在多维错位，在此基础上，进一步深入法律利益、法律价值层面，剖析了我国农村面源污染防治实然法与应然法在理论基础和途径选择上的错位。第六章采用法学、社会学等多学科方法，提供了矫正我国农村面源污染防治实然法与应然法错位，提高农村面源污染防治法律实效的解决方案。即在法律理念上，实现法律价值层面的民生优位，在法律利益层面，由现行的农民利益限制调整为农民利益增进；在法律规范上，提供了立法体系、管理体制以及核心制度的具体优化方案。

关键词：农村面源污染；法律实效；应然法；实然法

目　录

第一章

法律实效的基本问题界定

第一节 农村面源污染及其防治

一 农村面源污染的概念

（一）面源污染的概念及分类

1. 面源污染的概念

面源污染（None-point Pollution），是与点源污染相对应的一种水污染类型，因而又被称为非点源污染，主要是由来自大面积、大范围的污染物和分散污染源所造成。面源污染的来源通常为不特定、非固定的地点，污染物的形态也主要表现为溶解态或固态，外加自然降水的沉降作用和地表径流的冲刷作用，使得面源污染的物质进入地表水和地下水水体中，在最终的后果上则表现为以富营养化为主要特征的水污染。① 面源污染主要来源于农村，与农业、农村与农民有着千丝万缕的关系。点源污染是工业生产过程与部分城市生活中所产生的污染，具有排污点集中、排污途径明确等特征。②

2. 面源污染的主要特点

与点源污染相比，面源污染具有以下显著特点：量大面广，向环境排放污染物质是一个不连续的分散过程；受自然条件突发性、偶然性和随机性制约；污染负荷的时空差异性大、形成机理模糊、潜伏性强。③ 面源污染是在不确定的时间内，通过不确定的途径，排放不确定的污染物。欧美

---

① Line D. E.，"Nonpoint Source Pollution"，*Water Environ. Res.*，1998，70（4）

② 贺缠生、傅伯杰、陈利顶：《面源污染的管理及控制》，《环境科学》1998 第 19 期；张志剑等：《农村面源污染与水体保护》，《杭州科技》1999 年第 6 期。

③ 祁俊生：《农村面源污染综合防治技术》，西南交通大学出版社 2009 年版，第 26 页。

国家通过对点源污染和面源污染发生机制的研究，发现二者之间存在明显差异。为此，目前在应对这两种污染的过程中，均采用富有针对性的、截然不同的污染控制策略和技术。在对点源污染进行防治时，通常采用建设污水处理厂等工程措施进行末端控制。也正因此，实践中形成了较为成熟的污水处理技术和监测技术，以及相应的规范。然而，在对面源污染进行防治的过程中，在国际范围内有效的控制和监测技术仍显匮乏，在控制领域侧重于采用源头控制策略，在全流域范围内通过农田最佳养分管理等农业措施削减氮、磷总量，在监测领域则强调因地制宜，而没有标准的方法。①

3. 面源污染的类型

依据面源污染发生过程、区域的不同，通常将面源污染类型划为城市面源污染和农村面源污染两大类。

城市面源污染，顾名思义，其发生于城市区域，具体的发生过程则表现为城市地面污染物、粉尘、固体颗粒、金属等腐蚀残留物、地面生活垃圾、污水管网泄露或漫流、交通运输中汽车尾气排放的铅及轮胎磨损物以及大气中的悬浮颗粒等各种物质，在降雨过程的作用下，经初次冲刷、产流、汇流进入雨井等地下污水或雨水管网系统，并最终进入受纳水体中，客观造成受纳水体水质的污染。② 城市面源污染的主要特点是：（1）城市面源污染由降雨径流的淋浴和冲刷作用产生，在暴雨初期具有突发性、高流量和重污染等特点；（2）面源负荷主要来源于屋面建筑材料、建筑工地、路面垃圾和城区雨水口的垃圾和污水、汽车产生的污染物、大气干湿沉降等，特别是雨水口的垃圾和污水，主要污染物为有机物、石油类和氮、磷等；（3）城市面源污染通过排水管网，集中排入受纳水体。

农业生产过程所造成的污染是面源污染的典型性代表，其在面源污染中所占的比例极为突出。农村面源污染基于两个方面的因素产生：第一，在农业生产过程中，产生了大量溶解的或固体的污染物（例如，农田中的土粒、氮磷素、农药、重金属、畜禽养殖废弃物和废水、生活垃圾及污

---

① Magette W. L.，“Monitoring”，In Ritter W. F.，Shirmohammadi，A. eds.，*Agricultural Non-point Source Pollution control：Selection and Assessment*，London：Lewis Publishers，2000，pp. 257－304.

② 葛永学：《城市非点源污染研究进展》，《中山大学研究生学刊》（自然科学、医学版）2010年第1期。

水等）；第二，在降水沉降和径流冲刷等外在力的作用下，污染物质通过地表径流和地下渗透等方式，侵入地表水和地下水中，进而造成水体的污染。[①] 农村面源污染的主要特点是：（1）农村面源污染除农田地表径流外，还通过农田排水和地下渗漏进入受纳水体；（2）主要来源于农村畜禽养殖污染源、农业种植生产污染源及水产养殖污染源等；（3）农村面源污染一般以分散的方式进入受纳水体。

（二）面源污染的法律概念

我国现行立法尚未定义"面源污染"。美国《清洁水法修正案》（1987年）将面源污染定义为"污染物以广域的、分散的、微量的形式进入地表及地下水体"。权威的表述经常把它们描绘为任何不能归结于分散运送的水污染源。依此定义，面源污染成了一个包罗万象的类型，它包括所有不能来源于点源的污染。学者们对这个名词归纳了特别广泛的范围：它指向大量的农业活动。面源污染的定义因此包括所有的农业操作，无论是种植还是畜禽养殖，无论是在靠天灌溉还是人工灌溉的地区。

1. "广域"指面源污染分布广泛，成因复杂多样；

2. "分散"指面源污染不同于点源污染在固定的排污口集中排放，污染源的分散性极强；

3. "微量"指在特定、有限时空条件下，与点源污染物的排放相比，其浓度较低，但放大时空尺度，其总负荷异常巨大。

面源污染概念带来的关键法律问题，在于污染源的高度分散性，调整对象由相对集中的工业点源，转变为具有高度分散性的农村面源后，很难以传统点源污染防治方法加以管制，控制难度大。

二　农村面源污染的危害

农村面源污染的起因主要是农民过量施用化肥、农药，以及不当水产养殖造成的污染。农村面源污染量多面广，对人体健康及生态环境安全的危害巨大。

（一）过量施用化肥的危害

过量施用化肥不仅会导致水体、土壤等生态要素的污染，并且直接影

---

① Novontny V.，Chesters G.，*Handbook of Non-point Pollution：Sources and Management*，New York：Van Nostrand Reinhold，1981，p. 555.

响人体健康。“在蔬菜种植过程中过量地施用化学氮肥，将会导致蔬菜中硝酸盐的含量较高，虽然这种硝酸盐对人体健康并无毒害性，但它还原成的亚硝酸盐却是一种有毒物质，不仅会引起正铁血红抗病，同时能与二级胺结合形成强致癌物质亚硝胺，从而诱发消化道系统癌变。世界卫生组织和联合国粮农组织在1973年就规定硝酸盐的日允许量为0.36毫克/千克（体重）、亚硝酸盐日允许量为0.13毫克/千克（体重）。据调查，有些蔬菜（青花菜、芹菜、青菜）的硝酸盐含量已超过该标准，腌制过的芥菜亚硝酸超标2倍多，应引起重视。”①

（二）过量使用农药的危害

农药施用过量，不仅会严重损害土地的生产能力和调节功能，还会严重影响食品安全和身体健康，导致人体发病率递增。大量农药部分残留或者超标残留在农产品表面，影响了农产品的食品安全。② 农药进入人体的途径有多种，其主要的进入途径有消化道（例如胃肠道）、呼吸道和皮肤等。农药中所含的有机砷，一旦进入人体胃肠道，则聚积在肝、肾和肠壁，从而抑制细胞的呼吸，最终导致细胞窒息死亡；农药中的有机磷一旦进入人体，即与体内的胆碱酯酶结合，使胆碱酯酶失去活性，引起神经传导生理功能的紊乱；过量的磷离子侵入人体，则会引发呕血、腹泻、肝疼痛、昏迷等症状；溶解性铜离子沉淀蛋白质，破坏细胞原生质，因而铜离子侵入人体会引起中毒症状。

（三）畜禽、水产养殖污水排污的危害

农村环境的典型特点表现为农业生产活动与生活活动没有明确的区分和隔离，两项活动通常在同一地域空间、同一时间阶段内发生。因此，富含大量氮素、磷素等的畜禽养殖、水产养殖污水，通过地表径流和地下渗透进入各类水体中，包括农村居民生活用水的水体中，从而导致各类水体中的硝态氮、硬度和细菌总数超过标准要求。例如，在重庆，农村饮用水普遍采用1—5米深的井水，调查表明，有56.5%的井水水质超过《生活饮用水卫生》（GB5749—85）标准。在我国农村地区，个体化、分散化是畜禽养殖、水产养殖的主要特点，这种特点使得养殖污水无害化处理的成本较高，这也就挫伤了养殖户对其所排放的污水进行必要的无害化处理的

① 祁俊生：《农村面源污染综合防治技术》，西南交通大学出版社2009年版，第26页。

② 杨丽霞：《农村面源污染治理中政府监管与农户环保行为的博弈》，《生态经济》2014年第5期。

意愿，基于降低养殖成本的考虑，其通常将污水直排到各类水体中。这客观上造成并加剧了大量江河、湖泊的富营养化。另外，畜禽粪尿含有氨、硫化氢等有害气体，不及时清除或清除后不及时处理时其臭味成倍增加，产生甲基硫醇、二甲二硫醚、甲硫醚、二甲胺等有恶臭的气体，影响人体健康。

三　农村面源污染的防治

早期污染防治的重点是工业点源污染，农村面源污染的巨大危害，并未引起足够重视。工业化国家在20世纪70—80年代基本解决了城市污水集中处理问题。然而，20世纪50—80年代，由于集约化农业生产模式的推广和发展，各种农用化学品在农业生产过程中被大规模、高频度地投入使用，极速地加剧了农村面源污染由隐性问题凸显升级为显性问题。自20世纪80年代末至今，这一趋势仍未扭转，甚至在加剧。目前在全球范围内，农村面源污染防治已成为水污染防治领域中不可或缺的重要组成部分。同时，农村面源污染防治也成为现代农业、生态农业以及社会可持续发展的重要内涵。

（一）农村面源污染已成为发达国家水污染的首要来源

发达国家的污染控制经验表明，20世纪70年代以来，由于国家、社会的高度重视，工业废水和城市生活污水等点源污染已经得到有效的控制。与之相反的则是农村面源污染日渐严重，并已成为水环境污染的最重要因素。可以说，农村面源污染已成为目前发达国家实现水质管控目标的主要障碍和核心难点。

美国、日本等国家的研究表明，即便实现了点源污染的零排放，即全面控制，江河的水质达标率也仅为60%，湖泊的水质达标率为40%，海域水质达标率为78%。面源污染是所有水污染的主要组成部分，严重影响了地表水和地下水的水质。1986年，在美国大多数污染水体中，65%—75%为面源污染，乡村地区所有的地表水均受到面源污染。在33个州，面源污染是影响径流和河流的最主要污染物，在爱荷华州、密苏里州、蒙大拿州、内布拉斯加州、威斯康星州，面源污染占径流和河流污染的90%。在42个州，面源污染是湖泊污染的首要来源，在爱荷华州、堪萨斯州、密西西比州、新泽西州、新墨西哥州和西弗吉尼亚6个州，它是湖泊污染的唯一原因。面源污染还要对43%的河口污染负责。类似地，因为不断上升的化学污染和其他污染，地下水也遭受了面源污染。[①] 农业是地表水污染最大的面源来源。它包括进入水体的杀虫剂和除草剂，特别是乡村地区的土壤侵蚀，以淤泥和沉淀阻塞了地表水。切萨皮克湾是美国最大、历史上最富生产力的海湾。随着流域人口的增长，农业化学品的广泛运用，畜禽数量的增长，切萨皮克湾的水质不断下降。20 世纪 70 年代后期至 80 年代早期的研究表明，在到达海湾的污染物中，面源污染贡献了约 68% 的氮、77 % 的磷。农田径流已成为最大的单一污染源。[②] 自 1972 年以来，国会就认识到了这个问题。参议院认为，“在降低我们可航水域的水质方面，农业现在是一种最主要的贡献”。农村面源，特别是受到侵蚀的表土，对乡村河流污染的贡献率特别高，损害了十万英里受评估的美国河流，农业径流形成了淤泥和沉淀，对两百万英亩的湖泊生态造成负面影响。[③] 1998 年，美国的农村面源污染量占污染总量的 67%，其中农业的贡献率为 75% 左右。因此，美国环境保护署认为，农村面源污染是造成全美河流和湖泊污染的首要污染源。2003 年美国国家环保总署通过调查发现，农村面源污染造成了全美约 40% 的河流和湖泊水质不达标，对地下水污染和湿地退化的贡献率也最高，在河口污染的贡献率排名中位列第三。这进一步印证了农村面源污染是造成美国地表水和地下水污染的首要污染源。[④]

在欧洲国家，造成地下水硝酸盐污染，以及造成地表水中磷富集的最主要原因皆指向农村面源污染，在地表水污染总负荷的贡献率中，农村面源所排放的磷占了 24%—71%。[⑤] 在瑞典，不同流域来自农业的氮占流域

① US Environmental Protection Agency, *National Water Quality Inventory*, 1986 Report To Congress 24.

② Rita Cestti, Jitendra Srivastava and Samira Jung, *Agriculture Non－point Source Pollution Control*: *Good Management Practices—the Chesapeake Bay experience*, Washington, D. C: World Bank, World Bank working paper, No. 7, 2003.

③ Robert W. Adler et al. , *The Clean Water Act Twenty Years Later*, Washington, D. C. : Island Press, 1993, p. 173.

④ US Environmental Protection Pollution from Agriculture, http: //www. US Environmental Protection Agency. gov/region8/water/nps/npsurb. html, 2003.

⑤ Vighi M. , Chiaudani G. , " Eutrophication in Europe, the Role of Agricultural Activities", In Hodgson E. ed. , *Reviews of Environmental Toxicology*, Amsterdam: Elsevier, 1987, pp. 213－257; European Environmental Agency, *Europe's Water Quality Generally Improving but Agriculture Still the Main Challenge*, http: //www. eea. eu. int/2003.

总输入量的60%—87%。[①] 在爱尔兰，造成湖泊流域富营养化的污染物质，大多来自面源污染，而非点源污染。[②] 在芬兰，20%的湖泊水质在持续恶化中，在造成湖泊水质恶化的各类污染物中，农村面源排放的磷素和氮素的贡献率最高，达50%以上，各流域内氮、磷等营养物质的富集更容易发生在高投入农业比例大的湖区。

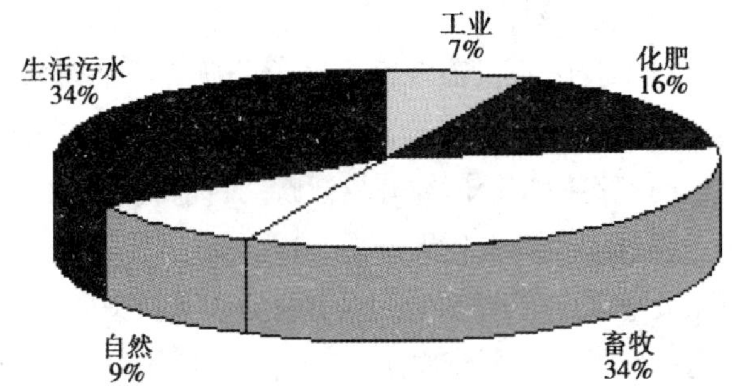

图1-1　进入地表水体的磷污染源比例构成（欧洲12国平均）[③]

（二）农村面源污染在我国水污染中的比例不断上升

根据2009年2月6日发布的《第一次全国污染源普查公报》，工业点源污染已不再是造成我国水污染的主要原因，而是农村面源污染，并且其程度和广度都已远超发达国家。[④] 随着集约化农业的迅速发展，以及对农村面源污染控制的乏力，农村面源污染对我国水污染的贡献比例不断上升。

我国水污染的核心问题是水体的氮、磷富营养化。在点源污染逐步得到控制的情况下，来自面源污染的氮素、磷素成为造成水体富营养化的重要因素。如按照COD指标来评价太湖、巢湖的水质状况，大部分情况下可达到地表水三类标准。对于全国其他主要的湖泊、水系等，水体水质改

① Lena. B. V.，"Nutrient Preserving in Riverine Transitionalstrip"，*Journal of Human Environment*，Vol. 3，No. 6，1994.

② Foy R. H.，Whithers PJA，The Contribution of Agriculture Phosphorus to Eutrophication，Proceedings of Fertilizer Society，1995：356.

③ Morse，G. K.，Lester，J. N. and Perry，R.，*The Economic and Environmental Impact of Phosphorus Removal from Wastewater in the European Community*，London：Selper Publications，1993.

④ 环境保护部、国家统计局、农业部：《第一次全国污染源普查公报》，2010年2月6日发布。

善、提升的主要障碍，也主要体现为总氮、总磷含量过高。“根据国家环保部在上述湖区，以及滇池、三峡库区等流域的调查显示，工业废水对水体中总氮、总磷的贡献率仅占10%—16%，而生活污水和农田的氮、磷流失是水体富营养化的主要原因。”①

（三）国内外对农村面源污染的防治

20世纪80年代初，对湖泊、水库富营养化，以及对河流水质的调查和研究实践，开启了我国农村面源污染防治的研究。如于桥水库、滇池、太湖、鄱阳湖、巢湖、三峡库区等湖泊、水库的污染防治研究。进入90年代以后，农村面源污染防治研究开始活跃。目前我国对农村面源污染防治的投入不多，总量削减具有较大潜力，这对防治我国水体污染，确保农产品安全具有重要意义。现阶段，我国对农村面源污染的研究多数是从技术治理角度进行探讨的，主要着眼于治理农业环境污染的技术手段，从政府监管、法律调整角度进行的研究很少，尚未建立适合国情的农村面源污染防治综合体系。

在发展中国家，相对于点源污染而言，面源污染仍未引起应有的重视。在发达国家，20世纪60年代中期以来开始关注农村面源污染控制，早期侧重于技术手段，70年代以后逐渐形成了包括技术、经济和法律在内的综合控制体系。法律具有强制性和权威性，技术、经济等其他措施在法律保障下才能有效实施。因此，通过立法，将各种技术、经济和管理措施予以法定化，成为最为有效的农村面源污染控制手段。

以1972年美国《清洁水法》及1987年修正案为代表，面源污染防治开始进入立法层面。农村面源污染具有不同于工业点源污染的特征，其污染主体高度分散，传统的工业点源污染治理法律措施适用于农村面源污染防治领域时，其法律实效并不理想。为提高面源污染控制立法的法律实效，发达国家不断调整立法，逐渐发展出不同于工业点源污染治理的基础理论，以及独特的治理措施，推动了面源污染治理的各项经济、技术、教育等政策发展。目前，通过立法控制农村面源污染，已在美国、欧盟诸国及日本等取得明显的成效，这些国家在面源污染治理的法律治理方面积累了丰富的经验。

① 金相灿、刘树坤、章宗涉等：《中国湖泊环境》（第1—3册），海洋出版社1995年版，第34页。

第二节　农村面源污染防治的法律实效

一　法律实效及其评估

（一）法律运行与法律实效

1. 法律运行的动态过程

法律运行是法律从制定、实施到实现的动态过程。立法仅仅是法律运行的起点，“法律的生命在于它的实行”[①]。立法公布后进入实施阶段，这个过程由两个部分构成，即法律执行机关执行法律（包括司法和执法），以及一般公民遵守（守法）法律。法律实施，强调在社会生活中，公民实际地贯彻与施行法律规范。法作为一种具体的行为规范，其制定和实施之间存在一定的鸿沟。法的制定即立法，解决的是“规范有无”的问题，即法的应然性问题。法的实施，强调“规范运行实践”的问题，即法的实然性问题。因而，法的应然性只具有影响人的行为的可能性，以及实现立法目标的可能性。“只要在社会中存在法，法的实现就一直是并将永远是社会关系的法律形式存在的特殊方式。法的实现是法的存在、作用和执行主要社会职能的特殊方式。如果法的规定不能在人们和他们组织的活动中、在社会关系中得到实现的话，那么就什么都不是。”[②] 法的实施强调法律从书面上走向社会实际行动中，是从立法中的抽象行为模式转化为人们的具体行为的过程，是法律从应然状态向法律的实然状态转化的过程。

法律实施与法律实现之间也存在一定的鸿沟，法律实现除了包含法律的实施，还包括法律实施所产生的结果。孙国华教授认为：“法律实现，是指法律规范的要求在实际生活中的体现，即法律规范的要求转化成了人们的行为，权利被享受了，义务被履行了，禁令被遵守了。而法律实施，只是法律、法规的开始生效，实施的目的是要使法律规范的要求在生活中

---

① ［美］庞德：《法理学》（第 1 卷），邓正来译，中国政法大学出版社 2004 年版，第 353 页。

② ［苏联］雅维茨：《法的一般理论——哲学和社会问题》，朱景文译，辽宁人民出版社 1986 年版，第 170 页。

实现，但还不就等于实现。”[①] 因此，法律实现是法律实施的直接结果和目的，法律实施则是法律实现的手段和过程。[②]

2. 法律实效的内涵

评价法律实施的效果，即立法能够获得多大程度的法律实现，就需要从客观状况与理论抽象的结合上，对法律实施进行量化判断和认识。尽管对法律实效概念的阐释存在不同的观点，但法律实效通常是指已发生法律效力的法律规范，在实际社会生活中被执行、适用和遵守的状况，换言之，即法律的实质有效性。研究法律的实效性，可以为我们揭示出在文本上已经生效的法律是如何作用于人的行为的，并具体呈现出在社会生活中被贯彻施行的制定法，以及在实际生活中难以得到遵守和执行的制定法，进而改进立法、司法与执法，促进守法，更充分地发挥法律对社会的调控功能。瞿同祖指出：“研究法律自离不开条文的分析，这是研究的根据。但仅仅研究条文是不够的，我们应该注意法律的实效问题。条文的规定是一回事，法律的实施又是一回事，某一法律不一定能执行，成为具文。社会现实与法律条文之间，往往存在着一定的差距。如果只注重条文，而不注意实施情况，只能说是条文的、形式的、表面的研究，而不是活动的、功能的研究。我们应该知道法律在社会上的实施情况，是否有效，推行的程度如何，对人民的生活有什么影响，等等。”[③]

法律实效不同于法律效力，两者分属不同的法学范畴。法律实效旨在诠释的是法律在实际生活中的状况，属于现实的、动态的“实然”范畴。法律效力表征的则是法律自身的存在及其约束力，属于理想的、静态的“应然”范畴。法律实效关注的是已经生效的法律规范，即应然法，能够在多大程度大转化为司法、执法与守法中实际得到适用、执行与遵守的法，即实然法。法律一经公布就会产生法律效力，但并不意味着能产生法律实效。法律效力只是一种逻辑假设，只有经过具体实施才能转化为实际的效力。[④] 因此，法律实效与法律效力之间既有区别又有联系。法律实效是法律运行的状态和程度，法律效力则是法律规范的理想目标。

---

① 孙国华：《法学概论》，高等教育出版社 1990 年版，第 63—64 页。

② 夏锦文：《法律实施及其相关概念辨析》，《法学论坛》2003 年第 6 期。

③ 瞿同祖：《中国法律与中国社会》，中华书局 1981 年版，第 2 页。

④ 张根大：《法律效力论》，法律出版社 1999 年版，第 241 页。

（二）法律实效的评估

尽管在现实生活中，人们对法律实施效果的评估始终是存在的，但长期以来，学术界对法律效力的重视远甚于法律实效。直到20世纪80年代后期，法律实施的效果、效率、效益及其评价等法律实效问题才逐渐引起广泛关注。

1. 法律实效的宏观评价

全国哲学社会科学“七五”规划法学重点科研项目“法理学研究”，提出了评价法律实施效果的四项标准：第一，国家和社会的利益、公民和组织的合法利益是否（或在什么程度上）受到保护；违法者（包括犯罪者）在人口中的比重以及他们是否依法受到制裁；民事纠纷是否做到合理解决。第二，一般公民和国家工作人员，特别是国家机关的负责人和执法、司法人员的法律意识是否增长（或增长到什么程度）。第三，与其他时期、其他地区或国家的法律实行情况进行可比性研究。第四，法律的社会功能、社会目的是否有效实现及其程度。这一评价体系反映出法律实效的涵盖范围包括执法、司法及守法三个方面。它是法律的整体实现及其实现的程度，或者说衡量一个法治社会实现的状况、程度，而“得出一个适当的评价结果”①。

2. 法律实效的量化分析

但是，上述评价体系更多的是一种建立在宏观把握基础上的定性分析，从微观上评价具体法律的实施效果，还需进一步对具体法律进行定量分析。法律实效的量化分析不仅必要，而且可行。法律实效是法律被人们实际遵守、执行或适用的程度和状态，它强调的是应然法与实然法之间的差距。因此，法律实效可以借助法律法规被遵守、适用与执行的程度与未被遵守、适用与执行的程度之间的比率来表示。法律实效的理想状态是在量上不断地增加，其终极目标是尽量接近属于“应然法”的法律效力。理论上，法律实效在量的规定上总是处于零和百分之百之间，可借助统计学等定量分析方法进行具体详尽的量化。实践中，尽管对法律规范在社会实践中的实施效果进行量化分析绝非易事，但是，借助法经济学等多学科量化计算方法，在许多领域

① 黄建武：《法的实现——法的一种社会学分析》，中国人民大学出版社1997年版，第8—10页。

已经开展了对法律实效的定量分析，我国也在刑法、婚姻法等领域获得了有价值的计算成果。①

因此，对法律实效的评价，既要对法律社会功能的整体实现进行宏观把握，也需要对某些重要的具体规则进行量化分析。只有进行必要的量化分析，才能具体把握某一规则或规范在实践中得以实施和操作的程度，从而为提高立法的科学性和可操作性提供决策依据。

二　环境法律实效及其评估

农村面源污染防治的法律实效，离不开对相关立法的实效评估。20世纪70年代以后，源于美国的环境立法评估在发达国家逐渐发展成熟，成为提高立法质量、实现环境与发展综合决策的重要立法工具。尤其在欧盟和美国，环境法律实效评估机制相对成熟，实效评估已成为包括农村面源污染防治在内的各种环境法律政策制定和实施中不可或缺的要素。

（一）域外环境法律实效评估的发展

环境立法通常对经济、社会的影响巨大，无论是学术界还是实务界都认为，对环境立法的影响进行定量分析，是提高环境立法质量的重要环节。但早期学者们一度认为，环境法难以像其他部门法一样进行定量评估。Kasper 和 Raphael（1977）分析了环境立法定量评估的正当性与可行性。经过 Patrick D. Duca（1981）、Kenneth J. Arrow（1996）、David M. Dreisen（1997）、Sideny A. Shapiro（2003）、Stephen Clowney（2006）、Hirokawa 和 Keith H.（2011）、Wm. 和 Mary（2012）、Ahdieh B. Robert.（2013）等学者对评估方法的大量研究，认为正确的定量分析不仅能有效提升环境法的经济效率，而且有助于环境道德的提升和环境法目标的实现。这些成果为《准备经济分析指南》（美国，2000—2014 年），《影响评估指南》（欧盟，2005—2009 年），《空气质量影响评估》（英国，2013 年）等采纳。

1. 环境立法实效评估的特殊困难

与其他立法相比，环境法律实效评估困难重重。从宏观层面而言，环境法律实效评估的挑战与困难，来源于环境法律具有范围广、发展快的特

① 白建军：《法律实证研究方法》，北京大学出版社 2008 年版，第 16 页。

点。另外，环境法律实效评估对科学技术的综合性与准确性有较高需求，多元主体在具体评估中有着潜在的利益冲突。然而，在具体实施过程中，环境法律实效评估面临着更多的困难与挑战。

第一，因核心行政主体职责不明造成实效评估困难。

环境法的调整对象广泛，在环境法的执行中，由一个行政主体对所有调整对象和调理内容开展具体执行，不具有可行性。因此，美国采用由一个行政主体作为环境法执行核心，多个主体协调、支持环境法执行的方式。然而，即使再细致的执行协调分工，在实践中也难免会出现环境法执行中主体权责不明，甚至行政主体是否有权监管评估这样的本源不清的问题。

在美国，自 2009 年奥巴马执政以来，美国环境法的核心执行机构环境保护署就因一系列的行政执行行为而备受争议。争议有的来源于与之合作的支持协调机构，还有的来源于国会权力机关。争议的焦点之一就是环境保护署是否在行政执行中超越执行权限。[①] 2009 年至今，环境保护署在国会赋予其执行的 11 项污染防治法律之下，已经起草并颁布多项行政法规。11 部法律中许多已经超过 10 年未曾修订。然而，环境保护署依然依据这些法律的赋权，进行新型污染问题防治，并颁布众多执行法规，使得国会、环境保护署的协同支持机构、法规规制的利益涉及者甚至相对独立第三方，产生对环境保护署越权的质疑。[②]

《华尔街杂志》（*The Wall Street Journal*）评论称，环境保护署制定法规涉及的范畴空前，例如环境保护署调整电力生产单位的法规就是其中之一。这些像瀑布一样多的法规无疑将威胁到美国能源体系的可信赖性与稳定性。然而，环境保护署法规规制对象之一的国家石油化工与提炼协会（National Petrochemical & Refiners Association）提出，环境保护署的执法行为已经超出了其执法权限，是对于美国当代环境法的明显扭曲。[③] 美国国家矿业协会也认为，即使在经济压力如此巨大的时候，环境保护署仍镇定自若地颁布一系列行政命令，这些命令会在对数以万计的美国工作岗位

---

① CRS Report R41561, US Environmental Protection Agency, *Regulations: Too Much, Too Little, or On Track?* by James E. McCarthy, Claudia Copeland, p. 4.

② Ibid.

③ NPRA, *NPRA Says Court Decision on GHGs Bad for Consumers*, December 10, 2010, http://www.npra.org/newsRoom/? fa=viewCmsItem&title=Latest%20News&articleID=5980.

造成威胁的同时，加大电力成本。① 除了第三方和利益相关者，国会成员还通过两党共同签署文件，评论环境保护署颁布的一些行政法规，甚至通过立法行为，延迟、限制及阻止环境保护署的行政行为。② 共和党的两会议员在第 112 届议会期间，对环境保护署的相关行为合法性发起严格审查（Vigorous Oversight）。

环境保护署直面各界质疑。环境保护署行政长官 Lisa Jackson 指出，本届环境保护署对于大气法规制工作的步调并不比前两届要快。事实上，本届环境保护署对于大气法最终形成并颁布的法规在过去的 21 个月里共计 87 条，这要比布什政府期间同期颁布的 146 条，以及克林顿政府期间同期颁布的 115 条要少。③ 在国会听证会上，Jackson 也一度对各方质疑进行辩驳。Jackson 认为，美国已经进入了发展经济必须认真考虑人类健康与环境保护的时代。环境保护署过去 40 年保护环境和人类健康的工作足以证明，美国可以在得到干净的空气、水、土地的同时创造出更多的工作岗位。而且，了解经济与环境关系的真相，是全体美国公民的头等大事。超过 70%的美国公民希望环境保护署继续有效开展本职工作。同样多的美国公民渴望看到美国的经济复苏。而美国完全有能力让两者兼得，除非是因为过于焦虑而导致不能展开真正的增加就业机会的工作。④

事实上，美国众多环保组织都坚信环境保护署在正确的轨道上完成自己的本职工作，他们甚至认为在某些行政执行上，环境保护署因当予以强化。以环境保护署对于某些环保标准迟延批准与执行为例，许多环保组织认为这样的行政执行并非有效合理。例如 2010 年 12 月环境保护署迟延发布锅炉环保标准，清洁空气观察组织（Clean Air Watch）评价道，这是环

① National Mining Association, *US Environmental Protection Agency's Regulatory Train Wreck*, 2011, http: //www. nma. org/pdf/fact_ sheets/ US Environmental Protection Agency_ tw. pdf.

② CRS Report R41212, US Environmental Protection Agency, *Regulation of Greenhouse Gases: Congressional Responses and Options*, by James E. McCarthy.

③ Letter of Lisa P. Jackson, US Environmental Protection Agency, Administrator, to Hon. Joe Barton and Hon. Michael C. Burgess, November 8, 2010, p. 1.

④ Lisa P. Jackson, US Environmental Protection Agency, Administrator, *Telling the Truth about the Environment and Our Economy*, September 2, 2011, http: //blog. US Environmental Protection A-gency. gov/administrator.

境保护署对于来自国会压力的不幸妥协，环境保护署似乎是胆怯了。[①] 而当2011年9月总统令撤回环境保护署耗时2年修订的区域空气质量标准时，类似评论又一度出现。

显然，对于环境保护署在新型污染防治以及修订原有污染防治执行上是否越权，很难仅通过类似讨论得出全面结论。但是，通过对质疑与辩驳的考量，至少可以看出，在环境危机频发的时代，面对新型污染不断出现的现状，时逢经济危机，一个国家的环保核心机构在环境治理执行中必将面临是否赋权这样的本源性问题挑战。它直接关乎所涉及的执行行为应存在与否、实效与否的问题，也直接关乎为了确保所涉及的执行行为而设计的实效评估的必要性与价值。

第二，环境法实效评估核心要素设计与实施中存在挑战。

环境法实效评估的具体过程均由若干环节要素构成，虽然各国在具体环境法实效评估中，要素环节的设计与组成并不尽相同，可是对于核心环节的理解是相似的。每一个具体的环境法实效评估项目均离不开监控设计、核心评估指标与支撑评估指标（及评估方法）、数据管理等要素。

为达到具体评估目标，评估项目在规划前须精心策略与监控统筹设计。随着环境法实效评估在执行中的运用与发展，评估监控设计逐渐形成了相对固定的监控模式。在美国水质保护实效评估中，就有固定地点、密集筛选时监控、判断性与概率性设计等监控设计。[②] 对于湿地水质保护实效评估并非由美国联邦政府统一完成，而是由联邦政府组织指导，地方政府主导完成。地方政府具体进行湿地保护实效评估时，对于这些典型的既定的监控设计必须在充分了解的前提下，进行个案化的高效适用。为了达到环境保护署所倡导的监控设计有效化，鉴于每一个案的复杂性，对于既定设计的运用就必须综合而合理。然而实践中综合合理运用并非易事。

2003年8月，环境保护署针对美国州与地方水质量监测委员会工作的评估报告指出，设立州与地方水质量监测委员会是为了完善水质量监控、提供更详尽的数据信息用于环境保护，它是保护美国水质量的重要基

---

① Clean Air Watch, US Environmental Protection Agency, *Seeks Big Delay in Final Toxic Rule for Boilers*, December 7, 2010, http://blogforcleanair.blogspot.com/2010/12/US Environmental Protection Agency-seeks-big-delay-in-final-toxic-rule.html.

② Office of Policy, Economics, and Innovation and US Environmental Protection Agency office of Water, *Evaluation of State and Regional Water Quality Monitoring Councils*, 2003, p. 3.

层执行机构。然而，环境保护署通过对委员会的工作评估发现，包括蒙大拿州、安纳波利斯州在内的多个州与地方委员会并没有完成综合性的监控设计，或是仅在一定程度上满足了监控设计的合理综合性。

核心评估指标和支撑评估指标（与评估方法）的选择关系到实效评估的科学性。美国环境保护署针对评估对象类型（如空气质量评估、水质量评估等）提出了系统的核心评估指标与支撑评估指标的内容，以及有效的选择方法。在实践个案中，多由州与地方职能机构基于既定的概念化模型，对相关指标做出具体判断与选择。因个案的复杂性、科学专业化的高要求、经费及地方机构专业技术人员的不足等多种原因，导致地方职能机构难于或怠于对评估指标进行合理选择与判断。根据 2003 年 8 月环境保护署的评估报告，在接受评估的 8 个委员会中，本应协同配合进行水质量监测的各州与地方委员会，5 个被认为并没有对于核心评估指标的决定做出贡献，3 个委员会被认为仅做出了一定程度的贡献。①

数据管理环节包括储存管理电子数据，以及让自己搜集储存的数据契合环境保护署的数据库（如：STORET）。数据管理环节中，数据的搜集与分析，是监测与评估的必要基础。因此，数据管理筛选之初就要本着为项目、工程服务的目的。环境法实效评估对象的特点，要求各地方职能机构必须协同进行数据搜集管理，而且各地方须使用相同或相类似的数据库。根据环境保护署 2003 年 8 月的评估报告，由于经费不足、缺乏专门工作人员和本州政府支持等原因，没有委员会为协同支持其他州而进行电子数据的支持管理。对于环境保护署倡导的数据库使用，只有俄克拉荷马州在开发系统预备时，与倡导的数据库接轨。② 事实上，不仅是地方，在美国联邦层面也存在数据管理问题。例如，环境保护署经常依赖工厂等利益相关者提交的数据进行评估，甚至将其作为法规修改的依据。由于数据来源的有限性，难免出现数据不充分、不完整的最终结果。环境保护署也逐渐明确与承认了这一事实。③

美国水质量监测委员会的评估工作反映了环境立法评估过程中的典型

① Office of Policy, Economics, and Innovation and US Environmental Protection Agency office of Water, *Evaluation of State and Regional Water Quality Monitoring Councils*, 2003, p. 8.

② Ibid.

③ CRS Report R41561, US Environmental Protection Agency, *Regulations: Too Much, Too Little, or On Track?* by James E. McCarthy, Claudia Copeland, p. 7.

困难。环境法实效评估过程复杂，具有科学未知性与不确定性，评估对象涉及的领域与地域广泛。因此，中央职能机构主持引导评估的同时，需要地方职能机构的倾力配合与协同。但是，实践中，因为地方政府投入的经费、人员等诸多资源都极为有限，不仅使地方职能机构之间难以相互协调，而且也难以或怠于落实中央机构的政策。

第三，环境法律实效评估成果转化困难。

环境法律实效评估本身充满挑战。但是，历经重重困难最终完成的环境法律实效评估成果，还需要克服众多困难，才能获得将其运用于环境法律政策优化的机遇。一个客观的法律实效评估结果，并不会得到所有与之相关的利益群体的喜爱；同时，每一个环境法律实效评估结果所推动的法律政策改良，都会受到来自各方的压力与影响。

美国在修改冷却水引入口规则时，环境法律实效评估的成果，在转化为法律政策过程中遇到了大量挑战。环境保护署修订冷却水引入口规则（Revised Cooling Water Intake Rule），是为了保护鱼群不会被卷吸进现存的电厂或某些其他的工厂安装的冷却水引入口。经过实效评估和调查，2004 年环境保护署确定了规则的修改方案。但是，规则的修改使得环境保护署被电力公司告上联邦法庭，要求环境保护署重新审视修订的规则。美国联邦最高法院也提出，在冷却水引入口规则的制定与发展中，环境保护署应当考虑保护鱼群和其他水生物所付出的成本和产生的收益。冷却水引入口规则将适用于美国约 1150 个电力生产单位，面对利益群体通过诉诸法院而产生的压力，环境保护署对修订规则的公布一拖再拖。在 2011 年 3 月 28 日环境保护署再次公布修订规则前，商界、环保组织等主体关于规则的修订存在大量疑虑。环境保护署公布的规则，最终决定要求商家普遍采用某一技术方法，去代替省钱而灵活的规制手段。但是，2012 年 6 月环境保护署又宣布正在考虑修改已公布规则的若干部分。① 由上述实例可知，评估成果转化为法律政策组成部分，必将经过各方利益群体的博弈。博弈过程会拖延评估成果的转化，甚至会阻碍基于客观评估而产生的政策优化。

社会利益群体针对具体环境法律实效评估展开的利益博弈，会影响环

① CRS Report R41561, US Environmental Protection Agency, *Regulations: Too Much, Too Little, or On Track?* by James E. McCarthy, Claudia Copeland, pp. 11-12.

境法律实效评估成果；一国政治也会直接或间接影响环境法律实效评估。2011年以来，美国环境法评估与法规革新步调大幅放缓。究其原因，一方面是布什政府执政期间，许多法律政策与环境标准都要求回审，造成环境保护署工作积压；另一方面，在2012年总统大选中，出于政治考虑，一些政策评估革新工作受到延迟搁置。①

2. 环境法律实效评估的意义

尽管环境法实效评估充满困难与障碍，但却是环境法从立法到实施不可或缺的一环。

第一，环境法律实效评估可以提高环境立法质量。环境法实效评估可以通过比较立法目标和实施效果间的成本收益差得出立法实效；还可基于法律成本收益平衡测算法律制度经济效率，经济效率本身是评估与提升环境立法的根本标准之一。环境法实效评估通过成本收益差的量化及经济效率的测量为环境立法质量优化指明路径。

第二，环境法律实效评估可以通过定量定性分析结合、成本收益全面化、评估方法多样化等手段，科学测量环境立法社会影响的分布状况，考察环境法所确认的权利和义务分布是否公正有效地保护了相关利益群体权益，以此检视环境立法价值的实现。正如Stephen Dovers所说，优秀的环境法律政策必须建立在闭环之上。闭环包括四个步骤：环境问题设计，环境法律政策设计，环境法律政策实施，环境法律政策监督与评估。② 环境法律政策设计是以原则为指引，确立法律政策的内容与其重要目标。环境法律政策实施是对于既定政策制订实施计划，协调沟通后的执行。环境法律政策监督与评估是对于政策有效性的检测，为法律政策的优化提供进路。③

第三，环境法律实效评估可以促进环境执法效率与透明度。环境法实效评估可以通过环境法执法收益与成本的考量，回答执法程度问题，减少行政自由裁量，并可通过定期环境执法绩效评估，加强环境执法透明度，为环境执法的公众参与提供信息基础。

① CRS Report R41561，US Environmental Protection Agency，*Regulations：Too Much，Too Little，or On Track?* by James E. McCarthy，Claudia Copeland，2014，p. 8.

② Dovers S.，*Environment and Sustainability Policy：Creation，Implementation，Evaluation*，Sydney：The Federation Press，2005，pp. 59-65.

③ McGrath C.，*How to Evaluate the Effectiveness of an Environmental Legal System*，2007，p. 41.

第四，环境法律实效评估有益于环境守法。环境法实效评估的重要组成部分——环境守法评估不仅可督促企业自律性守法，也可让公众知悉企业的守法状况，对企业守法形成社会监督与激励。

第五，环境法律实效评估可以辅助环境司法公正。环境法实效评估的成本收益考量及实效影响分布帮助司法裁判者全面了解环境法实施给当事人可能带来的司法影响。另外，环境法实效评估的核心方法——成本收益法可以用作环境司法裁量方法，可以帮助环境司法裁判者简化裁判标准，做出社会效益最大化的合理裁判。

三　农村面源污染防治法律实效的国内外研究现状

（一）国外农村面源污染防治法律实效研究现状

农村面源污染防治是世界性的难题，农民既是受害者，又是污染者和治污者，法律必须调整农村千家万户分散个体的行为。以城市工业点源污染控制为中心的传统水污染防治法适用于农村时，遭遇了严重的法律实效问题。

在国外，20世纪70年代后，借助广泛运用的法律实效研究，美国、欧盟成员国及日本等发达国家以法律手段控制农村面源污染取得明显成效，逐步实现了水污染防治法的战略转型，即水污染防治法从以城市为中心，以工业点源污染为中心，转变为城乡并重，点源污染防治与面源污染防治并重。David Zarin（1996）、James M. Mcelfish（2006）等诸多学者从污染者特征、治理模式、农业及农民利益等角度，剖析农村面源污染对以城市工业点源污染控制为主的传统环境法理论和制度提出的挑战。在污染者特征方面，由相对集中的工业企业转变为高度分散的农民个体；在治理模式上，从高度依赖"命令—控制"模式转变为高度依赖公民自治；在利益分配方面，由于农民及农业的弱势，传统的"污染者付费原则"在农业领域受到诸多限制。因此，农村面源污染防治法需要在治理模式、监督管理体制、责任分配等方面进行创新。George A. Gould（1996）、Michael P. Vandenbergh（2004）、D. Bart Turner（2007）等研究了农村面源污染防治立法的发展变迁，特别是1948年以来，美国联邦水污染防治法的立法背景、立法理念发展与立法变迁、中央与地方立法关系、立法的成绩与不足，以及未来联邦水污染防治立法的发展趋势。David Zaring（1996）以《清洁水法》为例，分析了美国联邦水污染防治法的发展趋势。Marc O. Ribaudo（1999）、Ruppert（2004）、Chelsea H. Condon（2004）等研究了以农户自愿参与为主要特点的农村面源污染防治法律制度及其实施机制与实施效果。上述研究尽管仍不够成熟，但20世纪70年代以来，以美国、欧盟成员国及日本等国为代表的发达国家已先后建立起相对完善的农村面源污染防治法律体系，以法律手段控制农村面源污染取得明显成效。

国外农村面源污染防治法律实效的研究成果集中体现在以下方面：

1. 通过法律实效研究发现环境法如何调整农村分散主体的行为

尽管西方国家有重视法律实效研究的传统，但 N. William Hines（1969）、Esther Bartfeld（1993）、David Zarin（1996）、Michael P. Vandenbergh（2004）、Hope M. Babcock（2009）等诸多学者指出，由于农村面源污染以分散防治为主，法律实效研究更为必要。高度分散化的主体增加了法律调整的不确定性和复杂性，必须借助农户调查等实证方式，才能发现法律影响和控制农民行为的客观规律。J. B. Ruhl（2000）、Richard B. Stewart（2001）、Clifford Rechtschaffen（2003）、William L. Andreen（2004）、Kenneth M. Murchison（2005）、D. Bart Turner 和 Chris J. Williams（2007）等研究了20世纪70年代以来农村面源污染防治的立法变迁，考察了立法体系的发展、完善，及其未来趋势，分析了农户、公众、企业、政府等不同主体间利益博弈对立法模式的影响。D. Stone（2008）、Stephen Johnson（2009）等认为，农村面源污染防治立法的调整对象主要是分散个人的行为，对以企业（集体）行为为主要调整对象的传统环境法带来了挑战。Robin Kundis Craig（2000）、William L. Andreen（2003）等特别关注中央立法与地方立法的关系，认为地方立法在提高农村面源污染防治法律实效方面发挥了重要功能。由于调整对象的分散性和地域性特征，在中央立法的法律实效受到地域限制的领域，应由地方立法；地方立法具有不同的层级。但是，中央立法与地方立法不可偏废，中央立法应当规范关键性的强制标准，制订时间表，否则地方没有足够的动力强化农村面源污染防治；中央立法还应明确规定财政资助的条件、范围，提供各种经济刺激措施，以及获得这些资助的程序保障，引导地方主动参与，提高其实施相关制度的能力。

许多学者认为，农村面源污染防治法调整对象的变化，是整个环境法调整对象变化的一个组成部分，应当站在整个环境法基础理论和调整方法革新的高度来研究农村面源污染防治法的法律实效问题。Michael P. Vandenbergh（2006）指出，污染者的高度分散化，不仅仅出现在农村面源污染防治领域。在许多类型的污染中，分散的个人污染者已成为最大的污染源。环境法有进入个人污染者时代的趋势，必须将个人作为环境法的规范单位，在环境法的理论和调整方法上做出根本性改变。George B. Wyeth（2007）认为，随着农村面源污染、个人非环境友好型消费等个人行为对环境保护的影响日益增加，环境保护的规范单元必须相应地发生变化，传统的法律规制方法已经不能高效地进行环境保护了，需要发展出新的替代方案，更多地采取协商或合作伙伴等法律调整方式。Andrew Green（2008）认为，个人行为在环境污染中所占的比重日益上升，例如农村面源污染、气候变化等，影响个人选择的因素与影响工业企业选择的因素极不相同，需要发展新的法律规范来控制个人的自我选择。

2. 发现和设计有利于提高法律实效的制度体系

Douglas R. Williams（2002）、Kenneth M. Murchison（2005）、Erin Morrow（2006）、Susan A. Schneide（2010）等通过切萨皮克湾等典型区域、流域调查，检讨了“命令—控制”及经济刺激制度在农村面源污染防治中的缺陷，对技术帮助、教育及信息披露等自愿性和参与性制度的实施机制和实施效果进行评估。Michael. Vandenbergh（2004）、Christopher Margaret Rosso Grossman（2006）等提出，由于农业及农民利益的特殊性，以及政府监管体系在农村的不健全，传统的“污染者负责”原则不能完全适用于农村面源污染防治，需要加以改进。Scott D. Anderson（1998）、Sarah Brull（2005）等研究了农村面源污染防治中的流域管理体制。Marc O. Ribaudo（1999）、Walter G. Wright（2001）、Wossink 和 Ada（2007），Denaux 和 Zulal Sogutlu（2007）、Drew L. Kershen（2007）检讨了“命令—控制”制度及经济刺激制度在农村面源污染防治中的缺陷，研究了技术帮助、教育及信息披露等以自愿性和参与性为主要特点的农村面源污染防治法律制度，以及这些制度的实施机制和实施效果。David Letson（1992）、John Verlyn Westra（2001）等从环境经济的角度分析了农村面源污染防治的政策及法律的实效，认为很少或基本不增加农民费用，是鼓励农民自愿参与的关键。Stephanie Stern（2006）研究了农村面源污染防治财政刺激政策及法律对农户行为的影响。David Zarin（1996）系统研究了国家和地方农村面源污染防治立法中的新措施、方法，并对其实施效果进行了评估。Andrew Green（2008）以补贴为例，对高度依赖经济刺激措施的法律制度提出了批评，认为单纯的自愿性措施法律实效较差，强制性措施具有必要性。实际上，社会向污染者支付所有的防治费用，使污染者认为自己具有“污染权”，不利于农村面源污染防治。Michael P. Vandenbergh（2006）对个人的污染行为进行分类，评估了“命令—控制”、经济刺激、信息公开、标准管理等法律制度在农村面源污染控制方面的法律实效，认为在调整个体行为中，如何预测社会对个人行为的影响、如何证明个人行为的变化，以及如何提供程序保护，是影响农村面源污染防治法律实效的重要因素。

3. 以法律实效研究检讨和完善立法

J. B. Ruhl（2000）、Richard B. Stewart（2001）、Clifford Rechtschaffen（2003）、William L. Andreen（2004）、Kenneth M. Murchison（2005）、D. Bart Turner 和 Chris J. Williams（2007）等考察了法律实效研究对 20 世纪 70 年代以来农村面源污染防治立法的积极影响。有利于提高农村面源污染防治法律实效的制度体系，其基本经验是强制性措施与自愿性措施相结合，强制措施主要是法律责任和法定标准，自愿措施主要是通过经济、教育、信息和技术推广等方面适当的激励，鼓励农民自愿参与。农村面源污染防治立法的重点，一是规定系统化的强制性标准及法律责任，二是从制度和程序上将各种推动农民自愿参与的激励手段予以法定化，如宣传教育制度、技术推广制度和经济刺激制度。这些措施的具体规则，需要根据国家的实际情况在对单个制度进行实证研究的基础上建立。George A. Gould（2008）研究了联邦农村面源污染防治法律在立法过程中，各种利益团体之间的博弈对立法的影响，解释了影响农村面源污染防治法律实效的利益因素。以《清洁水法》《清洁水法修正案》处理污染问题的条款为例，通过实施效果评估，运用法律、经济和公共选择分析来解释法律在规范农村面源污染方面的失败原因。George A. Gould 通过社会学调查研究解释了为什么潜在效率更小的法律制度，在实际执行中，比所谓更有效的替代方案，如对农民的污染税或命令控制法等更具实效。

国外农村面源污染防治法律实效研究的主要趋势是：（1）研究重点：环境法调整农村分散个体行为的规律与制度设计；（2）研究方法：社会学、公共管理学、经济学等多学科方法综合运用于法律实效研究中；（3）资料获取：既注重政府和机构公布的资料，更强调课题研究人员现场观察、调查所了解的问题及获得的一手数据。遗憾的是，尽管我国农村面源污染的严重程度和复杂性已远超发达国家，但国外几乎所有的法律实效研究都是针对发达国家。

（二）国内农村面源污染防治法律实效研究现状

1. 农村面源污染防治法律实效相关内容的研究现状

检索中国知网（www.cnki.net）发现，自2002年以来，共有252篇关于农村面源污染防治法律对策的成果，80%以上发表于全国第一次污染源普查之后。与本项目相关的研究成果集中于以下方面：（1）农村面源污染防治立法研究。蔡守秋、吕忠梅、王树义、王灿发、汪劲、钱水苗、孟庆瑜、张祖庆、张福意、罗吉、王晓东、周明玉、钱易、周玉华、邱秋、刘冬梅、李挚萍、王清军、高晓露、张建伟等从不同角度指出，现行立法在农村面源污染防治方面缺乏法律实效，符合农村需要的立法几乎空白，亟须改变目前环境立法以城市为主、以工业点源污染防治为主、以末端防治为主的局面。黄锡生（2008）界定了农村水污染的法律类型；冷罗生（2008—2009）以日本为主要样本展开了农村面源污染防治法比较研究；胡斌（2007）、陈叶兰（2010）等评析了农村面源污染防治的立法困境。（2）环境法实效研究。王曦、秦天宝（2000）从决策机制角度研究环境法实效，余耀军（2003）、陈海嵩（2008）、吕忠梅（2010）等从研究方法角度检讨环境法实效不足的原因，提出应加强实证研究和多学科研究，建立面向实践的环境法学方法论。邵华、吕爱梅、丁超（2015）等检讨了我国农村面源污染防治立法存在的问题，范锐敏（2016）、杜娟等（2017）从农业生态补偿角度研究了农村面源污染防治的法律需求。但是，关于环境法实效的实证研究极为有限，且大都指向其他领域，如汪劲（2012，环保执法），吕忠梅等（2009，环境与健康），李挚萍（2009，农民环境维权意愿及能力），《湖北水资源保护研究》课题组（2010，湖北省农村水污染防治的法律需求）。（3）涉农法律实效实证研究。苏力（1996）等从国家法—民间法的角度，陈柏峰（2010）从基层政权的角度研究涉农法律实效，但未涉及农村面源污染防治问题。

2. 农村面源污染防治法律实效相关的法律实证研究现状

在我国，与农村面源污染防治法律实效相关的法律实证研究尚处于起步阶段。尽管法学研究中的实证分析理念正在得到越来越多的认同，但在目前的法学研究中，法律实证研究仍属于一种非主流方法，法律实证分析在我国尚未成为一个相对独立的研究领域，大多数法学研究没有采用实证分析的方法。

一般认为，法律实证分析是按照一定程序性的规范进行经验研究、量化分析的研究方法。[①] 在部门法研究中，法律实证研究最早运用于刑法领域。郭春贵（1999）分析了刑事学中定性与定量的关系。白建军（2000年）在区别法学研究中的“实证主义”和“实证分析”的基础上，提出了实证分析的概念，分析法学领域为什么需要引入实证分析方法，以及如何在法律研究中应用实证分析方法。白建军认为，实证分析在法学研究中面临的主要困难，一是对实证分析的概念、意义不甚了解，二是尚未解决如何将实证分析与法律特有的问题结合起来。白建军提出：“对象越离散、越多样化、越表现出显著的异质性，就越需要发达的统计手段才可能把握其中的规律和共性。”“法律世界的共性和规律也需要科学的量化分析手段才能准确把握。”[②] 白建军等先后将法律实证研究用于生命犯罪研究、死刑适用研究、公诉及审判质量分析，并通过罪刑均衡的实证分析，研究了应然法与实然法之间的差距，以及法律与社会之间的关系。范并思（2001）关于定量化是当代社会科学研究的重要趋势的研究也引起了法学界对法学定量研究的思考。陈景辉（2007）发表了研究《法律的界限：实证主义命题群之展开》。宋英辉、袁金彪（2009）通过大范围的调研与发放问卷，以及对真实案例进行实验的方法，研究了刑事和解制度在我国的适用和完善。马怀德（2010）对法律规范之间的冲突进行了实证研究。宋英辉、李哲、向燕、王贞会等（2012）以部分法律实证研究项目为研究对象，对法律实证研究的本土化进行了总结，同时收录了部分开展法律实证研究时制作的调查问卷、访谈提纲与记录、数据收集表格、研究报告等基础资料。法律实证研究也开始应用于分析证券违法惩戒实效研究、企业诉讼等领域。

在环境法领域，法律实证分析已开始起步。吕忠梅（2009—2012）在环境科学及环境流行病学基础上，对以血铅为代表的环境与健康问题进行了长达数年的跟踪研究。李挚萍（2009）对农民环境维权意愿及

---

① 白建军：《论法律实证分析》，《中国法学》2000年第4期。

② 白建军：《法律实证研究方法》，北京大学出版社2008年版，第14页。

能力进行了社会学调查。汪劲（2012）主编的《环保法治三十年：我们成功了吗——中国环保法治蓝皮书（1979—2010）》，是国内第一部运用实证资料，系统研究中国环保法治问题的研究成果。该书以专栏、案例、图、表、问卷调查等形式，全面、系统地总结和回顾了 1979 年《环境保护法（试行）》颁行以来中国环保法治三十年（1979—2010）的发展历程、成就、经验与存在的问题，进而对影响中国环保法治运行的执政、立法、行政、司法与关联主体等因素进行了深入分析，提出了相应的对策与建议。近年来，实证分析方法在环境法研究中得到了更广泛的运用。吕忠梅等（2016—2017）运用环境案件及我国环保法庭的大数据，系统分析了环境司法专门化的现状、问题和对策，形成《环境司法专门化：现状调查与制度重构》（2016），以及《中国环境司法发展报告》（2017）等研究成果。王灿发等（2016）聚焦新《环境保护法》实施问题，运用访谈、问卷调查等方式，以及公开的环保数据，对新《环境保护法》实施一周年后的法律实效进行了评估，形成了《新〈环境保护法〉实施情况评估报告》。该评估报告重点选择新《环境保护法》中的法律制度和措施，特别是该法新规定的一些制度和措施的实施情况以及该法的主要义务主体——企业的守法情况进行了评估，并对各级人民政府及其有关部门、社会组织、企事业单位宣传贯彻新《环境保护法》的情况进行了总结概括。

综上，法律实证分析在法学研究中仍然处于起步阶段，环境法领域的法律实证研究更少。在研究内容上，可以运用法律实证研究的法学领域仍不明确。在研究方法上，远未形成成熟的法律实证研究方法。尽管在刑法等少数领域开始运用 SPSS 数据分析平台进行因子分析及 Logistic 回归分析，以及少量的实验，但大部分冠以“实证分析”的法学研究，其主要研究方法仍是典型案例的定性分析以及统计数据的简单呈现，部分研究项目进行了社会学问卷调查。

上述研究为本项目的启动提供了有益帮助。但是，国内外有关农村面源污染防治的法律实效研究之间存在明显的差距。国内不仅缺少对农村面源污染防治法的专门研究，而且研究成果基本停留在对外国法进行框架性介绍，揭示我国相关立法空白，呼吁加强立法，提出概括性立法建议阶段，至于立法需求、治理模式、制度设计等深入研究分析尚未出现，对现实国情的了解也极为不够。从已有的研究文献看，国内鲜见从实证角度研究农村面源污染防治法律实效的成果，与国外存在明显的差距，这是当前国内相关立法远离实践，脱离社会重大现实的重要原因之一，也是未来我国环境法学研究的一个重要领域。

四 农村面源污染防治与法律实效

（一）环境法与法律实效

在我国，环境法是从20世纪70年代才开始起步的新兴部门法。以1979年《环境保护法（试行）》的颁布为标志，中国环境保护法律的理论与实践已经走过了30多年。环境立法从无到有，速度之快、文本之多非其他立法可比。除了五部污染控制法和九部自然资源保护法外，还有为数众多的行政法规、地方立法，新的环境立法仍在不断制定之中。环境法已经经历了从“无法可依”到“立法体系已基本完成”的阶段。在普遍的法律盲目崇信的背景下，环境法学界患上了非常流行的“法律万能主义”的传染病。[①] 可以说，环境法是中国立法最为频繁的部门法，称之为“法律爆炸”绝不为过。

然而，中国的环境问题并未随着环境法的实施而得到根本改善，仍然呈急剧恶化之势。在“法律爆炸”的同时，“频繁爆发的环境群体性事件却陷环境法于尴尬：我们潜心构筑的环境法理论面对严酷的环境问题解释力不足，我们精心设计的法律条文面对复杂的环境社会关系执行力不够，我们倾心引进的外国环境法制度面对中国的环境保护国情适应性不强”[②]。面对环境司法困难重重、环境执法举步维艰、环境守法形同虚设的现实，我们不得不承认，环境法领域普遍存在法律实效欠佳，环境立法与社会严重脱节的问题。许多已经颁布的环境立法或激进或滞后，法律效力难以转化为法律实效，最后几乎变成了一纸空文。

进入21世纪以来，虽然我国环境法研究的热情仍然集中在环境立法上，但是学者们开始越来越多地正视环境法律实效问题。从决策机制的角度来看，环境法的效力游离于各级政府的综合决策之外，环境法所规定的各项基本法律制度没有得到很好的贯彻执行。因此，建立环境与发展综合

---

① 余耀军、高利红：《法律社会学视野下的环境法分析》，《中南财经政法大学学报》2003年第4期。

② 吕忠梅：《环境法学研究的转身——以环境与健康法律问题调查为例》，《中国地质大学学报》（社会科学版）2010年第4期。

决策机制是增强环境法实效的必由之路。[①] 余耀军等认为，“我们必须面对环境法的立法活动如此活跃，而法理却严重不足的事实，从而摒弃‘法理演绎加法条注释’的法学研究方法”[②]，提出用社会学的实证方法来研究环境法。吕忠梅提出，为了解决环境法学研究远离实践的问题，“必须实现环境法研究的转变，由一种‘语言’转向多种‘语言’，由书斋转向市井，由‘照着讲’转向‘自己讲’，由‘法律知识’转向‘法律化的科学知识’”。关于环境法的实证研究成果也开始出现，如汪劲（2006—2008，环保执法），吕忠梅等（2009，环境与健康），李挚萍（2009，农民环境维权意愿及能力）。在环境司法领域（吕忠梅、张忠民，2016—2017），以及环境立法评估领域（王灿发，2016），更多地关注了环境法的实施和实效问题。

（二）农村面源污染防治的法律实效

目前我国环境法80%是为城市制定的，为工业污染治理制定的，即主要是针对工业点源污染和大规模的、限制性的、可预测的污染排放而制定的。农村环境问题、农村面源污染控制问题还未得到系统的、适当的强调，许多与农村面源污染有关的经济活动，特别是农业活动，曾经长期游离于环境法律控制之外。随着农村环境问题日趋恶化，特别是与食品安全相关的农村面源污染问题的集中爆发，国家和一些地方的环境立法加强了对农村面源污染的控制。2017年，新修订的《水污染防治法》通过国家支持农村污水、垃圾处理设施建设，推进农村污水、垃圾集中处理等措施，加强了农业和农村的污染防治。目前，农村环境立法的呼声一浪高过一浪，在可以预见的将来，以农村面源污染防治为重点的农村环境立法势必有“井喷”之势。

然而，农村面源污染防治的法律调控是世界性难题。发达国家环境法发展的历史证明，在城市相对完备的基础设施、技术手段和强大的监督管理机构等条件下，以“命令—控制”为代表的传统环境法律措施，在控制工业点源污染方面能获得较好的法律实效。对农村面源污染进行法律调整，面临的难度要大得多，难点主要集中在以下方面：

---

① 王曦、秦天宝：《中国环境法的实效分析：从决策机制的角度考察》，《环境保护》2000年第8期。

② 余耀军、高利红：《法律社会学视野下的环境法分析》，《中南财经政法大学学报》2003年第4期。

1. 高度分散污染者与治理者

法律只能作用于人的行为。工业点源污染的污染者相对集中，尽管污染的规模巨大，但污染者的数量相对较少，控制一个排污口，就控制了大量的污染。而农村面源污染的污染者是农村的千家万户，发达国家的经验表明，农村面源污染的防治，更加需要千家万户的自觉行动。通过法律去调整为数众多又高度分散的污染者与治理者的日常生产和生活行为，其难度远高于调整有限的、相对集中的工业污染者与治理者的生产与经营行为。

应对点源污染和面源污染实行分类控制与监测，并对面源污染中的不同类型进行分类控制。鉴于点源污染与面源污染发生机制不同，为此，目前在应对这两种污染的过程中，均采用针对性的、截然不同的污染控制策略和技术。在对点源污染进行防治时，通常采用建设污水处理厂等工程措施进行末端控制。也正因此，实践中形成了较为成熟的污水处理技术和监测技术，以及相应的规范。对面源污染，国际范围内仍然缺少有效的控制和监测技术，在控制上采用源头控制策略，强调在全流域范围内通过农田最佳养分管理等农业措施削减氮、磷总量，在监测上强调因地制宜，而没有标准的方法。① 发达国家贯彻了分类控制的思路，除了对点源与面源污染进行分类控制以外，对面源污染也进行了类型化处理，例如将面源污染类型化为城市面源、农田面源、畜禽养殖面源等，并针对性地分别采取了不同的控制措施。就城市面源污染防治而言，所采取的应对措施主要是管网建设、改造等工程措施。就农田面源污染防治而言，所采取的应对措施主要是在流域内推广农田最佳养分管理、测土配方施肥、高效低毒低残留农药、精准施药等技术措施，以实现源头控制。就畜禽面源污染防治而言，所采取的应对措施主要有：制定畜禽养殖场农田最低配置（即畜禽饲养量必须与周边可蓄纳畜禽粪便的农田面积相匹配）、建设畜禽粪便污水综合利用或无害化处理设施等。这些法律措施要得到实际执行，要求环境法具有高度的可操作性。

2. 农村、农业、农民的弱质性

农村面源污染的另一个特殊性，在于它发生在环境公共设施及环境监

① Magette W. L. , “Monitoring”, In Ritter W. F. , Shirmohammadia eds. , *Agricultural Non-point Source Pollution Control: Selection and Assessment*, London: Lewis Publishers, 2000, pp. 257-304.

管体系较为薄弱的农村地区，发生在农业这个弱势产业。即便在发达国家，农业同样具有生产周期长、环境影响大、回报见效慢等特点，农业、农民对污染防治费用的承受能力相对较弱。农村、农业、农民的弱质性，要求环境法律制度的实际运作机制必须符合农村、农业和农民的实际，考虑到农民的实际承受能力。提高农村面源污染防治的法律实效，要求相关法律必须在科学性与合理性之间寻求平衡。

发达国家的经验显示，在面源污染严重的水域，欲强化对氮素、磷素排放的控制，减少面源污染，需要遵循“因时因地而异”的基本思路，科学、合理地制定和执行限定性农业生产技术标准，贯彻源头控制的基本要求。但是，限定性农业生产技术标准既可能影响农民收益，又可能对农民的生产活动带来不便。因此，限定性农业生产技术标准，建立在深入了解引发农村面源污染的主要过程和环节基础上，对标准的科学性与合理性要求较高。第一，限定性农业生产技术标准既要有较大的控制效力，又要适合当地条件，具有较强的科学性；第二，限定性农业生产技术标准要求不增加或尽可能少增加农民和政府的额外负担；第三，限定性农业生产技术标准要便于农民掌握、使用。这样，标准才具有较强的操作性，保证其得到广泛执行。

考虑到农民的承受能力，那些操作难度高、价格高昂的技术措施通常难以实施。因而，需要寻找那些易于操作，且价格为农民可承受的替代性技术措施。只有如此，才能真正实现对农村面源污染的控制。在北美地区，相关发达国家一般不通过资金补贴或支持的方式来管控农村面源污染，而是在尊重农民意愿的基础上，鼓励其采用环境友好的替代技术措施和方案。北美发达国家的这种路径，客观上需要研发那些易于操作、价格便宜的替代技术，以供农民广泛采用，其特点是极大地降低了农民管控面源污染的费用成本。在欧洲，虽然相关国家对农民的补贴标准和力度都很大，但在应对面源污染时，其所推行的措施仍然是那些很少增加额外技术成本的替代技术。相比之下，价格高昂、操作难度大、科技含量高的那些农业生产技术，例如测土配方技术、缓控释肥技术、微生物肥料技术等，至今仍未成为农村面源污染控制的主流技术。

应鼓励利益相关者自愿参与，提高农业及农民的竞争力。欲实现利益相关者的自愿参与，需要相应的激励奖惩制度予以保障。而奖惩激励制度的设计需要因地制宜，由各地区或流域根据本地的经济能力和控制目标进行构建，以农业绿箱政策形式，推动环境友好的农业生产方式和相关技术标准的执行，重点是重利益相关者的参与，并鼓励自愿采用。这些政策不仅帮助农业、农民有效应对面源污染所施加的挑战，还可以提高农业和农民的竞争力。

3. 农村环保组织体系的特殊性

目前，我国县以下的环境保护行政管理部门力量薄弱，乡镇大都只有兼职环保员，管理和执法力量薄弱。农村地广人稀，建立类似城市的环保监督管理体制不仅成本高，而且不具备对千家万户实行有效监管的可行性。在此现实基础上，农村面源污染控制可采取的措施是有限的，任何激进的、外部输入性的、单纯管制性的农村面源污染防治法律制度都有可能实效不足。提高农村面源污染的法律实效，对政府、农民、科研机构、非政府组织等不同层面的相互配合提出了很高的要求。

政府机构、农民、农业科研部门、农业环境执行状况的监督部门，各层面功能不同，只有相互配合，才能发挥合力。农村面源污染防治法律制度首先必须确保农民的参与，使农民受益，保障农民的生计并有利于改善农民的生活。农村面源污染防治的法律实效，最终必须依靠农民自身环境意识的提高和对环保活动的广泛参与来得以提高。在政府机构简政放权、压缩政府行政开支的大背景和大趋势下，由于农业科研部门在专业技术及人才方面拥有突出优势，各级政府部门可委托地方农科院、地方农协等机构负责农业环境法规的监督和执行，针对各地方原有机构设置存在差异的情况，可根据各地自身情况，建设相应的农业环境技术标准的监督机构。而菜农合作社等非政府组织则提供从测土施肥、作物病虫害生物防治到优质农产品营销等全方位的农业技术服务。

基于以上因素，发达国家十分重视农村面源污染防治措施的法律实效。建立在实证基础上的法律实效研究，将行之有效的农村面源污染防治经济政策、技术政策及社会政策，最终以立法的形式进行规范化，为农村面源污染防治提供了强有力的法律保障。

第三节　实证研究的展开与样本选择

一　我国农村面源污染防治法律实效研究现状

多项研究表明，我国农村面源污染的程度和广度都已远超发达国家，而潜在的压力和解决的难度更是其他国家无法与之相比。尽管2014年修订的《环境保护法》和2017年修订的《水污染防治法》等国家和地方立法不断提升对农村面源污染防治的力度，然而，我国对农村面源污染控制，尤其是农村面源污染控制政策措施，仍然缺乏整体的认识和系统框架。在当前以城市为中心，以工业点源污染防治为中心的环境法律体系下，农村面源污染治理的法律供给与紧迫的现实需求之间存在巨大差距。

（一）我国农村面源污染防治法律实效研究的主要成果

现阶段，不仅针对农村面源污染防治的生效法律法规数量较少，而且相关的法学研究也不多。目前的研究成果集中于以下方面：第一，在农村环境问题研究中，指出我国农村环境污染以农村面源污染为主，现在的环境监管措施大多是对工业污染而设计，缺乏控制农村面源污染的有效法律措施，农村面源污染防治面临立法困境。目前环境法研究以城市为主、以点源污染防治为主、以末端治理为主的局面亟须改变（蔡守秋，2009；吕忠梅，2009；李挚萍、陈春生，2009；胡斌，2007；陈叶兰，2010；张健伟，2015；贾丽，2017）。第二，将农村水污染分为因农业生产和农民生活方式本身造成的水污染，以及与乡镇企业相伴生的城市污染转移二类，立法理念落后、法律体系不完善、符合农村特点的水污染防治制度缺位，总体上缺乏符合农村特点的水污染防治立法（黄锡生、张显云，2008）。第三，我国面源污染防治的立法研究。冷罗生（2008—2009）、李丽（2015）等从比较法角度，介绍了日本、美国的经验，总结了我国面源污染立法的现状及其不足，提出了关于我国面源污染防治立法的初步设想；杜娟（2017）、王志武、范锐敏（2016）等从农业生态补偿，曹金银（2017）等从排污权交易合同，徐志刚等（2016）从农户的环境行为等不同视角，赖洪宇等（2017）、刘天富（2016）从西藏、贵州等区域视角，研究了我国农村面源污染防治法律措施的不足。

从已有的研究文献看，农村面源污染防治的法律实效问题获得了广泛的关注，无论是学者还是环保领域的实际工作者普遍认为，我国至今没有找到十分有效的农村面源污染防治法律措施。但是，国内不仅缺少对农村面源污染防治法的专门研究，而且研究成果基本停留在对外国法进行框架性介绍，揭示我国相关立法空白，呼吁加强立法，提出概括性立法建议的阶段。我国还完全没有建立农村面源污染防治的基础理论、立法体系、指导思想、基本原则、基本制度和管理体制，结合中国国情，对管理措施、政策有效性的量化研究及法定化更是一个空白，对现实国情的了解也极为不够，明显缺乏研究深度和实证支撑。

实证研究是提高我国农村面源污染防治法律实效的基础，而国内鲜见从实证角度研究农村面源污染防治法律实效的成果，与国外存在明显的差距。这是当前国内相关立法远离实践，脱离社会重大现实的重要原因之一，也是未来我国环境法学研究的一个重要领域。

（二）我国农村面源污染防治法律实效实证研究的范畴界定

农村面源污染防治法律实效，就是指我国已生效的国家及地方农村面源污染规范在实际上被执行、适用和遵守的状况。农村面源污染防治法律实效在研究范畴上涵括三个方面：

（1）农村面源污染法律规范的适用，即“司法”。“司法”是法律实现的重要方式之一，国家司法机关作为法律规范的适用主体，依照法律赋予的职权和法律规定的程序，具体运用法律规范对案件进行处理，这是一种专门性活动，是法律规范充分获取实效不可或缺的必要环节和前提条件。司法救济的有效性和及时性，也是评价农村面源污染法律规范法律实效的重要标准之一。

（2）农村面源污染法律规范的执行，即“执法”。“执法”的主体为国家行政机关、司法机关及其公职人员，“执法”的前提是遵照法律授予的职权和法律规定的程序，“执法”的实质是一种贯彻、实施农村面源污染法律规范的活动。环境行政执法同样也具备以上三个要素：环境行政执法的主体是依法享有环境管理权的行政主体；环境行政执法的前提是有法定的职权和法定的手段；环境行政执法的实质是针对环境行政相对人所采取的、直接影响其权利义务的环境行政行为，此外还包括其他环境监督管理的活动。在法律的实施过程中，法的执行是其中不可或缺的组成部分和关键环节，其客观上保障了法律的实效性，尤其是在环境执法领域。环境行政执法兼具环境法和行政法双重特点，环境管理的方方面面皆离不开环境行政执法这一主要的、有效的手段。

（3）法的遵守，即“守法”。“守法”是指在现实社会中，法定的各类主体在从事社会活动的过程中，自觉遵守有关法律规范，严格依法办事。对于法律的实现，以及法律的实效，守法既是关键环节，又是前提条件和基本条件。在环境法的实施中，公民的环境守法是衡量环境法实效的关键指标。环境守法有赖于城乡广大群众对环境法的充分认同与积极参与，只有根植于群众日常生产与生活中的环境法律才能获得较高的环境实效。

司法、执法、守法确保着法律实效处于最佳状态。[①] 司法、执法及守法的程度能全面、充分地反映制定法的法律实效，缺一不可。法的不恰当适用或适用错误是法律实效缺失的主要障碍；错误的执行法律或者执行法律的力度不够，甚至是违法执法等，皆是导致法律失效的主要原因；而欲确保法律获取实效，关键在于守法的程度和广度。

二 域外环境法律实效评估的主要内容

富有实效的环境立法应当兼具“有效果”和“有效率”，即“环境执法有效果，环境守法有效率”。环境法律实效集中体现于被监管人的环境守法情况与监管人的环境执法效能。环境守法与环境执法密切联系，相互影响：有效能的环境执法促进环境守法；良好的环境守法能显著减轻执法负担与成本、实现环境执法绩效提高。因此，环境法实效评估既应考察环境守法实效，又应考察环境执法绩效；环境法实效增强则应从环境守法与执法双向入手，内外提升结合。据此，对环境法实效评估理论的梳理沿两条线索展开，一为环境守法评估，二为环境执法绩效分析。

（一）环境守法评估

环境守法评估有两个基本类型：一是为了确定恰当监管对象的守法评估，目的在于帮助执法者选择重点执法监管目标，以便提升环境执法效能；二是针对特定污染物的全面守法评估，即从守法层面全面考察环境法律遵守效果，其评估范围依据全面守法评估的基本规律来确定。

确定恰当监管对象的守法评估的重点在于对执法监管对象的定位与确认。虽然绝大多数国家环境监管机构实施环境处罚仍以随机现场检查为基本依据，但是环境检查围绕重点监管对象展开已经成为明显趋势。重点监管对象的定位目的之一是让环境监管机构在执法资源不足、执法力量不够、“小马拉大车”的情况下，以同等量的守法和执法力量获取尽可能好的环境监管效果。重点执法监管对象的定位方法是实施针对性监管与执法的基本条件。目前国际通行的执法监管对象定位方法有两种：第一种是根

① 邹晓红：《法律实效：界定、特征及其研究意义》，《松辽学刊》（人文社会科学版）2001年第6期。

据环境风险相关标准定义设施类别且对每类设施设定最低检查频率。第二种是借助复杂的评分系统正式确定需要优先检查的被监管设施。

美国环境保护署采用第一种方式，其环境守法评估策略与方法在实践提炼中颇具指导性。环境保护署依单行环境法的法定计划制定守法监测战略，在每一个守法监测战略中确定主要污染源的最低检查频率及评估频率。确定频率所考虑的基本因素包括：法定计划目标与指引、环境污染治理优先性、监管对象守法监测记录等。环境保护署的一些区域机构还采用环境守法搜索引擎及数据库的方式，探查环境违法企业，一旦探查到企业潜在环境违法行为，环保机构将进行现场检查。这种以最低检查频率为基础，加之潜在违法探查，结合一定比例随机抽查的监管方式，能起到降低仅由随机抽查带来的监管目标确定任意、覆盖不系统等弊端。①

英格兰环保署运用第二种方法确定优先检查的被监管设施，其管辖范围内超过半数的被监管设施均采用守法评分系统方式。英格兰环保署基于多年执法经验，开发了组合型环保守法评估工具用于污染防治和废弃物管理。其环保守法评估工具包括：运行风险评估计划（Opra）用以风险评级；守法评估计划，目的是将监管工作、可用资源和 Opra 风险预测匹配；守法评估方法，用以培训与指导评估人员；守法分类计划，用以保障不同环保制度的违法报告与违法处罚的面上一致。②

第二类守法评估为特定污染物的全面守法评估，指对于特定污染物（如大气污染或水污染）进行全国或地区范围内被监管对象年度守法情况的评估。全面守法评估实际是评估被监管对象的严重“不守法”行为。全面守法评估的主体可以是中央或地方环境监管机构。地方环境监管机构应确保提供准确、全面、及时的守法信息，尤其是关于严重环境违法行为的信息数据。中央环境监管机构组织全国范围内守法评估，总结评估报告，在必要情况下直接规制严重环境违法行为。全面守法评估的客体是典型严重环境违法行为。以单项立法或类型化立法的整体性评估为导向，依据所评估的立法，类型化典型严重环境违法行为。全面守法评估所遵循的基本原则包括：整体性原则，针对单项立法或类型化立法整体评估，而非

① US Environmental Protection Agency's General enforcement policy, *policy on civil penalties*, https://www.US Environmental Protection Agency.gov/enforcement/policy-civil-penalties-US Environmental Protection Agency-general-enforcement-policy-gm-21.

② About NetRegs, *Environmental Guidance for Your Business*, http://www.netregs.org.uk.

逐条评估；优先性原则，不针对所有违法行为评估，仅针对与环境、健康与安全紧密相关的严重违法行为评估；准确性原则，评估基础数据全面、及时、准确；评估方法合理客观。

目前许多 OECD 成员国采用年度全面守法评估的方式量化揭示环境法实效情况。典型的如英国发布的 2013 年英格兰守法评估系列报告。系列评估报告中不仅公布了 2013 年英格兰运行风险评估计划的企业具体风险评级（Opra），也公布了 2013 年污染目录，按照大气污染、土地污染、危险污染物等基本类别将环保机构监管的工业活动逐一类型化。系列报告还公布了被监管对象的 2013 年污染行为数据，并按照 1 类影响和 2 类影响分类公布。[①]

美国环境保护署发布的全面守法评估报告又可细分两类：一类是专门性守法报告，如《国家公共饮用水系统守法报告》，该报告仅针对饮用水典型违法行为进行全国层面的数据统计、现状及趋势分析。另一类是按照污染物基本类别，分别发布的守法执法报告，将守法评估与执法绩效结合于年度报告中。例如，在 2015 年《清洁空气法》执法年度报告中，环境保护署公布了 5 项基本内容，包括概览、典型执法案例、守法执法成绩数据、区域守法执法效果、守法执法分析与趋势。[②] 基于这 5 方面内容，环境保护署全面量化了 2015 年度美国环境监管机构执法输入（含执法人数与资金投入等）、执法输出（含监察次数、民刑事执法案件及处理结果等）、执法中间结果（含典型案例库、综合守法信息系统等）、最终结果（含污染减排数量与环境质量提升数据等）。

（二）环境执法绩效评估

环境执法绩效评估作为环境法实效评估的重要组成部分具有多重作用。首先，环境执法绩效评估可以帮助环境监管机构确定环境法的制定及实施是否合理有效，并有利于发现立法与执法存在的问题，从而探索自我革新的进路。其次，定期执法绩效评估是内部考核与外部问责的基础。定期执法绩效评估是建立执法人员对环境法实施效果负责制的基础；同时为其他利益相关者和公众的参与和监督提供了信息依据。

---

① https：//www.gov.uk/government/publications/environment-agency-2013-data-on-regulated-businesses-in-england.

② https：//www.USEnvironmentProtectionAgency.gov/enforcement/enforcement-annual-results-numbers-glance-fiscal-year-fy-2015.

经过 OECD 成员国多年实践，及 OECD 等组织推动，环境执法部门的评估绩效已有基本模式与规律可循。执法绩效评估一般需参考 4 个类型指标：输入指标，即执法资源的使用；产出指标，即执法行动、检查（数量、性质、结果）等；中间结果，即守法率或其他成果；最终结果，即相关环境质量或量化指标的提升。

例如荷兰住房、空间和环境部的环境监察机构于 2006 年启用综合性守法指标检测系统。系统评定“执法输入”考虑的因素包括：守法促进人员数量、守法执法人员数量、培训投资、计划进行的天数。系统评定“执法产出”考虑的因素包括：守法促进宣传活动的数量、检查次数、提出监察的数量、处罚的数量、进行守法促进和执法的天数。系统评定“中间结果”考虑的因素包括：守法率、风险率。系统评定“最终结果”考虑的因素包括：空气和水污染的负荷、环境影响。①

荷兰的综合性守法指标检测系统具有代表性，这些指标类型被 OECD 其他成员国借鉴参考。但即便检测系统指标框架有基本模式和范例可循，指标本身如何界定与运用却存在争议，具有较强的国别性。例如美国一些州将守法率定义为守法企业数量与受监管企业数量之比。荷兰则将其定义为违反主要环境许可条款的企业数量与所有监管企业数量之比。由此可见，评估框架的设定、指标体系的提炼、抽样方法的运用等环境执法绩效评估核心问题都极具国别性，难以直接借鉴，需要结合国情，重点研究。

三 我国农村面源污染防治法律实效实证研究的样本选择

（一）我国农村面源污染防治法律实效实证研究的典型地区选择

本书选择湖北省作为我国农村面源污染防治法律实效实证研究的典型地区。湖北省是农业大省，农业生产用水和农村生活用水是其水资源开发利用的主要方式。湖北省农村面积大、农业人口多，农村面源污染问题严重，2002 年，湖北省就被列入全国 8 个农村面源污染高危险地区之一。湖北省农村面源污染问题严重，已成为威胁农村地区，乃至全省水环境的主要因素。早在 2007 年，湖北省农村主要污染物的排放量就已超过全省工业污染物的排放总量，其中氨氮排放量和化学需氧量排放分别是同期工业排放量的 2109 倍和 1140 倍，占全省水污染物排放总

① OECD Ensuring Environmental Compliance：Trends and Good Practices，2010.

量的50%以上。[①] 湖北省地形复杂，农业类型多，我国农村面源污染的所有类型在湖北省都有不同程度的分布，流域的农村面源污染既有一定的同质性，又有明显的异质性。湖北省的饮用水源地污染、淡水养殖污染、农田种植污染、畜禽养殖污染等问题，皆是中国现阶段最具典型性的农村面源污染问题。同时，湖北省的农村面源污染防治立法时间早，防治力度大，农村面源污染防治立法走在全国前列。因此，湖北省是研究我国农村面源污染防治法律实效的典型样本。

农村面源污染防治法律实效涉及范围十分广泛、问题指向多元。水资源具有流域性、经济性、生态性、社会性，农村面源污染防治法律法规的实施与水资源的一定流域特征、经济社会发展现状、生态环境密切相关，自古以来“一条河川一部法律”的格言充分说明了研究水问题的规律，农村面源污染防治以流域为单位来开展与评价是国际通行的做法。在江河湖泊各种水体中，江河具有较高的流动性，投肥养殖等农业形态缺少可操作性和经济价值；而湖泊（含水库）的水体流动性较弱，更易于围网和围栏养殖，因此，湖北省的农村面源污染更为突出地表现在湖泊（含水库）流域。因此，为了更深入地了解农村面源污染防治法律的实施情况，在对湖北全省的农村面源污染及其治理状况进行全面调查的基础上，采取个案研究方式，确定了湖北省农村面源污染贡献率较大的三个湖泊（含水库）流域展开农民守法专项调查。

1. 丹江口库区

南水北调中线工程是优化我国水资源配置，解决北京、天津、河北、河南4省（直辖市）水资源短缺，促进经济社会可持续发展的重大战略工程。南水北调中线工程的受水范围高达15万平方公里，目标是向严重缺水的北京、天津、河北、河南受水区130多座城市近亿人口提供生活用水，兼顾农业和生态供水的任务。2014年12月12日，南水北调中线工程一期工程正式通水，习近平总书记作出重要指示：“南水北调工程是实现我国水资源优化配置、促进经济社会可持续发展、保障和改善民生的重大战略性基础设施。”[②] 丹江口水库是南水北调中线工程的水源地，库区

① 胡久生、李兆华、邢晓燕、康群、王荆州：《湖北省农村水体污染成因及治理办法研究》，《中国农业资源与区划》2009年第1期。

② 新华社：《习近平：南水北调工程功在当代，利在千秋》，2014年12月12日，http://news.xinhuanet.com/politics/2014-12/12/c_1113626203.htm。

所在的十堰市是南水北调中线工程的核心水源区，在我国水资源保护中具有重要的战略地位，是我国重要的战略淡水资源库，其战略地位决定了国家对丹江口库区的水质有着极高的要求。

为确保“一泓清水北送”，国家高度重视丹江口库区的水污染防治。2014 年南水北调工程通水之前，国家先后批复实施《丹江口库区及上游水污染防治和水土保持规划》《丹江口库区及上游水污染防治和水土保持“十二五”规划》，在水源区大批建设污水垃圾处理设施以减少城镇生活污染，对污染企业进行关停或达标改造控制工业点源污染，实施水土保持工程和小流域治理以治理水土流失、防控农村面源污染并提高水源涵养能力等。同时考虑到限制发展污染产业、影响水源区经济发展，国家又批复了《丹江口库区及上游地区经济社会发展规划》《丹江口库区及上游地区对口协作方案》，帮助水源区进行产业结构调整、改善基础设施等。丹江口库区开工建设和运行了一批城市污水处理厂、垃圾处理场；十堰市先后关停污染严重的“十五小”企业 130 多家，特别是对黄姜加工企业出台了强制性措施，关闭了 63 家。① 随着这些措施的实施，丹江口库区的点源污染治理已取得了明显成效。城市污水和生活垃圾直接排向水库的数量有所减少；对进入库区的工业项目实行了较为严格的环保准入制度，否决了多项污染严重建设项目的立项申请，对控制污染和保护水源地起到了重要作用。由于丹江口库区仍然以农业经济为主，传统的农业耕作方式产生的农村面源污染问题，对库区水质有较大影响。2016 丹江口库区监测站提供的水质监测资料结果显示，除总氮外，丹江口水库水环境质量连续 3 年保持稳定。化肥污染成为对丹江口水库污染负荷贡献最大的影响因素。② 农村面源污染是影响库区水质的主要因素，库区农村面源污染防治已成为影响“一库清水送北京”的重要任务之一。2017 年 4 月，丹江口库区作为受农村面源污染影响突出的重要水源区和环境敏感区的重点典型农业小流域，被列入农业部《重点流域农村面源污染综合治理示范工程建设规划（2016—2020）》，成为农业部重点流域和区域农村面源污染综合防治示范区，将探索形成一批可复制、可推广的技术与模式，为全面实

---

① 向世标、肖能武、洪洋林、李萌：《十堰市生态农业现状、问题与对策》，《湖北农业科学》2017 年第 4 期。

② 孔小莉、张华钢、杨德丽：《“十三五”丹江口库区生态环境现状及治理对策研究》，《中国环境管理干部学院学报》2017 年第 2 期。

施农村面源污染治理提供示范样板和经验。[①] 丹江口库区是我国重要的水源地，其农村面源污染危害大，国家治理强度大，是国家农村面源污染防治的典型地区，考察丹江口库区的农村面源污染防治法律实效，对于保障南水北调水源地水质举足轻重，对于完善我国农村面源污染防治立法具有相当的典型意义。

2. 四湖流域

四湖流域是湖北省最大的内河流域，地处长江中游、江汉平原腹地，跨荆州、荆门、潜江三个地市，因境内原有洪湖、长湖、三湖、白鹭湖四个大型湖泊而得名。四湖流域土地面积仅占湖北省的6%，粮食总产占到全省的15%，棉花总产占全省的20%以上，油料总产占全省15%，水产品占全省的23%以上，禽蛋总产占全省的30%，生猪总产占全省的25%，四湖流域成为全省乃至全国重要的粮、棉、油和水产品基地，素有“鱼米之乡”和“天下粮仓”的美誉。[②]

受不合理的农业结构，以及人口增多等因素影响，近年来，四湖流域水环境持续恶化。四湖流域长期受防洪、内涝和血吸虫病的多重威胁，历史上的“鱼米之乡”逐渐变为“水袋子”“虫窝子”。四湖流域农村面源污染严重：2007年，主要来自农村面源COD、总氮、总磷的排放量分别占到全流域总排放量的70%、60%和78%，农村面源污染成为影响流域水质的重要因素。[③] 2007年，四湖流域综合整治就被列入湖北省“五个专项”治理工程之一，以实现减少化肥、农药施用、畜禽粪便、农作物秸秆的总量，探索产出高效、产品安全、资源节约、环境友好的现代农业发展之路。四湖流域是典型的高强度开发农业区域，农业类型多，农业经济相对发达，面源污染特别严重，考察四湖流域的农村面源污染防治法律实效，在保障大型粮、棉、油和水产品基地的食品安全和水环境安全等方面，对于完善我国农村面源污染防治立法具有相当的典型意义。

3. 梁子湖流域

梁子湖是湖北省面积第二、蓄水容量第一的湖泊。梁子湖流域是省级

---

① 参见《重点流域农村面源污染综合治理示范工程建设规划（2016—2020）》。

② 卢进步：《关于湖北省四湖流域推进水生态文明建设的几点思考》，《中国环境管理干部学院学报》2017年第2期。

③ 王夏晖等：《四湖流域农村面源污染对水环境的影响及其控制对策》，载《第十三届世界湖泊大会论文集》，2009年11月2日-5日。

湿地自然保护区，包括武汉市江夏区、鄂州市梁子湖区、大冶市和咸宁市咸安区，面积2085平方公里，总人口约60万人，耕地约178万亩。梁子湖常年平均水位18米时，湖面面积300余平方公里，湖容约9亿立方米，Ⅰ、Ⅱ类水质面积达到85%以上，并常年保持在Ⅱ、Ⅲ类水体，是湖北省仅存的水质较好的湖泊，是周边武汉市、鄂州市、黄石市唯一的后备水源地。此外，梁子湖还是重要工业和农业水源地。每年供应武钢、大冶、金山店、程潮、乌龙泉矿山和鄂钢等工矿用水2.49亿立方米，灌溉受益农田近百万亩。梁子湖生态系统完整，拥有长江中游典型的湿地景观和生物多样性，是全球湿地资源最齐全、生物多样性最丰富的湿地之一。梁子湖具有十分重要的生态价值，其水资源状态和生态安全，直接涉及周边2000多万人的生活生产，具有不可替代的生态支撑功能。

梁子湖流域是相对贫困的农业区，种植业、水产业、畜牧业为农业支柱产业，工业和服务业相对落后，入湖工业污染较轻。随着梁子湖流域经济社会的发展，水环境质量面临极大压力。1986—2009年的梁子湖水质监测资料显示，梁子岛等局部水域已经达到Ⅳ类水质，主要超标项目为磷和氮，远远超出了梁子湖水域功能区划要求的限值，使得梁子湖已从贫营养状态逐渐变为中营养状态，局部已接近富营养状态。其中，农村面源污染量大面广，成为流域的主要污染源，严重影响梁子湖水环境质量和水生态安全。① 2007年，梁子湖的入湖总磷中，来自农业种植面源的占42%、畜禽养殖占22%、水产养殖占17%；在入湖总氮中，来自农村面源的占53%、水产养殖占20%；在入湖COD中，来自农村面源的占33%，工业点源占27%。农业种植面源、畜禽养殖和水产养殖污染成为梁子湖最主要的农村面源污染来源。为保护梁子湖，2010年，湖北省制定《梁子湖生态环境保护规划（2010—2014年）》，梁子湖全流域实行“保护优先，预防为主，防治结合的原则”，要求2010年年底前全部拆除大湖围栏围网。2006—2009年，省政府共安排671万元专项资金用于湖区围栏拆除，拆除围栏64处，涉及面积47229亩。2011年梁子湖成为国家首批湖泊生态环境保护试点湖泊，是54个“优质湖泊优先保护”全国生态文明示范区之一。环湖四市加大了污染防治和生态修复工作的力度，纷纷沿湖岸线设立生态保护隔离带，拆除水产养殖围网，关闭排污企业，退出一般工

① 参见《梁子湖生态环境保护规划（2010—2014年）》。

业，主打生态农业和生态旅游，对沿湖乡镇实行差别化考核，突出生态保护指标的考核等。例如，2013 年鄂州市决定，在梁子湖区全面退出一般工业，全面打造梁子湖生态文明示范区。但是，梁子湖水质并未从根本上得到改善，部分水域的污染变得更为严重，农村面源污染在梁子湖水污染控制中的需求更为迫切。梁子湖流域是典型的生态敏感区和建设中的生态文明示范区，经济不发达且工业所占比重小，农村面源污染特别突出，考察梁子湖流域的农村面源污染防治法律实效，对于完善我国生态敏感区农村面源污染防治立法具有相当的典型意义。

（二）我国农村面源污染防治法律实效实证研究的研究方法选择

水资源作为人类社会的生存之源、经济之源、文化之源，承载着多元价值，存在交叉的多种功能，农村面源污染防治与相关利益相关者息息相关，其研究必然呈现出多学科、多专业交叉的特点。目前，我国以及湖北省所面临的农村面源污染防治困境，并不仅仅是技术上的问题，更不是只要立法就能解决的问题，必须深入法的执行和遵守，立足于社会管理方式的创新，以及管理思维的创新，对法律实效展开研究。为此，在农村面源污染防治法律实效研究中，应采取跨学科研究方式，形成多学科交叉融合的研究团队，引入社会学分析方法，使整个研究更加符合客观实际和基层需求。

按照“实地调查→资料收集与分析→比较借鉴→理论归纳→对策研究”思路，深入了解湖北省农村面源污染防治的法律实效。为充分调查国家和地方农村面源污染防治立法实施的实际效果，课题组以湖北省为例，在全面普查的基础上，选择了三个重点湖泊（含水库）流域，即丹江口库区、四湖流域和梁子湖流域，分别作为国家重点饮用水源地、国家大型粮、棉、油和水产品基地，以及生态敏感区的代表，从 2009 年至 2017 年，开展了持续 8 年的社会学调查、走访，建立数据库，以此为基础，展开定量分析。

2009 年 6 月至 9 月，在走访省环保厅、建设厅、水利厅基础上，分赴武汉、荆州、宜昌、襄樊、十堰、孝感等地，对湖北省的河流、湖泊、水库、地下水等各类水资源进行了综合调研。同时进行了问卷调查和入户访谈。湖北省经济学院的 200 名湖北籍学生承担了上述任务。根据调查和访谈的结果，建立数据库。利用社会学调查数据库，对湖北省全省的农村面源污染防治情况进行了持续的综合分析。

在2009年对法律社会功能的整体实现进行宏观把握的基础上，2010年以来，进一步选择农村面源污染防治法中重要的具体规则进行量化分析。2010—2012年选择丹江口库区、梁子湖流域和四湖流域作为典型流域，开展了农村面源污染防治体制机制研究。2013年7—9月，课题组又对丹江口库区的丹江口、张湾、郧县、郧西等县市，就农村面源污染现状进行了入户访谈和问卷调查。农村面源污染防治不仅仅是农村的问题。在武汉市沃尔玛超市、家乐福超市、中百仓储、北京华联超市等多个大型农产品销售点，就城市居民对农村面源污染的认知与支付意愿展开调研，并与丹江口库区的农村调查数据进行对比，分析农村面源污染防治主要制度的法律实效。2015年、2016年连续两年在梁子湖地区针对农村面源污染防治情况开展入户访谈和问卷调查。2017年，又针对梁子湖区特定对象，即2016年破垸分洪的农户进行了农村面源污染防治的入户访谈和问卷调查。本书对农村面源污染防治立法在湖北省的法律实效的考察和分析即基于这些实地调研所了解的真实且细致的第一手资料。

第二章

农村面源污染防治法律实效的域外经验

20世纪70年代以来，以美国、欧盟成员国及日本等国为代表的发达国家开始逐步认识和重视农村面源污染，先后建立起相对完善的农村面源污染防治法律体系，以法律手段控制农村面源污染取得明显成效。

第一节　美国农村面源污染防治的法律实效

1970年前后，美国在农业资源和生态环境保护方面开始走上法制管理的道路，针对农村面源污染防治，美国修改和制定了一系列法律。美国针对农村面源污染立法以来，其水质有了很大变化。根据美国环境保护署的统计标准，水系中清洁河流（Having Good Water Quality River sand Streams）1996年、1998年和2000年比例分别为64%、65%和61%，维持在一个比较高的比例范围内；污染物中营养物质（Nutrient，主要包括氨和磷）3年比例分别为14.1%、10.0%和7.6%，呈现逐年下降的趋势；主要污染源——农业（包括种植业、畜牧业等）对河流污染的贡献率分别为25.0%、20.3%和18.4%，下降的趋势也很明显。①

一　水法中的农村面源污染防治

（一）美国农业污染法律调控的开始

美国对农业污染的法律控制始于1948年的《联邦水污染控制法》（*Federal Water Pollution Control Act*，FWPCA），这是美国第一部控制水污染法。《联邦水污染控制法》的目的是从化学、物理、生物方面保护水体

① 向玥皎、王方浩、覃伟、马林、张卫峰、张福锁：《美国养分管理政策法规对中国的启示》，《世界农业》2011年第3期，转引自吕忠梅主编《2010年湖北水资源可持续发展报告》，北京大学出版社2011年版，第8页。

质量。然而，《联邦水污染控制法》针对的主要是点源污染排放，它极大地限制了法律对农业行为施加影响，在大部分情况下，法律控制没有影响农民。《联邦水污染控制法》只将一种农业行为，即集中性畜禽养殖定义为点源污染的一种，提出了国家污染物减排系统（The National Pollutant Discharge Elimination System，NPDES）和污染物质的最大日容量（Total Maximum Daily Load，TMDL）。在 NPDES 项目中，美国首次提出了用“营养物管理”的方法来控制水污染，要求农民必须持有畜禽粪尿、污水排放许可，对于养殖密度达到一定规模的农民，要求制订营养物管理计划。

1972 年，美国环境保护署对《联邦水污染控制法》进行了较大的修订。① 修改后的法案进一步完善了治理点源污染的 NPDES 许可证项目，要求农民必须持有畜禽粪尿、污水排放许可。在畜禽养殖中，有一部分动物密度较大的畜禽养殖是主要污染源，被定义为集约化畜禽养殖（集约化畜禽养殖）。集约化畜禽养殖仅仅包括大型养殖场——载畜量在 1000 头以上的机构。因此，这一条款所规范的畜禽养殖仅仅只是乡村所有问题的一个部分。在《清洁水法》之下，通过州和环境保护署共同控制的国家污染物减排许可系统中，农业点源污染受到规范。从 20 世纪 80 年代开始，美国环境保护署就开始限制集约化畜禽养殖中畜禽粪尿和废水的排放，2003 年，环境保护署在 NPDES 项目中加强了对集约化畜禽养殖的要求，提出集约化畜禽养殖的农民必须持有 NPDES 许可证，除非申明其在经营过程中绝不会排放有害物质。2008 年 10 月 31 日，环境保护署执法者再次加强了集约化畜禽养殖中 NPDES 规定和污水限制指标，农民要获得 NPDES 许可证，就必须有营养物管理顾问为其制订营养物管理计划。综合营养物管理计划自提出后，环境保护署很快倡导其在各州试行，经过几年的试行取得了较大成功，于 2009 年被正式列入国家标准。

但是，农村面源污染不适用 NPDES。州和联邦用其他方法来防治农村面源污染，如流域规划、技术支持计划、成本分担计划、教育、自愿最佳管理计划（BMPs）、州的监管，以及责任机制等。

（二）《清洁水法》及其修正案中的面源污染防治

1972 年，美国修订了《联邦水污染控制法》，在修订后的《联邦水污

① 《联邦水污染控制法》，又名《清洁水法》。《清洁水法》实际上是《1972 年联邦水污染控制法修正案》在 1977 年的一个修正案，该修正案构成了美国现行水污染防治法律的基础。

染控制法》中，面源污染控制第一次被明确地提出。至1977年，在美国的《清洁水法》中，明确宣布了国家政策“以迅速高效的方式发展与实施面源污染控制计划”，进一步强调了面源污染控制的重要性。《清洁水法》明确了“尽快制定和实施面源污染控制计划，通过对点源和面源污染的双重控制”，实现“恢复和保持本国水体化学的、物理的和生物方面的完整性”的国家目标。面源污染中的化肥、有机肥、农药以及农村生活排污行为成为法律调整的对象。《清洁水法》不仅对点源污染、面源污染的排放提出了要求，还就已污染水体的治理，对各个地区提出了相关要求，如美国环境保护署要求各个州、区列出受污染的水体名单，就污染原因进行统计，并为列表中的各水体制定相应的污染物质最大日容量标准。之后，《清洁水法》又经过了多次修订和完善，确定了一系列农村面源污染管理计划，其中最重要的就是提出了“农村洁水计划”，规定对面源污染自愿采取防制措施者，由政府承担一部分费用或者给予减免税费。1987年的《水质法案》（WQA）则明确要求各州对面源污染进行系统识别和管理，并给予资金支持。《清洁水法》标志着美国水污染防治法的战略转型的开始，即从城市中心到城乡并重，从点源污染控制为主到点源与面源污染控制并重。

1979年，基于为面源污染问题的解决提供有效可行的途径和针对性的法律保障，美国环境保护署进而提出了排污权交易法——点源—面源排污交易法。[①] 至上世纪90年代中期，美国基于自身水污染问题的新变化，以及多年的水污染防治实践经验，进一步调整了其水污染防治策略，从传统的“点源到电源”“污染物到污染物”“单个计划到单个计划”的水污染防治策略，逐步向以全流域为基础的全局性水污染防治战略模式转向。在具体制度安排上，美国立足于流域全局性水环境保护的基本立场，以流域全局性水环境管控为出发点和立足点，以NPDES许可证的颁发为手段，进而在全流域内管控点源和非点源污染的排放。这种以流域全局性水污染管控为基础的NPDES许可证制度，侧重于对流域水质量标准的遵守与执行，在方式选择上强调运用多元化、灵活性的机制、措施，在目的追求上凸显流域水质量的改善与提升。基于此，该许可证不仅可以管控点源污染的排放，还可规范非点源污染的排放，例如排放到水体中的空气沉积物

① 王晓燕：《非点源污染及其管理》，海洋出版社2003年版，第37页。

等。这与传统的 NPDES 有很大不同。在适用范围上，其强调流域全局性，而这种流域既可指整个河流流域，也可以是支流流域、行政区划内的流域和社区范围内的小流域等，也即既可适用于大流域，也可适用于中流域、小流域。①

国会通过《清洁水法》（*Clean Water Act*），运用国家财政预算制度，为水污染防治提供相应的资金保障。据了解，每年美国联邦财政预算将拨出 20 亿美元建立专项基金，并通过项目制的方式将其分解、落实到水污染治理项目上。随着美国流域面源污染形势的日趋严峻，水污染治理项目的设置侧重于面源污染监测治理领域。

随后，《安全饮用水法》及修正案、《海岸带管理法》及修正案、《食品安全法》《总统水质动议法》《联邦环境杀虫剂控制法规》《洪水控制法》及修正案、《农业与农村投资法》《露天采矿管理及开发法》《联邦土地政策及管理法》《清洁空气法》等，皆针对各类面源污染做出了明确的规定，设置了相应的条款。1987 年，为进一步完善水资源保护法，美国明确提出以面源污染管控为中心，建立针对性的国家计划，这一设想被纳入《清洁水法》修正案中。2002 年，美国正式颁布的《农业安全与农村投资法》，加大了对生产和生活设施、生态环境建设和保护方面的投资，增加的投资主要用于农村科技、水利设施、通信设施、饮水设施等方面；采取措施扶持农村创业活动，成立区域发展局扶持农村战略性发展，为农村创业活动提供信贷担保；采取了一系列环境保护措施和计划，包括保存保障、保护储存、保护走廊示范计划、湿地保存计划、环境质量激励、草地保存计划等，以期扩大农地、草地、湿地的保护面积，加大对耕地保护、水利设施等方面投资来改善土壤状况和环境质量，防治农村面源污染。2003 年，美国总统布什向国会提案，要求对全国 20 个重点流域治理增加 7%的预算，并指出这些增加的预算将被用于流域面源污染治理的相关研究。此外，联邦政府为鼓励、吸引各州、各地方政府共同投资，还设立了 500 亿美元的清洁水基金作为“种子基金”。这一基金的使用主体主要为农业、企业或地方，使用的目的为面源污染的治理，使用的方式为无息或低息贷款方式。目前，美国面源污染控制管理涵盖内容广泛，主要包括城市合流制污水系统的溢流管理、城市分流制污水系统雨水排放管

① 徐祥民、陈冬：《NPDES：美国水污染防治法的核心》，《科技与法律》2004 年第 1 期。

理、动物养殖场径流管理、采矿区径流管理、农业区径流管理等方面。美国政府正在讨论制定一部专门的农村面源污染防治法律。

美国农村面源污染防治的核心法律制度主要体现在《清洁水法》及其修正案的两个法律条款中。国会首先试图通过208条款来规范面源污染，它属于自愿范畴。后来208条款得到修正，对减排提供财政刺激。20世纪80年代，该制度得到了进一步的修正，法案增加了319条款，它要求各州评估面源污染，并提出管理计划。

1.《联邦水污染控制法》208条款

在1972年的《联邦水污染控制法》修正案中，国会首次提出了面源污染，该法要求联邦政府对水污染采取严格的新方法。参议院评论“它清楚地确立，除非非常复杂和困难的面源问题得到解决，国家的水域不能得到恢复，其质量也无法维持”①。1972年修正案中的208条款授权州起草区域范围内废物处置管理计划，包括从农业和其他活动中区分面源污染的程序。每位州长都被要求对有“明显水质控制问题”的地区进行分类，然后指定一个机构或其他组织，为这些问题地区来制定一个区域范围的废物处置计划和一个“连续的区域范围的废物管理计划程序”。这些计划最终创设了一个识别程序，通过识别程序来判断农业灌溉回流水、来自粪肥处置地区的径流及其累积影响等是否属于合适的、相关的农业面源污染。联邦基金最初资助州来发展和实施208条款计划，到20世纪80年代联邦基金终止前，共设置了176年208条款计划，但大多数计划随联邦基金的终止而遭到废止。

208条款的实践证明它的效力有限。208条款号称《联邦水污染控制法》中的“计划条款”。州仅仅制定计划。遵守208条款中的弹性标准（“可行范围内”）。因此，州致力于开展非常有限的污染控制。208条款致力于提升对农业面源污染的自愿遵守而不是“命令—控制”。农业利益相关者反对采取太“有争议性”和“政治敏感性”的“命令—控制”措施。当联邦政府不强迫它们如此做时，州不希望用严厉的法律来激怒强有力的农业选民。面源污染控制计划在41个州自愿实施。208条款宽容的面源污染法律标准，带来的是对有限命令的无效实施。国会指责美国环境

---

① 43. S. REP No. 414, 92d Cong., 2d Sess. (1972), reprinted in 1972 U. S. C. C. A. N. 3668, 3705.

保护署对208条款项目管理不力——不能鼓励州发展全面的显著的面源污染计划。208条款未授权美国环境保护署建立面源污染控制，没有联邦的强制，州也缺少政治愿望来颁布环境保护法案。

为了实施农村清洁水计划，1977年，国会修正了《清洁水法》的208条款，给土地所有人提供财政刺激来实施“最佳管理计划”，以控制来自他们土地的面源污染。经济刺激方法允许土地所有人收回50%的成本来实施计划。参议院总结：“为了提高水质和保护土壤的实践，建立技术和财政扶持体系，将鼓励个人自愿控制面源污染。这种安排将使得土地的耕作者和所有者，为了减少土壤侵蚀以提高水质，更容易在208条款之下，实施这些土壤保护措施。”① 这些计划由美国环境保护署定义，包括方法、措施或实施机构选择的计划，都要满足环境保护署关于面源污染控制的要求。“最佳管理计划”包括但不限于结构性和非结构性控制，以及操作和维持程序。土地所有人能够在污染生产行为之前、之间和之后，运用“最佳管理计划”减少或消除污染物进入水体。国会为土地所有人和美国农业部建立在计划实施、成本分担的基础上的自愿合同，提供了一些资金，当“最佳管理计划”通过修正案时，参议院强调“最佳管理计划”“清楚地打算使208条款产生特别的面源污染削减计划”②。

另外，《清洁水法》的305条款要求州每两年提供一份所有可航水域的水质报告，这就包括了点源和面源污染。法案还要求州提供由美国环境保护署批准的持续计划程序，这个程序必须包括本州范围内所有可适用计划的所有因素，州还必须对受损水体的最大日负荷总量（TMDL）进行界定。各州都要有面源污染防治规划，该规划应当列入政府的议事日程。

2. 319条款

1977年的修正案最终没有改变国会对面源污染改革步伐的不满。1985年，参议院评论“面源污染作为一个更大的问题在迅速发展，面源污染的证据在不断增长”。1987年，参议员David总结道：“很清楚在许多流域，《清洁水法》的目标——可以养鱼、游泳的水体将不会得到满足，除非我们能够显著地减少农村和城市的径流和其他面源问题。”最

① 60. S. REP No. 370，95th Cong.，1st Sess. 37（1977），reprinted in 1977 U. S. C. C. A. N 4326，4362.

② 63. S. REP No. 370，95th Cong.，1st Sess（1977），reprinted in 1977 U. S. C. C. A. N 4326，4335.

终，1987 年，国会修改了《清洁水法》，明确地将面源污染控制作为立法目的之一。“以迅速而高效的方式发展与实施面源污染控制计划是一种国家政策，这使《清洁水法》的立法目的包括了点源污染和面源污染控制。”①

修正案最重要的实质性要求就是《清洁水法》中增加的 319 条款。319 条款要求州产生一个评估报告，提出管理计划并在 18 个月内生效。评估报告要求识别没有深入的面源污染控制就不能维持水质标准的适航水体，以及损害水质的面源。它也命令州确定程序，以“最大程度可行”地减少面源污染。管理计划提案必须包括“最佳管理计划”的识别程序，实施程序的计划，以及有年度实施里程碑的日程表。州的管理计划要获得通过和资助，就必须向美国环境保护署报告在削减面源污染方面的进步以及在满足它们自己设定的里程碑方面的成功之处。美国环境保护署的管理者必须向国会报告 319 条款的成功以及“在减少可航水体面源污染，提高这类水体水质方面的进步”。319 条款还用于联邦基金的花费，以支持州实施减少面源污染，保护地下水的计划。

然而，319 条款的实施表明，319 条款在减少面源污染方面并不尽如人意。它的不足之处是没有充足的“胡萝卜”和“大棒”，以及与 208 条款计划有太多相同的命令特征。“胡萝卜”的不足在于国会不希望为州提供充足的刺激，来启动严格的污染控制计划。总审计办公室总结认为，州政府认为 319 条款资助不足以支付显著的污染控制。总审计办公室注意到，虽然一些州分配到了百万美元来解决污染问题，但他们坚持要求上亿美元。与这些花费相比，联邦针对 319 条款的拨款非常少，落后于 1987 年《清洁水法》授权的拨款数额。虽然 1987 年的修正案提供了更多拨款，但从 1987 年到 1989 年，联邦仅为 319 条款拨款 380 万美元，每年大约为 130 万美元，从 1990 年到 1993 年，拨款也从来没有超过每年 5000 万美元。虽然农业面源污染导致了更多的污染，但这些拨款也没有投资于比较合适的领域，比如《清洁水法》要求的污水处理。而且，如果州没有提交报告，法律仅仅将责任上移，由美国环境保护署准备报告并向国会陈述报告，或者给有水污染控制经验的地方公共组织提供帮助。虽然如果州不能拿出计划，就面临着丧失其面源污染计划调控的损失，但是，维护

① 33 U. S. C. § 1251 (a) (7) (1994).

这种控制也许对州而言并不是一件好事。这部法律为启动一个计划提供的前景是，州仅仅只能部分得到联邦政府的资助。州的花费，无论是金钱还是迫于强有力的农业利益相关者的压力所导致的政治成本，都是潜在的、非常巨大的。一个环境团体评论道："没有有意义的联邦命令，州几乎没有意愿来自己实施污染径流计划。"①

"大棒"，也就是不遵守319条款的法律后果也不明显。与208条款类似，319条款没有要求州实施面源污染控制计划。不仅如此，319条款之下进一步发展管理计划的推力，在208条款的框架下几乎没有新的思路。319条款的管理计划必须确定州计划实施的，减少面源污染的程序，包括如何测量州的成果。但是，208条款也要求制定管理计划来处置截获的废物，识别面源，以及发展控制污染的办法。319条款在某些地方的要求更细致，但并不代表它与不成功的208条款有什么重大区别。各州的计划因此大体上仍是自愿的。

二 《海岸带管理法》中的农村面源污染防治

《海岸带管理法》是第二个直接防治农村面源污染的联邦法，② 建立了海岸带面源污染控制机制。它要求批准海岸带管理计划的沿岸各州采纳海岸带面源污染控制计划。海岸带面源污染控制计划主张对面源采取管理手段，来保护海岸水资源。州的海岸带管理计划必须包括强制政策和实施机制。沿岸各州向EPA和NOAA③ 提交计划并获得它们的批准，这些计划中要求注明，对农业源、林业源等六种来源的面源污染所采取的管理方式。④

三 农业立法中的农村面源污染防治

自1985年的《农业法》（1990年、1996年及2002年修订）实施以来，通过各种农业立法，美国农业部对农村面源污染控制给予了多种资

① Robert W. Adler et al. , *The Clean Water Act Twenty Years Later*, Washington D. C. : Island Press, 1993, p. 189.

② 范丽奇：《可持续的水质管理政策——交易的作用：美国的经验》，中国政法大学出版社2010年版，第79页。

③ 美国国家海洋和大气管理局。

④ 16U. S. C. §1455（d）（16）（2000）.

助，对各州削减农村面源污染产生了较大的影响。

美国农业部资助的面源污染控制计划主要有：1985年《食品安全法》创设的保护储备计划（Conservation Reserve Program）；1996年的《联邦农业促进及改革法》又提出保护储备提升计划（Conservation Reserve Enhancement Program），将水质保护和野生生物栖息地保护（Wildlife Habitat Incentives Program）纳入其中。同年，农业部保护局提供了环境质量刺激计划（Environmental Quality Incentive Program），向那些通过实施某种BMPs计划来保护环境质量的从事农业和畜禽养殖业的土地所有人，提供技术、财政和教育方面的帮助。1978年的《合作林业扶助法》创设了森林管理计划（Forest Stewardship Program），向非工业化的私人林业土地所有人提供技术帮助；该法还创设了森林土地成本分担计划（Forest Land Cost-share Programs），并得到了1996年《联邦农业促进及改革法》的再次授权，森林土地成本分担计划可以用于植树等林业活动中的面源污染控制。[①]

第二节　欧盟国家农村面源污染防治的法律实效

面对农村面源污染引起的水环境的严重恶化，欧盟国家在农村面源污染控制方面，形成了整体共识，并体现在欧盟的农业及环境保护政策、法律之中。欧盟国家对农村面源污染防治的法律保障包括三个层面，一是欧盟层面的法律保障，二是欧盟各成员国根据本国实际情况所采取的国内法律保障，三是欧盟各成员国之间的国际协定。这些政策、法律鼓励和刺激农民采取更加有利于环境的耕作方法，减少农业生态系统的养分流失，在控制农村面源污染方面取得了较大的成效。

一　欧盟共同水环境及农业政策、法律中的农村面源污染防治

欧盟国家注重在宏观层面实现农业与环境政策的一体化，将农业与环境政策目标统一起来，并在立法、决策程序和机构人员等方面充分考虑环境因素，实现农业与环境保护的双赢。因此，欧盟对面源污染的控制不仅

① James M. Mcelfish etc.，"Inventing Nonpoint Controls：Methods，Metrics and Results"，17 *Vill. Envtl. L. J.* 2006.

体现在其共同的水环境政策、法律之中，也体现在其共同的农业政策、法律中。

（一）欧盟共同水环境保护政策、法律

1. 欧盟关于农村面源污染防治的早期立法

欧盟关于农村面源污染防治的早期立法，侧重于标准的制定。为加强对饮用水水源的保护，欧盟在1975年制定的《欧洲水法》中，明确规定了作为饮用水源的江河湖泊的标准。1980年《欧盟饮用水指令》为饮用水的许多化学和生物学成分规定了有约束力的质量指标，成为每个成员国必须执行的标准，这是欧盟立法控制农村面源污染的开始。其中，地表水体指令的目标为：对河流实行流域管理，起草流域管理实施计划，制订农药残留和其他污染的标准，确保水体质量；地下水次级指令明确规定了地下水中的农药浓度，以及硝酸盐浓度。欧盟对面源污染问题的明确提出，是在1989年欧盟委员会的官方文件中，该文件指出是硝酸盐引发了水质问题，并且这些硝酸盐主要来自农田和城市。① 此后，欧盟关于农村面源污染防治及农业环境保护的政策越来越清晰、明确和具体。欧共体第五个《环境行动纲领》提出，农村和农业环境保护的最根本目标是保持生态平衡，为实现此目标最主要的是保护水资源、土地资源和基因资源。② 在一些成员国的大力呼吁和推动下，《欧盟硝酸盐指令》于1991年通过了，主要内容是：第一，所有成员国必须通过水质监测来划定受到农业硝酸盐污染的地区，即硝酸盐脆弱区，要求成员国将硝酸根含量超过50毫克/升或已发生富营养化的水体标定出来，将这些水体的集水流域划定为硝酸盐脆弱区，区内采取强制性的措施以减少营养物质的进一步流失。第二，成员国必须针对硝酸盐脆弱区制订相应的行动计划以消除硝酸盐污染威胁，所有行动计划都必须包括有机肥和无机肥的最大可允许应用量和应用期限。其中，对农业经济影响最大的一项规定是有机肥料施用量不得超过每年每公顷170千克，意味着各国要将原先的施用量大幅度削减。③ 第三，

① 何萍、王家骥：《非点源（NPS）污染控制与管理研究的现状、困境与挑战》，《农业环境保护》1999年第2期。

② 梁流涛、秦明周：《中国农村面源污染问题研究》，中国社会科学出版社2013年版，第148页。

③ 高超、张桃林：《欧洲国家控制农业养分污染水环境的管理措施》，《农村生态环境》1999年第2期。

硝酸盐脆弱区以外的区域，成员国必须制订良好的农业实践的自愿准则，准则包括化肥储备率、施用率和施用时序等。

2.《欧盟水框架指令》关于农村面源污染防治的发展

“《欧盟水框架指令》（*EU Water Framework Directive*）是欧盟在水资源领域非常重要的一项法律指令，其由欧洲议会和欧盟理事会于 2000 年 10 月 23 日制定，但其并未立即实施，而是于 2000 年 12 月 22 日才正式实施。”① 该框架指令具有强制约束力，要求所有欧盟成员国，以及那些欲加入欧盟的国家，必须使本国的水资源管理体系符合水框架指令（WFD）的要求，并引入共同参与的流域管理。

《欧盟水框架指令》包括 26 个条款和 11 个附件，建立了欧洲水资源管理的框架。其内容主要包含以下几个部分：指令的目的；定义；流域内部行政机关之间的协调合作；环境保护目标；流域的特征，人类活动的环境影响评价和水利用的经济分析；保护区的登记；为人类饮用而抽取水；地表水；地下水和保护取水的状况；水服务的费用；点源和面源的结合；采取的项目措施；成员国层面不能解决的问题；流域管理规划；公众信息和咨询；报告制度；控制水污染的战略；预防和控制地下水污染的战略；欧盟委员会的报告；未来欧盟措施规划；指令中的技术更新；管理委员会；废除和转化为成员国的规定；罚则；执行；适用范围；等等。《欧盟水框架指令》根据各欧盟成员国的共性，提出水环境保护的核心目标为：水体状态于 2015 年达到良好状态（Good Status），它特别关注水质和生态，将包括地下水和地表水的全部水体皆纳入水环境保护的内涵中；对包括地下水和地表水在内的全部水体皆明确规定了安全边界，整个欧洲将采用统一的水质标准。《欧盟水框架指令》的核心是流域综合管理计划，要求以流域为基础进行水管理，这就包括了流域范围内全部的点源管理和面源管理。指令要求所有成员国必须对本国范围内的流域进行鉴定，具体包括地下水、河口和离岸 1.852 公里之内的海水，而且还要将其落实到“流域管理区”中。此外，指令还明确要求这项任务必须在 2002 年 12 月 22 日之前完成。指令还要求所有成员国必须针对本国的流域管理区制定流域管理规划和行动计划，并且该规划和计划必须每 6 年制订一次。关于水污染管控，该指令强调污染物排放标准的统一，进而要求所有成员国的排放

---

① http://cc.europa.eu/environment/water/water-framework/index_en.html.

标准必须统一，关于环保技术也要求必须采用最新的。当承受水体没有达到水质标准的要求时，要求必须采用更为严格、有效的污染管控措施以使其达标。《欧盟水框架指令》明确提出点源和面源的结合对水质的影响，并包含一些经济措施，明确指出水资源管理的费用成本应当由家庭、农业和工业等共同分担，并要求通过采用水价政策这一经济杠杆来鼓励节水。

虽然《欧盟水框架指令》中有关于面源污染管控的内容，但相关内容过于宏观和抽象，而真正贯彻执行《欧盟水框架指令》有关内容、有效管控面源污染的则是《关于保护水体遭受农业营养物质污染的指令》，该指令关注水污染中的富营养化问题，并将农业生产中营养物质的减量化作为其目标。该指令确定了五个阶段的具体实施步骤：第一，对水质进行监测，监测的对象既包括营养物质的浓度，也包括富营养化的程度；第二，对已经被污染的或者有被污染风险的水体进行识别；第三，划定那些污染能够进入步骤二所识别的水体中的区域；第四，建立良好农业行为和行动计划的编码；第五，对脆弱区域和行动计划进行评估，这种评估至少每4年展开一次。欧盟通过对该指令实施情况的评估发现：2004—2007年这四年间，欧盟15个成员国的氮肥年消费量基本稳定在900万吨左右，磷肥消费则有明显减少，相比前一个报告期，也即2000—2003年，降低了9%。①

（二）欧盟共农业政策、法律

在欧盟的农业政策体系之中，欧盟共同农业政策（CPA）是其中极其重要的政策。欧盟共同农业政策经历了一个发展历程，其最早以推动、支持农业的生产为核心，随后逐步转向于关注农村的发展，截至目前，该政策又发生了重大转向，愈加侧重于关注农业生产过程中的环境保护问题。欧盟共同农业政策的目标是保证农民获得一个良好的生活标准，保障消费者食品质量和合理价格，以及保护农村环境。1992年，欧盟共同农业政策鼓励农民运用环境友好型的耕作方式，以便减少对农业环境的压力，并努力控制农业生产过剩。欧盟实行农药登记制度，规定了化肥、农药的毒性、用法、用量以及可能造成的生态环境和人体危害，建立了严格

① Commission of the European Communities, *Report from the Commission to the Council and the European Parliament*: *On Implementation of Council Directive 91/676/EEC*, *concerning the protection of water against pollution by nitrate from agricultural sources for the period* 2004-2007.

的登记管理制度。[①] 欧盟制定了专门的《农业法》管理农药使用，对农药生产、销售和使用三个环节进行管控。对农药中的有毒物质的作用进行评价，农民必须严格按照标签说明使用农药，确保农产品安全。欧盟共同农业政策还强调农业环保措施与植树造林的结合，并把环境保护作为农村地区发展政策的重要组成部分。

欧盟非常注重农村面源污染防治的经济措施。1999 年欧盟批准了"2000 年议程"，把对农民的直接支付与环境保护标准挂钩，同时大幅度增加了用于环保措施的资金。2003 年，欧盟理事会通过欧盟第 1782/2003 号条例，以法律的形式明确环境保护标准与农业补贴政策的结合。"2007 年之前，主要由欧洲农业指导与保障基金会（EACGF）落实欧盟共同农业政策的资金，主要有：一是通过直接补贴和干预手段支持农业部门；二是帮助农民以对环境更加友好的方式利用土地，以支持农村发展。"[②] 2007 年以后，为了更加突出对农村发展的支持，欧盟又成立了两个基金取代欧洲农业指导与保障基金会（EACGF），即欧洲农业保障基金（EAGF）和欧洲农村发展基金（EAFRD），两个基金所占的份额分别为（78%和 19%）。由此可见，欧盟非常重视优先在农业发展的框架内解决农业所带来的面源污染问题，其农业政策的导向就是鼓励环境友好型农业生产方式，一方面对生态农业、有机农业给予相应补贴，另一方面完善农产品的环境认证制度，对环境友好型农产品的市场培育提供服务。2009 年，欧盟理事会颁布了《对在欧盟农业政策框架下直接支付的共同规范条例》，要求将农民遵守特定的环境法规定与进行直接补贴合并。

二　欧盟各成员国立法中的农村面源污染防治

欧盟的环境立法形式通常采用指令的形式。欧盟法与其成员国的法律规定，在具体内容的规定和执行效力存在区别。欧盟法根据其不同的法规形式，在成员国内有着不同的法律效力。[③] 许多欧盟法是框架

① 张宏艳：《发达国家应对农村面源污染的经济管理措施》，《世界农业》2006 年第 5 期。

② 参见金书秦《农村面源污染防治：国际经验及启示》，《世界农业》2012 年第 1 期。

③ 欧盟条例在成员国内有直接适用效力，而指令需要由成员国通过本国法予以转化，还有许多文件只是政策性规定，不具强制性。

性法规,[①] 真正实施还需要成员国将其转化为成员国的国内法,[②] 例如《欧盟水框架指令》等指令等。[③]《欧盟水框架指令》指令属于“软法”,其只规定各成员国水资源管理所应当达到的具体目标,进而要求各成员国通过各自立法以达到规定的具体目标。指令着眼于一些原则性的规定,各国在该指令下可以选择符合国情的手段实现环境目标。因此,各成员国并不直接在本国适用指令的具体规定,而是将指令的具体目标转化为本国立法再在本国范围内进行适用。根据指令所进行的国内立法客观上属于该国法律体系中的一部分。

(一)德国

德国在欧盟法律建设中扮演着十分重要的角色,对其面源污染控制法的考察,对于我国有层次地系统地制定相关立法并切实执行实施,有着更深刻的意义。

随着德国对工业点源污染的有效控制,农村面源已成为德国水体的主要污染源。2010 年,德国 370 个没有达到良好状况的地下水体,均为农业肥料影响;9900 个地表水体中有 7400 个明显地受到肥料输入的压力。[④]

1. 德国联邦立法关于面源污染控制的早期发展

1957 年德国联邦议会通过了《水平衡管理法》(WHG),以及于 1976 年通过了利用经济手段的、作为对水体保护进行补充的《污水征费法》,在水管理领域制定了联邦范围内统一的法律性框架。《水平衡管理法》经历了七次修订。1976 年《水管理法》第四次修订时,第 7a 条规定了污水

---

① 在欧盟逐渐发展成超国家联盟的过程中,要产生一部对于欧盟范围内普遍有效的法律,必然只能先相对地抽象,而无法确切考虑到各国具体情况,所以更多的法律只是框架性法规或者政策性纲领,但这同样对于法规的可操作性与执行力提出了更高的要求,需要更高的立法技术。

② 欧盟委员会通过对成员国向欧盟法院提出违反欧共体或者欧盟法律的形式监督成员国努力实施欧盟法令,其中重要的手段之一就是审查成员国法律对于欧盟法律的转化实施。

③ 欧盟议会和欧盟理事会于 2000 年 10 月 23 日通过了第 2000/60/EG 号条例,其致力于在水政策上对于共同措施制定一个框架规范。但这个框架一旦架起,里面的内容也就必不可少,在十年里围绕这个框架法,欧盟制定了大量更细致的欧盟水保护规则。可以说欧盟水框架法为欧盟水保护制度建立了整体架构,确定了明确的水体保护目标、提供了工作理念与思路,并建议了许多可实施的机制与手段。但只有大量更深入细致的规则才能实现水框架指令中的水体保护的目标,而且需要将这些法规转化为成员国的国内法。

④《德国管制规划状况的经验报告》,转引自沈百鑫、沃尔夫冈・科克《德国水管理和水体保护制度概览》(下),《水利发展研究》2012 年第 5 期。

排放的排污相关要求；第 18a 和 18b 条分别规定了污水处理的机构组织和技术性方面的要求；第 19g 和 19l 条规定了对水有害物质的存放、灌装及转移设施的特殊要求；第 21a—21g 条规定了对水体保护施工的经营申请的提交及法律地位；第 36 条规定了水质保护管理规划的公示。这次修订仍以规范点源污染为中心，但也考虑到了面源污染控制对水体的影响。1986 年的第五次修订中，加大了对面源污染的控制。第 19 条第 1 款第 3 项修正了确立水保护区的一些实体性标准，对化肥与农药进行了规定；第 19g 条对水有害物质的存储、灌装及转移设施作了规定，明确了粪肥、粪液也同样属于水危害物；第 36b 条明确修正了经营规划的目标。这次修订反映了面源水污染受到重视，并在规范对象上进一步扩展。因为欧盟法实施带来的许多问题，1996 年的第六次修订幅度很大，其中与面源污染控制相关的修订主要有：第 7a 条针对不同来源的污水建立了统一的技术标准，同时规定了制定污水条例的行政授权；第 5 条强调了执行当前水体使用的新要求时要注意的行为适当原则；第 31 条明确了实现水体的自然状态作为新的法律目标。

地下水的硝态氮污染和北海、波罗的海水域的富营养化是德国的主要环境问题之一，而农业排放的氮是主要污染源。为保护饮用水，水源地的农事活动受到一定的限制，这些地区的化肥用量必须低于一般用量的 20%，同时通过测量土壤矿质氮含量进行进一步的控制，而农民的减产损失则通过增加对饮用水消费者的收费来补偿，许多地区尤其是西北部的几个州通过颁布法令对有机肥的用量进行限制，规定每公顷农田的氮素年最大用量。在面源污染控制的特别法方面，经过多年的讨论，1996 年通过了《德国肥料条例》。它是按《欧盟硝酸盐指令》的要求制定的，《条例》规定了有机肥料的最大用量，耕地不超过每年每公顷 170 千克，草地不超过每年每公顷 210 千克，同时还限制有机肥料的施用时间，即在每年的 11 月 15 日至次年的 1 月 15 日养分最易流失的这段时间内禁止施用有机肥料，在土壤渍水、结冰和积雪期间禁止施用有机肥料。《德国肥料条例》还允许各州根据自己的实际情况对施用时间进行更严格的限制。①

① 参见金书秦《农村面源污染防治：国际经验及启示》，《世界农业》2012 年第 1 期。

2. 《欧盟水框架指令》颁布后德国面源污染控制的新发展

《欧盟水框架指令》颁布后，对欧盟成员国产生了深远影响，其中，德国水法就受到了极为明显的影响。欧盟指令对各成员国提出了两项要求：一是要求各成员国必须将欧盟指令转化为国内法，并且必须在特定的期限内实现转化；二是从实体法层面上明确规定了特定的约束性义务。在有效控制工业点源污染的前提下，在欧盟相关法律的框架下，德国就农村面源污染防治进行了许多创新。① 2009 年新修订的德国《水平衡管理法》② 第 1 条明确规定：本法之目的在于，通过一种可持续的水体管理，保护作为生态平衡中的组成部分、作为人类的生活基础、作为动植物的生活空间以及作为可利用物之水体。③ 它确定了水体的意义和生态的保护目的，并规定以可持续的水体管理作为实现目的之指导原则。④ 在面源污染控制方面，《水平衡管理法》的重要变化，就是强调统一理念下综合的水体保护，即以水体状况为保护对象、以水质为导向的水综合管理。从水体保护这个单纯利益出发，以共同体内所有水体的化学和生态的良好状况为追求目的，要求在对现有资源长期保护的基础上促进可持续的水体使用。"有必要制定统一水政策"⑤，水框架指令将河流界定为一个从源头到入海口的整体流域系统，作为整体的流域与其中的局部区域、河段就如同整体与部分之间的关系一样，是紧密相连的；基于这种紧密联系，客观上要求涉及所有河流改善计划的细节都要向社会公开公布，保障公众参与；所有成员国也应当定期向欧盟报告工作的具体进展；并制定了非常严格的惩罚条款，对无法完成指令的国家进行处罚。

---

① 参见沈百鑫、沃尔夫冈·科克《德国水管理和水体保护制度概览》（上），《水利发展研究》2012 年第 4 期。

② 德国水法自 1958 年完成立法后，到 2009 年前一共进行了七次《水法》修订，都没有进行条文的重新编排，只是在原条文基础上进行补充与修改，而新的《水平衡管理法》进行了全面的结构与条文的重新编排。德国水法的法条明确为 Wasserhaushaltsgesetz，这个 Haushalt 一般是指家政、财政收支的意思，在水法的意义上，这个"水政"是指从供应与需求双方面的相对的规定，就像是一种工具，主要目的是要保持或在可能情况下增长，这种水平衡管理不仅涉及当下，更是对于可预见未来的需求予以保障。这种水平衡管理更符合作为生态系统一部分的自然现象。Czychowski/Reinhardt，S. 69.

③ § 1 von WHG v. 31. 7. 2009，BGBl I，2585.

④ BT. Drs. 16/12275，17. 03. 2009，S. 53.

⑤ 《欧盟水框架指令》立法原则中第 9 项。

为了实现水综合管理，《水平衡管理法》将面源污染与点源污染统一纳入流域管理的框架之内，通过严格而具体的流域规划来实现面源污染控制目标。此外，为了追求更为清晰的水法法规结构，利于理解具体规定和实践操作，《水平衡管理法》第 3 条中进一步扩展了那些对于整个水法都具有重要性的概念规定，并促进整个概念体系相互协调统一，这将提高法律确定性。在新法中共规定了地表水、沿海水域、地下水、人造水域、明显影响的水域、水体、水域特征、水域状况、水质、有害的水体改变、技术标准、EMAS 状况、集水区、支流域、流域整体共 15 个概念。

《水平衡管理法》除了规定一般性谨慎义务外，还禁止向地下水排入物质以及堆置可能导致地下水污染的物质，可能对水体产生明显危害的农业措施需要得到批准，设立水体沿岸带等；《水平衡管理法》重视与农业相关的水体维护，保持河床、岸体、维持可航行水体的适航性以及保持和促进水体的生态功能，以减少农村面源污染。此外，德国还开展了对肥料和农药相关收费的研究。

德国的农村面源污染防治立法在实施中具有明显的实效，但仍有较大的提升空间。例如，与 1985 年相比，2005 年德国地表水中的氮含量已经下降了约 45%，磷含量下降了约 71%，但水体中仍有 77%的氮，54%的磷来源于农村面源。①

表 2-1　德国联邦新水法目录②

第一章原则规定（总则）
§1 目的 §2 适用范围 §3 概论明确 §4 水所有权，对土地所有权的限制 §5 普遍的谨慎义务

① Umweltbundesamt（Hrsg.），*Wasserwirtschaft in Deutschland－Teil* 1：*Grundlagen*，Berlin，2010，转引自沈百鑫、沃尔夫冈·科克《德国水管理和水体保护制度概览》（下），《水利发展研究》2012 年第 5 期。

② 参见沈百鑫《德国水管理法的变迁》，载吕忠梅主编《2010 年湖北水资源可持续发展报告》，北京大学出版社 2011 年版，第 267 页。

续表

<table>
<tr><td colspan="3">第二章　水管理</td></tr>
<tr><td rowspan="2">第一节　共同规定
§6 水管理的一般原则
§7 流域统一管理
§8 许可，批准
§9 使用
§10 许可和批准的内容
§11 许可和批准程序
§12 许可、批准之前提条件，管理裁量
§13 许可和批准的内容和附加规定
§14 批准的特别规定
§15 高等许可
§16 私法上辩护权的排除
§17 先期开始的许可
§18 许可和批准的撤销
§19 规划制定和矿产法上的经营规划
§20 旧有权利和权益
§21 已有权利和权益的登记
§22 竞争性水使用的平衡
§23 水管理的行政法规
§24 简便 EMAS 建立</td><td rowspan="2">第二节　地表水管理
§25 共同使用
§26 所有权人和相邻人使用
§27 地表水的管理目标
§28 人工水体及重大改变水体的分级
§29 管理目标的达标期限
§30 偏离的管理目标
§31 管理目标的例外
§32 地表水的保洁
§33 最低水流
§34 地表水的可通过性
§35 水能利用
§36 地表水设施
§37 水排流
§38 水体堤岸
§39 水维护
§40 维护责任的承担人
§41 水维护中的特殊义务
§42 水维护中的行政决定</td><td>第三节　沿海水体管理
§43 免予许可的沿海水体使用
§44 沿海水体的管理目标
§45 沿海水体的保洁</td></tr>
<tr><td>第四节　地下水的管理
§46 免予许可的地下水使用
§47 地下水的管理目标
§48 地下水的保洁
§49 打井</td></tr>
<tr><td colspan="3">第三章　水管理的特别规定</td></tr>
<tr><td>第一节　公共水供应，水保护区，泉水保护
§50 公共的水供应
§51 水保护区的确定
§52 水保护区的特殊性规定
§53 泉水保护</td><td>第二节　污水处理
§54 污水及污水处理
§55 处理污水的原则
§56 污水处理义务
§57 向水体的污水排放
§58 向公共污水设施的污水排放
§59 向私营污水处理设施排放污水
§60 污水处理设施
§61 污水排放和排污设施自我监测</td><td>第三节　水危害物质的处置
§62 水危害物质处置中的要求
§63 能力确认</td></tr>
<tr><td>第四节　水保护责任人
§64 水保护责任人的设置
§65 水保护责任人的任务
§66 其他适用规定</td><td>第五节　水体建设，水塘，大坝和海塘建设
§67 原则，概念
§68 规划确认，规划批准
§69 阶段性许可，先期开始
§70 适用规定，程序
§71 征用规定</td><td>第六节　洪水防治
§72 洪水
§73 洪水风险的评定，风险区域
§74 危害图和风险图
§75 风险管理规划
§76 地表水附近的洪灌区
§77 退洪区
§78 洪灌区的特别保护规定
§79 信息和积极防范
§80 协调组织
§81 通过联邦政府的协调</td></tr>
</table>

续表

第七节水管理的规划和档案 §82 措施项目 §83 管理计划 §84 措施项目和管理规划的期限 §85 相关利益人的积极参与 §86 禁止变更以确保规划 §87 水簿 §88 信息收集和公布	第八节　水体改变的责任 §89 水特征变化的责任 §90 水体损害的维护	第九节　容忍和许可义务 §91 水文措施 §92 地表水体的变化 §93 水和污水的通过 §94 设施的一起使用 §95 容忍义务和许可义务的补偿
第四章　赔偿与补偿 §96 赔偿义务的方式和范围 §97 赔偿义务人 §98 赔偿程序 §99 补偿	第五章　水体监管 §100 水体监管的任务 §101 水体监管的权限 §102 对国防设施和机构的水体监控	第六章　罚款和过渡规定 §103 罚款规定 §104 有效批准和准许的过渡 §105 其他有效许可的过渡 §106 有效保护区域确认的过渡
附件1（针对§3第11点） 附件2（针对§7第一款第三句）		

（二）英国

英国在20世纪80年代中期以前，对农村面源污染防治的认识不足，早期没有专门的关于农业污染防治的立法。1942年，英国政府基于对土地利用的管理，发布了《斯考特报告》，提出要对土地实施分类管理，确认并定性农业用地；1947英国政府认为规划制度是保护土地的有效措施，进而制定了《城市和乡村规划法》；同年，《农业法》的制定，回归到了农业生产领域，凸显了对农业生产规模、农业生产率、农业生产技术的追求和侧重；1949年，英国开始注重农村自然景观的价值，并对城市的扩张产生了警惕，进而制定了《国家农村场地和道路法》。

以上早期的立法和政策，皆以促进农业发展为宗旨，客观上也产生了预期效果。但也带来了相应的环境问题，例如自然林面积减少、池塘沟渠的消失、野生动植物退化、畜禽养殖污染、农药化肥等农用化学品污染、土壤退化等。

20世纪80年代以来，英国政府开始着手研究农业发展与农村环境保护的衔接问题。对此问题的立法回应，始于1981年制定的《野生动植物和农村法》，该法在应对农业生产中的环境保护问题时，主要运用了两种方式：一是指导、引导的方式，这种方式的实际效果通常比较小；二是自愿参与的方式，由于这种方式尊重个人意愿，因此实际效果较好。在实践中，指导、引导方式通常运用于农业用水污染问题的处理，以及价值较高的特殊科学试验用地的保护等领域；自愿参与方式则主要在环境敏感地行动计划和农村管理工作计划中发挥作用。1985 年为响应欧盟环境政策一体化的倡议，英国增设了农业环境保护领域的预算，采用“管理协议”的方式，主要采取自愿参与计划并提供补贴的方式来执行环境政策。

此外，英国还制定了一系列适合农村环境保护的标准和规范。如针对氮肥对地下水质的污染，1980 年颁布并于 1985 年强制实施的《饮用水指导法》规定，饮用水中每升氮含量不得高于 50 毫克。1989 年的《水法》，则进一步对氮肥使用较多地区使用氮肥的方法作出了具体、明确的规定。此外，除按 1991 年《欧盟施用氮肥指导法》规定的水质标准执行外，英国还规定了具体的施肥标准。

英国在农村面源污染防治方面最重要的立法，是响应《欧盟饮用水法令》而制定的硝酸盐敏感区计划。英国传统耕作方式下的氮肥施用量较大，造成了普遍的饮用水硝酸盐污染，许多地区的地下水尤其当含水层为灰岩和砂岩时硝酸根含量超过《欧盟饮用水法令》规定的上限，在一些地区，磷污染也引起了普遍关注。1989 年，英国划定了 10 个地下水集水流域为硝酸盐敏感区，区内的农民在自愿的基础上与政府签订为期五年的协议，对施肥方法、施肥量和施肥时间等耕作方式进行调整，以减少养分流失，而农民的损失则由政府每年发放一定的补贴给予补偿。跟踪监测结果表明，上述 10 个区中有 9 个区的地下水硝酸盐含量下降了 10%—20%。到 1996 年，又相继建立了上百个总覆盖面积约 50 万公顷的硝酸盐敏感区，对饮用水源的保护发挥了重要作用。①

英国对农药管理的传统方法是由政府对农药进行登记，并通过自愿参加资助计划的方式把农药使用限制在环境损害和健康损害最小的范围内，但登记制度并没有限制使用量、使用范围、使用方式，也不能激励农民自愿将农药使用降低到最佳使用水平。因此，英国试图通过征收农药税来减少农药的环境影响，目前有两种征税方式：一是按农药的成分征收差别税；二是对农药施用行为征税。英国的《农业环境条例》注重对农民生

① 参见高超、张桃林《欧洲国家控制农业养分污染水环境的管理措施》，《农村生态环境》1999 年第 2 期。

产高质量环境产品进行经济奖励，鼓励农民实行被认证的有机生产方式，降低施用量和减少农药污染。①

英国非常注重农村面源污染的地区差异性，通过不同层次的立法来实现目标。例如，在苏格兰，2005 年通过了《苏格兰水环境（受控活动）法规》②，通过一般约束制度、登记注册制度及使用水许可证制度来规范面源污染。此后，苏格兰环境保护署根据对土地和地表径流管理的现实需求，又将面源污染防治条例融入其中，从而对农业活动进行相应的指导。苏格兰非常重视与农村面源污染防治相关的操作性规定。“2005 年，苏格兰行政院根据农业环境污染防治的现实需要，修订了《农业活动的环境污染预防章程》，而该章程早在 1997 年就已颁布实施。”③ 该章程以降低来自农业活动的环境污染风险为目的，在手段措施上主要是对农场主和与农业活动有关人员（包括农场咨询人员）进行针对性的指导。为了提升该章程的操作性，根据不同的使用对象将其分为完整版和简写版，完整版的使用主体为农业顾问，并为其提供详细的技术指导，功能类似于技术手册，简版的使用主体为农场主、农民等，因而简版相较于完整版要简单、易懂，仅告诉使用者什么该做、什么不该做。如最佳土壤与气候条件的施肥量标准等。苏格兰还制定了《四要点计划》④，主要用于提升禽畜养殖户对畜禽养殖面源污染问题的认识水平，使养殖户在养殖过程中能够采用可行的技术措施防治畜禽污染，遵循并践行具体的操作标准。为激励农业从业人员进行科学生产，苏格兰制定了一系列经济立法，如《单一支付计划》《土地管理条约》和《农村管理计划》等，对采取环境友好措施进行生产的农业生产者提供各种类型的补贴。“据统计，2005 年苏格兰根据《单一支付计划》的规定，支付了 36778 万英镑的补贴，根据《土地管理条约》的规定，支付了 1480 万英镑的补贴，根据《农村管理计划》的规定，支付了 1203 万英镑的补贴。”⑤ 除了补贴支持等正向措施以外，也有

① 参见梁流涛、秦明周《中国农村面源污染问题研究》，中国社会科学出版社 2013 年版，第 150—151 页。

② *The Water Environmental* (*Controlled Activities*) (*Scotland*) *Regulations* 2005, CAR.

③ *Prevention of Environmental Pollution From Activities Code*, PEPFAA.

④ *The Four-Point Plan.*

⑤ Lee- Anns, “Environmental Grants and Regulations in Strategic Farm Business Decision -Making: A Case Study of Attitudinal Behavior in Scotland”, *Land Use Policy*, 2010, 27 (2).

针对破坏环境的农业生产方式而设计的反向惩罚措施。“如《硝酸盐脆弱区条例》中规定，如果发现有农业生产者违反该条例规定进行生产，苏格兰环境和农村工作委员会将会对其下达警告书，同时告知其不合理之处，进而要求其至少在28天之内采取正确的措施，如果不作出相应的改正，委员会将会对其处以5000英镑以上的罚款，情节严重，则对其进行控告。”① 多层次的立法，特别是政府法规提供的操作性规定，使农业从业人员的环保意识逐渐增强，能够依法科学地进行农业生产活动。

（三）荷兰

荷兰是著名的低地国家，地处四条国际河流尽头的低洼三角洲，国土面积的80%是地表水，其形态有河流、湖泊、池塘、溪流、沼泽、运河和沟渠，水资源管理特别重要。荷兰也是欧洲农业最为发达的地区之一，畜禽养殖密度高，废弃物量大面广，大型园艺企业生产过程中的农药污染风险大，农村面源污染问题十分严重。在农村面源污染防治中，荷兰制定了一系列的法律和政策。

1. 荷兰水法中的农村面源污染防治

20世纪70年代，荷兰的水质问题严峻，因此立法以水质的管理为目的，水质管理既包括对工业点源污染的管理，也包括对农村面源污染的管理。荷兰的水法最初是以行业为基础的分散立法。《地表水（污染防治）法》是第一部管理水质的法规，随后颁布的《地表水（污染防治）法》和《地下水法》也是关于水质管理的法规。“地表水（污染防治）法”为解决地表水污染规定了适当的手段。这些手段包括：规划系统，禁止将有毒的、污染的和有害的物质排入地表水中，排污许可要求，设定排污标准和质量要求的情形，以及最成功的创新手段：污染税。事实证明污染税对限制排污具有很强的作用。《海水（污染防治）法》明确禁止将废物、污染物和有害物质排入海洋环境中，除非获得特许。《地下水法》的主要目标是公平分配稀缺的地下水，但也有旨在保护地下水质的规定，只有当水或物质渗入地下水时才涉及保护地下水质。《地下水法》同样也规定了规划系统，地下取水许可要求和有关地下水渗透的要求，同意义务，税收制度和控制地下水取水引起任何损害的规定。

---

① 参见王秀英、王晓燕《苏格兰农村面源污染管理措施评述及启示》，《生态与农村环境学报》2011年第3期。

基于行业的水资源立法具有高度的分散性，这种缺乏内在协调性的立法引发了新的问题。1985 年，应对水问题的政策性文件首次从水体系的综合管理来看待农村面源污染问题。水资源管理并非是孤立的，它还与空间规划、环境和自然管理以及农业政策（因为肥料和杀虫剂的使用会引起有害的结果）有关，水安全、防止水损害和缺水以及水质的保护和改善之间相互联系、不可分离。随着欧盟颁布具有综合性的《水框架指令》，荷兰也对八个不同的部门法规加以整合，2009 年 12 月 22 日，这部综合的《水法》及其相关附属法规和实施细则生效，从根本上简化了法律的适用问题。①

农村面源污染防治立法集中体现在综合性的《水法》中。荷兰《水法》对工业点源污染和农村面源污染进行统一管理，其目标包括：第一，预防和限制洪水与水资源短缺；第二，保护和改善水系统的化学质量与生态质量；第三，通过供水系统履行社会基本功能。这些基本功能包括饮用水和工业用水的供给，以及与自然、森林和景观、休闲和商业捕鱼、贝类养殖、水娱乐、商业航运、管道运输、能源供应、径流和下水道系统、冰和沉积物、安全、水位管理、降低含盐量、农业和建筑领域、矿产开采、国防、工业废弃物和生活垃圾的处理相关的水资源的利用。荷兰《水法》所确认的水资源管理方式是一种多层级、多部门和多参与主体的治理模

① The Water Act was published in *Bulletin of Acts*, *Orders and Decrees* (*Stb*) 2009, 490, the Water Decree in *Bulletin of Acts*, *Orders and Decrees* (*Stb*) 2009, 548 and the Water Regulations in the *Official Gazette* (*Stcrt*) of 17 December 2009, 19353. The *Invoeringswet Waterwet* [Water Act (Implementation) Act] was published in *Bulletin of Acts*, *Orders and Decrees* (*Stb*) 2009, 489; the *Invoeringsbesluit Waterwet* (Decree implementing the Water Act) in *Bulletin of Acts*, *Orders and Decrees* (*Stb*) 2009, 535 and the *Invoeringsregeling Waterwet* (Regulations implementing the Water Act) in de *Official Gazette* (*Stcrt.*) of 21 December 2009, 19723. Also of importance are the Decree of the State Secretary of Public Works and Water Management amending ministerial decrees with a view to the introduction of the Water Act [*Official Gazette* (*Stcrt*) 21 December 2009, 19702], the Decree of the State Secretary of Public Works and Water Management amending policy rules, circulars and other policy documents with a view to the introduction of the Water Act [*Official Gazette* (*Stcrt.*) 21 December 2009, 19704], the Decree of 23 November 2009 establishing the time the provisions of the Water Act (Implementation) Act etc. would come into effect [*Bulletin of Acts*, *Orders and Decrees* (*Stb*) 2009, 491] and the Decree of 10 December 2009 establishing the time the provisions of the Water Act, the Water Act (Implementation Act), the Water Decree and the Decree implementing the Water Decree would come into effect [*Bulletin of Acts*, *Orders and Decrees* (*Stb*) 2009, 549].

式，其主要特征在于既有超越国家层面的水资源管理（其依据是国际法和欧盟法），也有中央层面和地方层面的水资源管理，并且这三级水资源管理之间相互协作。①

2. 硝酸盐污染控制

为了应对农村面源污染，荷兰制定了一系列环境管理政策，其中最为成功的是实施欧盟的硝酸盐指令。

荷兰将全国都划定为硝酸盐脆弱规划区，制定了相应的行动计划。荷兰还建立了农场尺度的无机物核算系统和部量平衡方法，估算每个农场每一年的硝酸盐流失量，运用这个系统可以对全国任何年份的硝酸盐环境负荷进行定量评估，并将定点评估地区的富营养化或饮用水质量问题与硝酸盐流失报告联系起来。这个系统首先运用于集约化养殖业的评估，并分阶段在全国逐步推广。

在肥料使用方面，注重法定标准和税费等经济手段。制定农田养分流失量标准，实行超标收费和收费累进制，收费标准随养分流失量的增加而提高。规定化肥施用的限量范围和禁止施肥期；对农场粪肥实行强制性征税。荷兰设立了运转良好的粪肥交易系统，农场主之间可以转让和购买施肥权。为促进肥料使用的减量化，施肥权交易设有减少供给的内在机制，每进行一次交易，施肥权就减少 1/4。② 荷兰政府还支持过剩的工业回收，促进粪肥的转化利用。这些政策在增加农场收入和环境保护方面发挥着重要作用。

（四）欧盟其他国家

与德国、英国一样，欧盟其他国家均根据欧盟条例和指令，制定了本国面源污染控制的政策、法律。

随着《欧盟硝酸盐法令》的实施，目前，除德国外，奥地利、丹麦、卢森堡和荷兰都将其全部国土划为硝酸盐保护区，其他国家也根据自己的情况进行了划定。欧盟国家通过制定法规来对付高密度的圈养家畜和由此而产生的大量粪肥，这一措施不仅可以减轻水体污染，还可以减少氨和恶臭的排放，这在家畜圈养密度大的荷兰及其邻国比利时、德国和丹麦比较流行，英国、法国和西班牙等国也纷纷仿效。丹麦控制农田氮流失的立法

---

① See OECD, *Water Governance in OECD Countries: A Multi-Level Approach*, Paris, 2011.

② 参见梁流涛、秦明周《中国农村面源污染问题研究》，中国社会科学出版社 2013 年版，第 31 页。

主要针对牲畜业，但对农田肥料施用也有明确而详细的规定。硝酸盐对水体的污染除了来自农村面源的直接排放外，氨沉降也有着直接或间接的影响。因此，荷兰、丹麦和瑞典等畜牧业大国也立法来限制畜牧业的氨排放。

除了规定强制标准，欧盟成员国还采用多种经济手段控制面源污染，如调整产品价格、排污收费、对化肥生产和销售课税，以及对为减少养分排放而改变耕作方式的农民给予补贴等。对生产和进口化肥课税是一些欧盟国家为减少化肥用量而规定的，为保护环境这一方法被特许在欧盟单一市场内实施，瑞典就是其中之一。排污收费是一种广泛用于限制点源污染排放的经济手段，一些欧盟国家用这种方法来限制农田养分的投入，并刺激农民采取更合理的耕作方式以减少养分的流失。许多国家对为减少养分排放而改变耕作方式的农民在经济上给予补偿，这一政策有的是区域性的，如英国的硝酸盐敏感区和德国水保护区，有的则是全国性的，如爱尔兰 1992 年制定的“农村环境保护计划”在全国范围内执行。荷兰有一系列立法措施限制水污染区存栏牲畜数量的增加和厩肥的施用；对农田养分的流失量也有明确的规定，如果流失量超过标准，则必须缴纳一定的费用，且收费标准随着养分流失量的增加而增加。

三　欧盟各成员国之间国际协定中的农村面源污染防治

为了保护公共水域，许多欧盟成员国之间还达成了一系列的协议。这些协议既有建立在国际法基础上的正式立法，也有政治协议。在正式立法中，欧盟各成员国为保护莱茵河等国际河流而签订的诸多条约中就包含大量的面源污染控制内容。有些国际协定最初是政治协议，后来发展为正式立法。如 1992 年北海周边国家达成协议，为减轻对北海的污染，将人为排放的氮、磷量减少 50%，协议从 1985 年执行，原定 1995 年实现目标。1995 年，由于许多污水处理厂安装了除磷装置，磷的排放大大减少，但对于主要来自农业的氮排放的控制则进展不大，现在这一协定已经重新修订并被赋予法律约束力，以进一步减少氮、磷的排放，波罗的海周边国家也达成了类似的协议。

第三节　日本农村面源污染防治的法律实效

日本对农村面源污染防的关注迟于欧美，但其后来居上，制定了一系列行之有效的法律、法规，较好地预防了面源污染。根据面源污染的不同来源，日本对其进行分类调整，其中与农村面源污染控制相关的立法如下。

一 农业立法中的农村面源污染防治

1992年，日本农林水产省首次提出“环境保全型农业”的概念。此后，日本政府逐渐重视以农业污染为主的面源污染。日本将面源污染的立法重点放在绿色农业、保护有机农业等可持续农业方面。为了实现绿色农业、有机农业等可持续农业，日本政府颁布了很多政策、法规并不断进行完善。政府根据面源污染在各个时期的变化情况把农业生产污染、禽畜养殖业污染等方面的各种政策、目标和经济措施予以法制化，陆续出台了一系列有利于防治面源污染的法律法规。

（一）农业发展相关立法

1992年6月10日，日本政府在颁布的《新的食品、农业、农村政策的方向》中提出发展环境保全型农业，并把它作为农业新政策的目标。日本将环境保全型农业定义为灵活运用农业所具有的物质循环机能，注意与生产相协调，通过精心耕作合理使用化肥、农药等减轻环境负荷的可持续农业。1999年，日本政府把农业新政策中成功的经验和做法上升为法律，颁布了《食品、农业、农村基本法》，取代了沿用近40年的《农业基本法》。《食品、农业、农村基本法》的核心在于实现农业可持续发展与农村振兴，确保食物的稳定供给，发挥农业、农村的多种功能，这是21世纪日本发展生态农业的基本方针。为了与《食品、农业、农村基本法》相配套，同年，日本还颁布了《可持续农业法》，2000年、2001年又分别配套规定了《食品废弃物循环利用法》和《堆肥品质法》。《可持续农业法》针对可持续农业生产方式规定了3大类12项技术，配合相关的标准实现对农业生产的安全控制。农业经营者根据都道府县制定的“采用高持续性农业生产方式指南”制订采用计划。计划得到认定的农业经营者，被称为“生态农业者”，可以享受金融、税收方面的优惠政策。该法最大的亮点是：利用各种优惠政策，鼓励农业经营者采用改善土壤性质效果好的堆肥等有机质施用技术、减少化学肥料和化学农药的施用，能够从根本上有效地控制化学肥料和化学农药所致的农村面源污染。[①]

---

① 刘冬梅、管宏杰：《美日农村面源污染防治立法及对中国的启示与借鉴》，《世界农业》2008年第4期。

2000年，日本再次修订了1950年颁布的《肥料管理法》，并规定同年10月实施，该法规定原料中含有污泥的堆肥不能作为特殊肥料对待，必须作为普通肥料登记，从此结束了以特殊肥料名义对污泥不当处理的行为。2001年，日本相继出台了《农药取缔法》《农业用地土壤污染防治法》，政府还相继制定了实施细则。这些法律和实施细则中的许多内容涉及农村面源污染，如《农业用地土壤污染防治法》规定对农业用地实施不同于工业用地土壤污染的防治对策。此外，日本还制定颁布了《食品循环资源再生利用法》《有机农业法》《农药残留规则》《农地管理法》等环境保全型农业的法规。这些法规的部分内容对控制农村面源污染有一定的强制作用。①

（二）防治禽畜养殖业污染的相关立法

为防治禽畜养殖业对环境的污染，1999年4月日本颁布并实施了《家畜排泄物法》。该法明确规定：一定规模以上的农家，禁止畜禽粪便的野外堆积或者是直接向沟渠排放，粪便保管设施的地面要用非渗透性材料建设，而且要有侧壁，并适当覆盖。为鼓励养殖业者建立堆肥化设施等，法律规定可特别返还16%的所得税和法人税，并设定了按5年课税标准减半收取固定资产税的特例。除此之外，《关于废弃物的处理及清扫的法律》规定，在城镇等人口密集地区，禽畜粪便必须经过处理等。《防止水污染法》则规定禽畜场养殖规模达到一定的程度时，排出的污水必须经过处理，并符合规定的要求。《恶臭防治法》中规定，禽畜粪便产生的腐臭中，8种污染物的浓度不得超过工业废气浓度。为了防止养殖业污染，日本政府还实行了鼓励养殖业企业保护环境的政策，即养殖业环保处理设施建设费的50 %来自国家财政补贴，25 %来自都道府县，农户仅支付25 %的建设费和运行费用。日本非常重视法律法规的配套性，如《家畜排泄物法》没有对“一定规模以上的农家”予以规定，《防止水污染法》就弥补了《家畜排泄物法》的这一缺陷，对一定程度的禽畜场养殖规模进行了明确的规定，即养猪超过2000头、养牛超过800头、羊马超过2000匹。

二　其他立法中的农村面源污染防治

除了在农业立法中直接加强农村面源污染控制，日本还通过一系列的

① 冷罗生：《日本应对面源污染的法律措施》，《长江流域资源与环境》2009年第9期。

相关立法，对农村面源污染从各方面施以控制。在固体废弃物方面，制定了《关于促进分类收集容器包装及再商品化的法律》《关于规制特定有害废弃物等输出入的法律》《关于建筑工程资材再资源化的法律》等八部法律。在城市生活环境和高速公路污染方面也制定了《土壤污染对策法》《为防止特定水道水利障碍的水道水源水域的水质保全特别措施法》以及《促进水道原水水质保全事业实施的法律》，修改了《水资源保护法》等多部法律。这些法律的颁行间接对农业非源污染的防治有较好的保障作用。

（一）污染防治立法

日本对土壤污染导致的农业环境问题关注较早。1968 年的“痛痛病”事件直接导致了 1970 年《农业用地土壤污染防治法》的出台，该法专门适用于农村地区的土壤的表层，“目的是防治和消除农业用地被特定有害物质污染，以及合理利用已被污染的农业用地，研究防止生产有可能危害人体健康的农畜产品，以及妨害农作物生长的必要措施，以达到保护国民健康和保护生活环境的目的”①。《农业用地土壤污染防治法》颁布后几经修订（1971 年、1978 年、1993 年和 1999 年修订），取得了较好的实施效果。1970 年《农业用地土壤污染防治法》颁布后，以清洁土壤为主要手段的土壤修复工程得以开展。② 截至 1997 年，占全部受污染土地面积 76%（7140 公顷）的土壤修复工程宣告完成。③《农业用地土壤污染防治法》虽然对农村面源污染有一定的控制作用，但其关注的重点仍然是工矿业导致的农业土壤污染，以及由此引发的农产品安全问题。2002 年，日本在对《农业用地土壤污染防治法》进行修改的基础上，颁布了《土壤污染对策法》及其实施细则，加大了对城乡土壤污染的防治和净化力度，设定了土壤污染环境基准，确立了国有地土壤污染对策，确定了土壤、地下水以及重金属污染土壤的调查及对策，对包含面源污染在内的土壤修复整治进行了详细的规定。

① 邱秋：《日本、韩国的土壤污染防治法及其对我国的借鉴》，《生态与农村环境学报》2008 年第 1 期。

② Yoko Masuzawa, “Recent Developments in Soil Protection Policy and Law in Japan”, *International Environmental Law Committee - Newsletter Archive*, Vol. 5, No. 2, 2003.

③ Ministry of the Environment Government of Japan, *Conservation of Soil Environment*, http://www.env.go.jp/en/water/wq/wemj/soil.html.

（二）水资源保护立法

为有效推进水体环境安全，1990 年日本修改了《水质污染防止法》，确立了推进市街村生活废水排放计划的制度化；为保全水道水源的水质，1994 年制定了《为防止特定水道水利障碍的水道水源水域的水质保全特别措施法》以及《促进水道原水水质保全事业实施的法律》。1996 年修改了《水质污染防止法》，赋予了都道府县知事可以命令污染原因者采取措施净化地下水水质的权力。

（三）循环型社会立法

为有效推进循环型社会的形成，日本修订了一系列废弃物回收及能源再生利用的法律规范。2000 年制定了《循环型社会形成推进基本法》《关于建筑工程资材再资源化的法律》《关于促进食品循环资源再生利用的法律》以及《关于国家推进环境物品供给的法律》，并第四次大幅度修改了《关于废弃物处理及清扫的法律》。修改了废弃物处理体系，新设了再生利用认定制度，明确了废弃物处理设备的许可要件及手续，新设了最终处理场所的维持管理公积金制度，扩大了废弃物处理管理票制度的适用范围，强化了非法投弃废弃物的处罚等，有效地抑制了废弃物的排放。日本还修改了 1991 年的《关于推进再生能源利用的法律》，并将其改为《关于促进有效利用资源的法律》；2002 年制定了《关于废弃汽车再资源化的法律》。

上述立法与农业立法相结合，形成了从农业基本法到单项法相互配合的法律体系，对从农业生产投入到食品加工和饮食业等各个环节进行规范，对预防和控制城乡面源污染发挥了积极作用。

第三章

我国农村面源污染防治立法的应然法律效力

法律实效必须与法律效力相联系。法律效力，即法律约束力，即要求人们必须依照法律的“应然规定”进行活动。法律效力属于法律的应然约束力，即国家制定法所应当达到理想状态；法律实效是法律效力的实然化，即法律效力的实现程度和状态。因此，法律实效的评价以法律效力为基础和前提。

第一节　农村面源污染防治国家立法的法律效力结构

我国“当前农村环境问题日益突出，形势十分严峻，突出表现为生活污染加剧，面源污染加重”①。多项研究表明，中国作为一个历史悠久的农业大国，其农村、农村面源污染的程度和广度，已非现在的发达国家所能及，而潜在的压力更是其他国家无法与之相比。② 农业和农村发展导致的水污染将成为我国可持续发展最大的挑战之一。20 世纪 90 年代以后，我国对农村面源污染的研究开始起步，主要偏重于技术研究。目前，我国农村面源污染防治立法十分落后，既缺少整体的认识和系统的法律框架，又缺少实际执行中的可操作性。

一　环境保护立法中的农村面源污染防治

我国目前的环境立法主要是针对工业点源污染和大规模的、限制性的、可预测的污染排放而制定的。虽然国家立法中有零星规定，但是，我国的农村面源污染防治立法总体处于真空状态，远未形成立法的系统框架

---

① 《2008 年中国环境状况公报》。

② 张维理、武淑霞、冀宏杰等：《中国农业面源污染形势估计及控制对策》，《中国农业科学》2004 年第 7 期。

和必要的核心规范及重要制度体系，仅有的规范不仅层次低，而且欠缺操作性和参与性，许多与农村面源污染有关的经济活动，特别是农业活动，被长期排除于环境立法之外。农村面源污染防治尚未纳入法治轨道。目前，我国与农村面源污染防治相关的主要立法如下：

（一）《环境保护法》

1989 年制定的《环境保护法》具有明显的以工业点源污染防治为中心，以城市为中心的特征，对农村面源污染的防治严重不足。随着农村面源污染问题的日益突出，在环保基本法中加强农村面源污染防治，成为《环境保护法》修订时的重要目标之一。因此，2014 年新修订的《环境保护法》，针对农村面源污染防治做出了专门的规定。首先，要求各级政府及有关部门指导农药、化肥等农业投入品的科学、合理使用，以及农业生产废弃物的科学合理处置行为。其次，根据农用标准和环保标准这一双重标准，禁止不符合标准的废弃物、废水排入农田。同时对于重金属污染这一新型污染做出了原则性的防治要求。再次，针对畜禽养殖污染，要求从事畜禽养殖和屠宰的单位和个人应当对畜禽粪便、尸体和污水等废弃物进行科学合理的处置。最后，鉴于农村环境污染的严重性以及缺乏资金保障的现实，要求财政预算必须对农村饮用水水源地保护、生活污水和其他废弃物处理、畜禽养殖和屠宰污染防治、土壤污染防治和农村工矿污染治理等环境保护工作等做出资金安排。可以看出，上述规定相较于 1989 年《环境保护》的相关规定，更加细致与全面，针对农药、化肥、重金属、畜禽粪便和污水等污染源做出了针对性规定。但对于农药、化肥污染仍缺乏有效的管控措施，对于水产养殖污染防治并未做出相应的规定。

（二）《水法》

2016 年新修订的《水法》针对农村面源污染防治的规定主要有：

该法第 32 条第 4 款规定："县级以上地方人民政府水行政主管部门和流域管理机构应当对水功能区的水质状况进行监测，发现重点污染物排放总量超过控制指标的，或者水功能区的水质未达到水域使用功能对水质的要求的，应当及时报告有关人民政府采取治理措施，并向环境保护行政主管部门通报"；该法第 33 条规定："国家建立饮用水水源保护区制度。省、自治区、直辖市人民政府应当划定饮用水水源保护区，并采取措施，防止水源枯竭和水体污染，保证城乡居民饮用水安全。"另外，《水法》还有一些关于节约用水（包括农业用水）的规定。虽然这些条文客观上有利于面源污染的防治，但是对于产生面源污染的各种社会行为没有明显的约束力。

（三）《水污染防治法》

2017年《水污染防治法》修订，修订后的《水污染防治法》针对农村面源污染防治的规定主要集中在第四章第四节。首先，基于源头控制的思路，要求根据水环境保护的要求制定农药、化肥等农业投入品的质量标准和使用标准。其次，要求各级政府及其职能部门对农药、化肥的科学、合理使用进行指导。提倡有利于水环境保护的施肥施药方式。再次，针对畜禽养殖污染，提倡集约化养殖，并要求建设相应的畜禽养殖废弃物、废水综合利用和无害化处理设施。对于散养区，则要求分户收集、集中处理利用。最后，对农业灌溉用水的要求和标准做出了明确、具体的规定，要求农田灌溉用水应当符合相应的水质标准。禁止使用工业废水和医疗废水灌溉农田，或向农田灌溉渠道排放该类废水或污水。对于城镇污水和未综合利用的畜禽养殖废水、农产品加工废水等，原则上允许向农田灌溉渠道排放，但应当保证其下游最近的灌溉取水点的水质符合农田灌溉水质标准。

相较于修订前的《水污染防治法》，新修订的《水污染防治法》有很大的进步。首先，细化、具体化了农村面源污染防治的技术措施和要求。其次，对向农田灌溉渠道排放污水做了分类规定，避免了"一刀切"。最后，由传统的"末端控制"转向了"源头控制"。然而，新修订的《水污染防治法》虽然考虑到了面源污染的因素和新变化，但对其严重程度仍缺少充分认识，也没有对点源污染和面源污染实行分类控制。实际上，《水污染防治法》仍然是以工业点源污染防治为主的，面源污染防治只是附属于点源污染防治的一个次要方面。

（四）《固体废物污染环境防治法》

对与农村面源污染相关的农村环境问题进行规范，是2004年修订的《固体废物污染环境防治法》的亮点之一。该法第19条明确规定："国家鼓励科研、生产单位研究、生产易回收利用、易处置或者在环境中可降解的薄膜覆盖物和商品包装物。使用农用薄膜的单位和个人，应当采取回收利用等措施，防止或者减少农用薄膜对环境的污染。"第20条明确规定："从事畜禽规模养殖应当按照国家有关规定收集、贮存、利用或者处置养殖过程中产生的畜禽粪便，防止污染环境。"由此可见，该法的修订极大地拓展了其管理范围，农村生活垃圾等固体废物自此进入其调整、规范的视野中，第 49 条还授予地方相应的立法权，地方可针对农村生活垃圾污染问题制定具体的防治办法。这一方面将农业、农村的污染问题纳入法律规制的领域，弥补了法律的空白；另一方面又体现了“因地制宜”的思路，使各地方根据自身情况制定具有可操作性的规定。《固体废物污染环境防治法》将农业生产过程中不同类型的面源污染纳入法律调控范围，但遗憾的是，该法并未对面源污染防治设置法律责任条款，导致在实际执行中缺乏操作性。

（五）《水土保持法》

该法没有防治面源污染的明确规定，但第 2 章“预防”的相关规定对防治面源污染有一定的积极作用。如第 18 条的规定就是要求一些地方和部门履行水土保持法律义务，承担水土保持的法律责任，不要人为地造成新的水土流失，避免大量污染物进入江河、湖泊、水库等水体，加重面源污染。

（六）配套环境法规及环保部颁布的规章与标准

为实施上述立法，国家还颁布了相应的配套法规，但这些配套法规对农村面源污染防治并未做出约束性限制。近年来，农村环境保护问题越来越引起社会关注，特别是与食品安全相关的农药安全使用问题，以及农村大规模畜禽养殖造成的污染。环保部已分别于 2002 年和 2003 年正式发布了《畜禽养殖污染防治技术规范》和《畜禽养殖污染物排放标准》，2010 年 3 月 20 日，环保部颁布实施了《畜禽养殖污染防治管理办法》，要求划定畜禽禁养区，搬迁或关闭位于水源保护区、城市和城镇中人口集中地区的畜禽养殖场。停止审批新建、扩建规模化畜禽养殖企业，引导畜禽养殖企业走生态养殖道路；减少禽畜养殖废水直接向水体排放；实施和推广畜禽品种改良技术。2010 年 12 月 30 日，环保部颁布实施了《畜禽养殖业污染防治技术政策》，要求清洁养殖和废弃物收集、废弃物无害化处理与综合利用、科学合理处理畜禽养殖废水、防治畜禽养殖二次污染。2016 年 10 月 24 日，环保部和农业部联合颁布实施了《畜禽养殖禁养区划定技术指南》，要求在饮用水水源保护区、自然保护区、风景名胜区、城镇居民区和文化教育科学研究区等区域划定畜禽禁养区。目前，为了有效控制农村面源污染问题，保护环境和人体健康，环保部正在修订《农药安全使用标准》（GB 4285—89）。

这是我国在面源污染管理方面的重要举措，但对于日益严峻的面源污染形势来说仍远远不够。

(七)《太湖流域管理条例》

2011 年 11 月 1 日生效的《太湖流域管理条例》，将农村面源污染视为一种重要的污染源，除给予原则性规定外，还分别针对农业（种植业)、水产养殖业、畜禽养殖业，规定了农村面源污染防治的具体内容。第 31 条是关于农业（种植业）面源污染的规定："太湖流域县级以上地方人民政府应当推广测土配方施肥、精准施肥、生物防治病虫害等先进适用的农业生产技术，实施农药、化肥减施工程，减少化肥、农药使用量，发展绿色生态农业，开展清洁小流域建设，有效控制农村面源污染。"第 32 条在水产养殖方面明确，"两省一市人民政府应当加强对太湖流域水产养殖的管理，合理确定水产养殖规模和布局，推广循环水养殖、不投饵料养殖等生态养殖技术，减少水产养殖污染。国家逐步淘汰太湖围网养殖。江苏省、浙江省人民政府渔业行政主管部门应当按照统一规划、分步实施、合理补偿的原则，组织清理在太湖设置的围网养殖设施"。第 33 条针对畜禽养殖业，规定"太湖流域的畜禽养殖场、养殖专业合作社、养殖小区应当对畜禽粪便、废水进行无害化处理，实现污水达标排放；达到两省一市人民政府规定规模的，应当配套建设沼气池、发酵池等畜禽粪便、废水综合利用或者无害化处理设施，并保证其正常运转"。最为难能可贵的是，《太湖流域管理条例》第一次在国家立法中就农村面源污染防治的具体保障措施做出了规范。第 52 条明确："对因清理水产养殖、畜禽养殖，实施退田还湖、退渔还湖等导致转产转业的农民，当地县级人民政府应当给予补贴和扶持，并通过劳动技能培训、纳入社会保障体系等方式，保障其基本生活。对因实施农药、化肥减施工程等导致收入减少或者支出增加的农民，当地县级人民政府应当给予补贴。"遗憾的是，《太湖流域管理条例》并未突破农村面源污染防治法律责任的缺失，许多制度缺乏操作性。

(八)《畜禽规模养殖污染防治条例》

2014 年 1 月 1 日施行的《畜禽规模养殖污染防治条例》，针对农村面源污染防治中极其重要的一个类型——畜禽规模养殖污染防治，做出了较为细致、全面的规定。首先，该条例规定畜禽养殖场必须建设相应的雨污分流设施，粪便废水贮存设施，以及综合利用和无害化处理设施等。其次，要求针对污染严重的畜禽养殖密集区域，制定相应的综合整治方案，采用多种方式来治理畜禽养殖污染。对于需要关闭或搬迁的畜禽养殖场所，应当对其经济损失予以补偿。最后，对于那些综合利用畜禽养殖废弃物的活动，应当给予相应的税收优惠政策。可以看出，上述规定体现了对畜禽规模养殖污染防治的全过程控制，以及激励性的防治措施。同时，也体现了在污染防治中对公平性的考量。但对于畜禽规模养殖是有一定标准要求的，对于规模以下的畜禽养殖污染防治还未有相应的制度措施予以应对，客观上影响了农村面源污染防治的效果。

二 农业立法中的农村面源污染防治

为适应生态农业和可持续农业发展的需要，近年来的农业立法中也越来越多地体现了农业环境保护内容，客观上加强了对农村面源污染的控制。目前，除国家立法外，全国已有 17 个省（自治区、直辖市）和 1000 多个县（市）分别制定了农业环境保护条例。

（一）《农业法》

《农业法》关于农村面源污染防治的内容主要体现在第 8 章“农业资源与农业环境保护”中，主要有以下形式：第一，直接规定农村面源污染防治。第 58 条明确“农民和农业生产经营组织应当保养耕地，合理使用化肥、农药、农用薄膜，增加使用有机肥料，采用先进技术，保护和提高地力，防止农用地的污染、破坏和地力衰退”；第 65 条规定：“各级农业行政主管部门应当引导农民和农业生产经营组织采取生物措施或者使用高效低毒低残留农药、兽药，防治动植物病、虫、杂草、鼠害。农产品采收后的秸秆及其他剩余物质应当综合利用，妥善处理，防止造成环境污染和生态破坏。从事畜禽等动物规模养殖的单位和个人应当对粪便、废水及其他废弃物进行无害化处理或者综合利用，从事水产养殖的单位和个人应当合理投饵、施肥、使用药物，防止造成环境污染和生态破坏。”第二，关于自然资源保护等方面的内容间接涉及农村面源污染防治。主要有：第 57 条对合理利用和保护土地、水等自然资源进行了原则性规定；第 59 条关于小流域综合治理，预防和治理水土流失的原则性规定。第三，有关农业科技教育等规定，也对农村面源污染控制有一定的作用。但《农业法》在农业环境保护方面的重点仍是防止工业废物或城镇生活废物对农业环境的污染与破坏，对农业本身所造成的面源污染未能引起充分的重视。

（二）《畜牧法》

《畜牧法》对农村面源污染防治的规定相对较早，也较为全面系统。其主要通过对废弃物的管理来防治农村面源污染。相关主要条款包括：畜禽养殖场、养殖小区应当建有污染物再利用或无害化处理设施；畜禽养殖场、养殖小区应当保证畜禽粪便、废水及其他固体废弃物综合利用或者无害化处理设施的正常运转，保证污染物达标排放，防止污染环境；畜禽养殖场、养殖小区违法排污造成环境污染危害的，应当排除危害，依法赔偿损失；禁止环境敏感区域建设畜禽养殖场。

（三）《农田水利条例》

2016年5月17日，国务院颁布了《农田水利条例》，其对农村面源污染防治的规定主要集中于对农业灌溉水质的要求及监测方面，以及合理控制和利用农田排水，降低肥料流失等方面。具体内容规定在第29条和第30条。但是，总体而言，该条例并不以农村面源污染防治为主要、直接目的，具体规定也缺乏必要的可操作性和强制约束力。

（四）其他立法

其他农业立法中关于农村面源污染防治只有原则性规定或零星规定，如《渔业法》规定“各级人民政府应当采取措施，保护和改善渔业水域的生态环境，防治污染”。《草原法》关于禁止在草原上使用剧毒、高残留以及可能导致二次中毒的农药，以及草原节水灌溉的零星规定。近年来，由于意识到农业环境污染形势的严峻性，我国基于农业环境保护的客观要求，制定了大量的相关法律法规以及各类技术标准等，但由于认识的局限性，导致这些立法皆体现的是末端控制理念，所规制的对象也主要是污水的排放，客观上也未对点源污染和面源污染进行区分。2002年的《退耕还林条例》，以及2017年的《农药管理条例》《农药管理条例实施办法》《畜禽标识和养殖档案管理办法》等行政法规、规章虽然也涉及面源污染，但其主要目的并不是控制面源污染。因而，总体上看，我国的农业立法更倾向于促进农业的发展。

因此，目前，我国对于面源污染的防治仍停留在技术和经济层面上，还没有转移到法律政策的层面上。①

---

① 冷罗生：《面源污染防治立法的现状、困境与出路》，《环境保护》2009年第7期。

三　食品安全立法中的农村面源污染防治

近年来，我国食品安全事故层出不穷，随着食品安全成为关系民生的重大问题，国家食品安全法律规制体系也在逐步建立。农村面源污染是影响农产品安全的重要因素，因而，许多食品安全立法也可以适用于农村面源污染防治领域。主要有：

（一）《食品安全法》及其相关法律法规

我国食品安全法律法规，是以《食品卫生法》为龙头，《〈食品安全法〉实施条例》《食品卫生行政处罚办法》《食品卫生监督程序》等行政法规和众多的地方性法规为支撑，以及《产品质量法》《农产品质量安全法》《消费者权益保护法》《传染病防治法》《刑法》《侵权责任法》等外围立法中有关食品安全的相关规定构成的集合法群形态。

《食品安全法》规定了不同市场主体及监管主体违反食品安全法规定时应该承担的法律责任。《食品安全法》着重规定了市场主体所承担的以行政处罚为主的行政责任，主要表现为：一是对行政法律责任主体作了较为全面且具体的规定，具体包括生产经营者、运输包装者、进出口经营者，以及检验检测机构和广告经营者等。二是对违法行为的类型、边界做了较为全面的规定，包含了与食品生产经营相关的所有活动，从第 84 条到第 94 条，详细列举了几十种应该处以行政处罚的违法情形，《〈食品安全法〉实施条例》在对《食品安全法》进行细化的基础上，又补充了一些新的应该处以行政处罚的违法情形。三是规定了多样化的行政处罚方式。处罚种类涵盖了行为罚、名誉罚、资格罚、财产罚、人身罚，具体包含责令停止违法行为或责令改正、警告或通报、公告、罚款、没收违法所得、没收或销毁相关产品以及生产工具、吊销证照、拘留等。

（二）食品安全标准

食品安全标准可分为两类。一类为行政机关所制定的安全标准，具体又可分为国家安全标准和地方安全标准；另一类为行业、企业制订的安全标准。其中，许多食品安全标准与农村面源污染相关，如农药残留标准。我国现行的《食品卫生法》针对 45 种食品，规定了允许残留的 104 种农药的残留量，为此共规定了 291 个指标。但这些标准与国际标准还相差甚远，国际食品法典对 176 种农药在 375 种食品中，规定了 2439 条农药最高残留指标。我国批准发布的与食品卫生相关的标准近 3000 个，仅约有

30%采用了国际标准。英、法、德等国家早在20世纪80年代初采用的国际标准就已达80%，日本则达90%以上。

四　民法、刑法中的农村面源污染防治

民法、刑法是全国人大通过的基本法律，它们广泛适用于各种民事关系和刑事关系，其中也包括农村面源污染防治领域。

（一）民法

《民法总则》第8条规定："民事主体从事民事活动，应当有利于节约资源、保护生态环境。"第120条规定："民事权益受到侵害的，被侵权人有权请求侵权人承担侵权责任。"《侵权责任法》专设第八章"环境污染责任"，进一步阐释了环境侵权所应承担的民事责任。《物权法》第90条规定："不动产权利人不得违反国家规定弃置固体废物，排放大气污染物、水污染物、噪声、光、电磁波辐射等有害物质。"这些规定既适用于点源污染，也适用于面源污染。

《侵权责任法》第65条规定，"因污染环境造成损害的，污染者应当承担侵权责任"。明确了环境污染侵权责任的无过错归责原则。

《侵权责任法》明确规定，环境污染责任适用"举证责任倒置"。因果关系的举证责任由污染者承担，使环境污染的受害人更容易获得救济。《侵权责任法》第66条规定，"因污染环境发生纠纷，污染者应当就法律规定的不承担责任或者减轻责任的情形及其行为与损害之间不存在因果关系承担举证责任"。

《侵权责任法》中，环境污染侵权法定免责事由的范围比《民法总则》更窄。《民法总则》规定作为免责事由的"不可抗力"，指不能预见、不能避免并不能克服的客观情况，但在环境污染侵权中免责事由的范围相对较小，如《海洋环境保护法》第91条规定："完全属于下列情形之一，经过及时采取合理措施，仍然不能避免对海洋环境造成污染损害的，造成污染损害的有关责任者免于承担责任：（1）战争；（2）不可抗拒的自然灾害；（3）负责灯塔其他助航设备的主管部门，在执行职责时的疏忽，或者其他过失行为。"

《侵权责任法》还确定了环境共同侵权的责任分配。第67条规定："两个以上污染者污染环境，污染者承担责任的大小，根据污染物的种类、排放量等因素确定。"从外部来看，当发生两人以上共同侵权时，数

个侵权人应当承担连带责任；从内部来看，共同侵权人之间的责任是可以分割的。这种分割只在内部有效，无法对抗被侵权人。这也即意味着被侵权人无论找哪个侵权人承担全部责任都可以。对于超出侵权人所应当承担的部分，其可向另外的侵权人进行追偿。第 68 条规定："因第三人的过错污染环境造成损害的，被侵权人可以向污染者请求赔偿，也可以向第三人请求赔偿。污染者赔偿后，有权向第三人追偿。"这也就意味着第三人过错并不能成为免责事由。这主要是侧重于对被侵权人的保护。第三人与污染者承担连带责任。该连带责任的操作，与共同侵权中的连带责任具有高度的一致性，即对外为连带责任，对内，污染者可对第三者进行追偿。

（二）《刑法》

《刑法》中与农村面源污染防治直接相关的罪名，主要规范生产、销售和使用毒害性农药造成重大事故的行为。

生产、销售伪劣农药罪。《刑法》第 147 条规定："生产假农药、假兽药、假化肥，销售明知是假的或者失去使用效能的农药、兽药、化肥、种子，或者生产者、销售者以不合格的农药、兽药、化肥、种子冒充合格的农药、兽药、化肥、种子，使生产遭受较大损失的，处 3 年以下有期徒刑或者拘役，并处或者单处销售金额 50%—200%罚金；使生产遭受重大损失的，处 3 年以上 7 年以下有期徒刑，并处销售金额 50%—200%罚金；使生产遭受特别重大损失的，处 7 年以上有期徒刑或者无期徒刑，并处销售金额 50%—200%罚金或者没收财产。"最高人民法院、最高人民检察院《关于办理生产、销售伪劣商品刑事案件具体应用法律若干问题的解释》对《刑法》第 147 条解释规定，生产、销售伪劣农药、兽药、化肥、种子罪中"使生产遭受较大损失"，一般以 2 万元为起点；"重大损失"，一般以 5 万元为起点；"特别重大损失"，一般以 10 万元为起点。

危险物品肇事罪。即违反国家有关农药安全使用的规定使用农药或在使用农药的过程中发生了重大事故的，依据《刑法》第 136 条的规定，使用者或主管人员和其他直接责任人员有可能构成危险物品肇事罪。在生产、储存、运输农药过程中发生重大事故的，有可能犯危险物品肇事罪。

此外，农药事故还可能触犯《刑法》中的"生产、销售伪劣产品罪""非法经营罪"，以及"受贿罪""渎职罪"等罪名。

五　地方立法中的农村面源污染防治

鉴于国家立法的缺位，一些省、直辖市和一些计划单列市制定了加强面源污染管理方面的地方行政法规或规章。例如，2006 年 12 月 26 日，深圳市政府四届四十九次常务会议审议通过《深圳生态市建设规划》，该规划第 39 条明确定："大力控制面源污染。加强城市径流设计，收集处理城市初期雨水；限制果园化肥、农药使用，控制面源污染。"部分地区也结合区域具体问题，相继出台了一些相关的条例、措施。但是，这些有关农村面源污染的地方立法，大多属于宣示政策型立法，缺少法律责任条款。

地方立法中，湖北省的农村面源污染防治立法走在全国前列，这些立法不仅较为全面地涉及农药、化肥的使用，畜禽粪便、垃圾的处理，土壤、水体的保护，而且不乏法律责任条款。

第二节　农村面源污染防治湖北省地方立法的法律效力结构

一　湖北省农村面源污染防治地方立法现状

近年来，湖北省颁布了一系列与农村面源污染防治相关的地方立法，主要有：

（一）《湖北省农业生态环境保护条例》

1993 年颁布实施的《湖北省农业环境保护条例》是全国第二个省份出台的农业环保地方性法规，对农业环境保护管理起到了重要作用。但是，随着农业环境问题的突出和农业生态环境保护的滞后，2006 年通过了《湖北省农业生态环境保护条例》，取代 1993 年的《湖北省农业环境保护条例》。《湖北省农业生态环境保护条例》正视现代化农业造成的严重污染，将农村面源污染防治作为农业生态环境保护的重要方面，提供系统的应对措施，体现了湖北省在农业生态环境保护法制化方面的战略思维。该法在第 1 条就明确其立法目的，"为了保护和改善农业生态环境，防治农业环境污染和生态破坏，保证农产品质量安全，保障人体健康，推动农业清洁生产，发展农业循环经济，促进农业可持续发展"。在此基础上，形成了分工明确的农业生态环境保护管理体制，实现工作重心向农业资源保护与农业生态环境监管转变，形成了运用法律手段管理农业生态环境质量的新格局。

1. 农业环境保护的地位及性质

农业环境保护是一项公益性事业。《湖北省农业生态环境保护条例》明确规定，县级以上人民政府在制定国民经济和社会发展规划的过程中，必须将农业生态环境保护写入其中，实现农业生态环境保护与经济社会发展之间的平衡与协调。同时，为了推进农业环境保护的贯彻和落实，明确要求政府财政预算安排中应当包含对农业环境保护的投入和支持。明确规定“县级以上政府应当将农业环境保护经费列入财政预算，并根据当地社会经济发展需要，增加对农业环境保护的投入”。

2. 农业生态环境管理体制

长期以来，我国的农业生态环境管理体制处于模糊地带。环保部门有对环境保护统一监督管理的职责，然而，我国的环保部门主要设在城市，在广大农村，环保部门的执法能力严重不足；农业部门虽有较强的执法能力，但其在农村环境保护方面的职责却不够明确。1993 年的《湖北省农业环境保护条例》将环保部门的职责放在农业部门之前，而 2006 年的《湖北省农业生态环境保护条例》则务实地将农业部门的职责提前，形成了“农业行政主管部门具体监督管理，环境保护行政主管部门统一监督管理”的格局，即“县级以上人民政府农业行政主管部门在职责范围内负责农业生态环境保护具体监督管理工作；环境保护行政主管部门对环境保护工作实施统一监督管理。县级以上人民政府林业、水等有关行政主管部门根据各自的职责，协助做好农业生态环境保护的有关工作。乡镇人民政府、村民委员会以及农村集体经济组织在其职责范围内，指导、帮助和教育当地村民开展农业生态环境保护活动”。2006 年对农业生态环境管理体制的修订不仅仅只是顺序、位置问题，而是更为务实地解决了农业生态环境保护的执法主体问题，即农业部门是农业生态环境保护的执法主体。《湖北省农业生态环境保护条例》第 8 条规定：“农业行政主管部门所属的农业生态环境保护机构必须严格履行农业生态环境保护的监督管理职责，其专职或者兼职农业生态环境监察员承担农业生态环境监督工作。”本条明确了农业环保机构的法律地位，即授权农业行政主管部门所属的农业生态环境保护机构履行农业生态环境保护监督管理的职责，并明确了农业生态环境监察员的法律地位。同时增加了乡镇人民政府、村民委员会以及农村集体经济组织在农业生态环境保护方面的职责，更符合农村实际。

3. 农村面源污染防治法律制度创新

《湖北省农业生态环境保护条例》创造性地规定了三项具体制度，用以规范农村面源污染，即农业生态补偿制度、农产品产地环境质量分类管理制度、农业投入品废弃物回收与处理制度。（1）农业生态补偿制度。对农民的农村面源污染防治行为给予生态补偿，是国外农村面源污染防治的主要制度之一。然而，农业是一项弱质产业，同时农业生态建设与环境污染治理又是一项投资大、周期长、短期内难以见效的复杂系统工程，具有非竞争性和非排他性两大特点，是典型的公共产品，如果仅仅依靠市场机制，很难以达到资源最优配置。需要进行政府干预，依靠法律手段、经济手段和必要的行政手段保障农业生态环境保护在经济上的可持续性。农业生态补偿的上位概念就是生态补偿，其是生态补偿范畴中的一个子类，范围相较于生态补偿要小很多。农业生态补偿通常只针对与农业生态环境保护相关的一类行为，例如农业生态建设、农业环境污染防治、环保型农业投入品的使用、无公害农产品（绿色食品、有机食品）的开发等，因而农业生态补偿具有特定性、针对性。目前，我国由国家公共财政支持的农村能源建设、测土配方施肥等，实际上带有农业生态补偿的性质，但缺少制度化、法律化的规范。《湖北省农业生态环境保护条例》规定，将对畜禽养殖废弃物和农作物秸秆的综合利用、农业投入品废弃物的回收利用、生物农药和生物有机肥的推广使用等，逐步实行农业生态补偿。《湖北省农业生态环境保护条例》从法律、制度的角度对农业生态补偿行为予以规范化、法制化、制度化。（2）农产品产地环境质量分类管理制度。将农业用地划分为三类：环境安全区、环境警戒区、环境污染区；类似于土壤的分等定级，这项制度可以与农业生态环境质量监测、评价等工作结合起来，定期向当地人民政府提出农业生态环境质量现状报告。（3）农业投入品废弃物回收与处理制度。这是乡村清洁工程建设的一个具体内容，回收处理的具体办法及相关的奖励措施由省人民政府制定。此外，《湖北省农业生态环境保护条例》还对农业循环经济制度做出了具体规定：各级人民政府应当加强乡村清洁工程建设，支持推广沼气综合利用技术，完善服务体系，鼓励农民和农业生产经营组织开发、利用沼气。农业行政主管部门应当加强对农作物秸秆综合利用的指导，推广秸秆综合利用技术。从事畜禽、水产规模养殖和农产品加工的单位和个人，应当对粪便、废水和其他废弃物进行综合利用和无害化处理，达到国家或者地方标准后，方可排放。

（二）《湖北省实施〈中华人民共和国渔业法〉办法》

2002年通过的《湖北省实施〈中华人民共和国渔业法〉办法》，从渔业管理的角度对渔业生产及销售行为进行了规范。该法第 14 条强调对渔用饲料、渔药、渔机具使用的监督管理，要求“生产、销售渔用饲料、渔药和渔机具应当符合国家或者行业标准。没有国家或者行业标准的，省渔业行政主管部门应当提出地方质量标准，并由省质量技术监督部门发布。禁止生产、销售、使用含有毒有害物质的渔用饲料和渔药”。在法律责任部分，规定“生产、销售含有毒有害物质的渔用饲料和渔药的，没收实物及违法所得。并处 1 万元以下的罚款”。

（三）《湖北省实施〈中华人民共和国农产品质量安全法〉办法》

2008 年通过的《湖北省实施〈中华人民共和国农产品质量安全法〉办法》（以下简称《实施办法》），从社会广泛关注的农产品安全的角度，对农村面源污染防治进行了规范。该法在现有国家及地方立法的框架下，通过具体制度的创新，填补了相关领域的立法空白。主要有：（1）农产品质量安全标准的强制实施制度。《实施办法》规定：“农产品生产者、经营者是其生产、经营的农产品质量安全的责任人，应当依照有关法律、法规以及标准从事生产、经营活动；禁止生产、销售不符合国家规定的农产品质量安全标准的农产品。”并明确“行业协会可以制定并推行农产品质量安全行业规范”。（2）农业投入品安全使用制度。农业投入品是影响农产品质量安全的重要源头。不符合标准的产地环境不可能生产出符合农产品质量安全农产品。《实施办法》为确保农业投入品的安全使用，实行以下制度：一是省农业主管部门应当实行农业投入品主推品种和禁限用农业投入品公告制度，组织对农业投入品进行监督抽查，并公布抽查结果。二是农业投入品安全使用告知制度。严禁销售国家明令禁止销售的农业投入品。对限制使用的农业投入品，经营者应当告知购买者有关使用范围和用法、用量等内容。三是进货检查验收制度。农业投入品经营者进货时应当查验供货方的营业执照、生产经营许可证、产品检验合格证，并保存其复印件。四是建立购销台账制度。农业投入品经营者应当建立购销台账，记载农业投入品的名称、进货时间、来源、数量、生产企业、生产日期（批号）、产品登记证号（批准文号），以及销售时间、销售对象、销售数量等事项；购销台账保存期限不少于两年。五是农业投入品质量追溯制度。鼓励推进农业投入品连锁经营。（3）农产品安全生产制度。为保证农产品的安全生产，《实施办法》一是对农产品生产做出下列禁止性规定：禁止使用国家禁止使用的农业投入品；禁止超范围、超标准使用国家限制使用的农业投入品；禁止使用农药捕捞、捕猎；禁止收获、屠宰、捕捞未达到安全间隔期、休药期的农产品；法律、法规禁止的其他行为。二是规定农产品生产企业、农民专业合作经济组织和种植养殖大户应当建立农产品生产记录并保存不少于两年，同时对其生产的农产品的检测记录，也应当保存不少于两年。三是对检测不合格的农产品，由生产者按照国家有关规定进行无害化处理或者销毁。四是将种植、养殖大户作为农产品质量安全监管的重点对象之一。（4）对农产品质量安全违法行为的责任追究制度。《实施办法》主要规定了政府部门工作人员、行政执法机关和监测机构的责任，以及违反农业投入品使用、农产品生产记录、包装标识、添加剂使用、农产品销售等方面义务的行政责任。该法特别针对农业投入品违法行为规定了具体的法律责任，使国家立法得到细化，增强其可操作性。“由县级以上农业主管部门责令停止违法行为、对农产品进行无害化处理，并没收其违禁农业投入品，对个人可并处500元以上2000元以下罚款；对农产品生产企业、农民专业合作经济组织可并处2000元以上1万元以下罚款；情节严重的，处1万元以上2万元以下罚款。”“违反本办法规定，农业投入品经营者不实行进货检查验收制度、不建立购销台账、不履行农业投入品使用告知义务的，由县级以上农业主管部门责令限期改正；逾期不改正的，处500元以上2000元以下罚款；情节严重或者一年内二次以上违反规定的，处2000元以上1万元以下罚款。”

（四）《湖北省湖泊保护条例》

与江河等水体相比，农村面源污染对湖泊水体的影响更为突出。2012年颁布实施的《湖北省湖泊保护条例》充分吸收借鉴了《湖北省实施〈中华人民共和国渔业法〉办法》中规定水产养殖污染具体法律责任的经验，针对该法在实施中存在的不足，对农村面源污染防治的规定相对较为详细。第一，赋予有关职能部门指导化肥、农药的科学、合理使用的职权。第二，通过合理规划畜禽养殖区，以管控畜禽养殖污染，并提倡建设生态养殖场和养殖小区，通过采用综合利用、沼气利用、有机肥生产、无害化还田等方式来减少畜禽养殖污染。第三，针对水产养殖污染，充分重视渔业养殖规划的规制功能，从源头上管控水产养殖污染。第四，对于那些造成严重水污染的养殖方式做出禁止性规定。例如围网、围栏养殖、珍珠养殖和投肥养殖等。根据条例中的禁止性规定，还设置了严格的法律责任，例如，针对围网、围栏养殖，规定“由县级以上人民政府农（渔）

业行政主管部门责令限期拆除，没收违法所得；逾期不拆除的，由农（渔）业行政主管部门指定有关单位代为清除，所需费用由违法行为人承担，处1万元以上5万元以下罚款”。针对在湖泊水域养殖珍珠的，规定“由县级以上人民政府农（渔）业行政主管部门责令停止违法行为，没收违法所得，并处5万元以上10万元以下罚款”。针对在湖泊水域投化肥养殖的，规定“由县级以上人民政府农（渔）业行政主管部门责令停止违法行为，采取补救措施，处500元以上1万元以下罚款；污染水体的，由县级以上人民政府环境保护行政主管部门责令停止违法行为，没收违法所得，并处5万元以上10万元以下罚款”。

可以看出，上述有关规定一方面对农村面源污染防治做了较为细致、全面的类型化规定，另一方面则针对性地设置了相应的、较为严格的法律责任。但对于农药、化肥的使用，仍然局限于采取鼓励性和支持性的措施，缺乏有力的推行抓手。

（五）《湖北省水污染防治条例》

为了弥补2001年1月1日生效的《湖北省实施〈中华人民共和国水污染防治法〉办法》未对农村面源污染防治做出明确规定，特别是缺少法律责任条款的不足，2014年制定《湖北省水污染防治条例》时，加强农村面源污染防治成为该法的主要任务之一。水库投肥养殖是湖北省最为严重的农村面源污染现象之一，湖北省一些水库大量投肥（药）养殖，水质遭受不同程度的污染。“截至2006年，湖北省53座大型水库中，投肥养殖的水库有21座；中型水库233座中，投肥养殖的水库有101座；小型水库中投肥养殖的占10%以上。”① 2014年颁布实施的《湖北省水污染防治条例》，对农村面源污染做出了明确规定。首先，针对水产养殖污染，明确禁止了有害于水环境的养殖方式，例如养殖珍珠、围栏围网养殖、投肥（粪）养殖。其次，针对农药、化肥等污染，提出了针对性的防治技术措施，例如测土配方施肥等。同时，也提倡转变传统的农业生产方式，发展生态农业。最后，针对畜禽养殖污染防治，所规定的措施主要有划定禁养区和限养区，并要求建设相应的畜禽规模养殖废弃物综合利用设施、污染物处理设施、畜禽养殖废弃物无害化处理设施等。此外该条例

① 詹国强：《湖北立法防止投肥养殖污染水库水体》，2006年8月13日，农博网（http：//www. A. web. com. cn）。

还规定了严格的法律责任。针对养殖珍珠的，“由农（渔）业主管部门责令停止违法行为，没收违法所得，并处5万元以上10万元以下罚款”。针对围网围栏养殖的，“由农（渔）业主管部门责令限期拆除，没收违法所得；逾期不拆除的，由农（渔）业主管部门依法确定有关单位代为拆除，所需费用由违法行为人承担，并处1万元以上5万元以下罚款”。针对投肥（粪）养殖污染水体的，“由环境保护主管部门责令停止违法行为，没收违法所得，并处5万元以上10万元以下罚款；经处罚后，再次投肥（粪）养殖的，处10万元以上30万元以下罚款，由发证机关吊销养殖证。”由此可见，针对水产养殖污染、畜禽养殖污染，该条例不仅设置了禁止性规定，同时还设置了严格的法律责任。但对于农药、化肥污染，并没有有力的管控措施，仍停留在鼓励、指导层面。

（六）《湖北省畜禽规模养殖场备案管理办法》

2015年颁布实施的《湖北省畜禽规模养殖场备案管理办法》对农村面源污染防治的规定体现在该法第五条规定：“申请备案的畜禽养殖场应当具备下列条件：……（二）有与其饲养规模相适应的生产场所和配套的生产设施，动物防疫消毒、畜禽污物和病死畜禽无害化处理等配套设施齐全。……（五）有对畜禽粪便、废水和其他固体废弃物进行综合利用的沼气池等设施或者其他无害化处理设施。……”该规定体现了对农村面源污染防治的“源头控制”理念和要求。但仍然缺乏对规模以下畜禽养殖污染防治的考量。

（七）《湖北省畜牧条例》

畜禽养殖业快速发展也带来了废弃物和污水排放量剧增，已成为农村三大面源污染之一，而相关综合利用和无害化处理工作相对滞后。针对这一现实，条例对畜禽养殖污染防治和废弃物综合利用进行了全面规范。一是要求新建、改建、扩建畜禽养殖场，应当符合畜禽养殖污染防治规划，依法进行环境影响评价。二是要求畜禽养殖场应当建设相应的综合利用和无害化处理设施，并确保污染防治配套设施正常运行。三是要求畜禽养殖者不得向外排放未经处理或虽经处理但不符合规定标准的废弃物，要严格按照国家规定对病死畜禽进行无害化处理，禁止抛弃、收购、贩卖、屠宰、加工病死畜禽。同时明确要求各级政府对本地区病死畜禽无害化处理负总责。

（八）《湖北省耕地质量保护条例》

2014年施行的《湖北省耕地质量保护条例》，对农村面源污染做出了相应的规定。第一，规定应当依法登记那些会对耕地造成破坏和污染的肥料、土壤调理剂、除草剂以及农药等化学制剂，对于未经登记的上述产品不得使用。第二，对向耕地排放或者倾倒有毒有害物质的行为做出了明确的禁止性规定。第三，强调对畜禽养殖污染的防治，提倡对畜禽养殖废弃物的资源化和无害化利用。第四，对于已受污染的耕地，必须进行综合治理。以上相关规定，体现了农村面源污染的“全过程控制”理念和要求。但不可否认的是防治措施相对单一、抽象。

二　关于湖北省农村面源污染防治立法的评价

在农村面源污染防治的地方立法方面，湖北省已形成了以《湖北省农业生态环境保护条例》为框架，地方性水法、农业法、渔业法提供具体制度支撑的相对完整的立法体系，在全国走在前列。在国家立法及其他地方立法偏重于政策宣示的立法环境下，湖北省的具体制度创新及严格的法律责任条款无疑成为农村面源污染防治立法中的亮点，可以说代表了我国农村面源污染防治立法的最新进展和当前的发展方向。但是，湖北省的地方立法也存在明显的不足，主要有：

（一）农村面源污染防治尚未建立完整的法律体系

迄今为止，湖北省并没有关于农村面源污染防治的专门立法。《湖北省环境保护条例》（1994 年通过，1997 年修订）是典型的以城市为中心，侧重于工业点源污染防治的立法，总体上其对农村面源污染的防治是轻视的，也未就农村面源污染防治进行专门规范。湖北省虽然在地方性的农业法、水法中，对农村面源污染防治创设了相关制度，但这些规定都是零星的，尚未形成完整的法律体系。

（二）可操作性受到诸多限制

湖北省为农村面源污染的法律控制提供了框架性规范，但制度本身的可操作性取决于诸多因素。以《湖北省农业生态环境保护条例》为例，首先，条例所涉及的制度创新均需要省政府出台规范性文件，进行具体的规定，有的还需要配套的技术操作规程以及分类标准、需要制定相应的管理办法，并具备相关的监测与管理能力。如组织开展农产品产地环境质量监测，对监测能力和人员素质提出了很高要求；而完善农业环保机构的执法能力则需要巨大的经费来源。其次，法律责任的缺失。与 1993 年的《湖北省农业环境保护条例》相比，2006 年的修改强化了法律责任，在肥料管理、外来物种等方面，赋予了农业行政主管部门一定的行政处罚权，但其手段仍停留在传统的罚款等措施上，而且没有对造成农村面源污染的污染者设置法律责任条款。对于条例倡导的“政府要引导农民生产无公害的粮食、蔬菜、果品、茶叶等农产品，通过规划引导、税收、信贷、价格、投资等经济杠杆和信息、技术服务，吸引企业将资金投入到生态农业建设中，将生态环境优化转为经济优势”，尚未转化为具体的措施和手段。

（三）法律责任以罚款等行政责任为主

在湖北省关于农村面源污染防治的立法中，仍以宣示性规范为主，法律责任缺失。由于具体规范以“命令—控制”制度为主，在仅有的几个法律责任条款中，基本为行政责任，承担行政责任的方式主要为罚款，以及“责令停止违法行为”“采取补救措施”等传统的行政制裁方式。

湖北省的农村面源污染防治相关立法的实施效果如何，这些立法能否较好地控制污染者的行为，关系到我国农村面源污染防治法律保障的方向性问题，即是选择在现有体系内继续完善、补充相关制度，还是寻求新的面源污染防治方向。

第三节 农村面源污染防治立法的应然法律效力

应然法律效力是指法律在时间、地域、对象、事项四个维度中所具有的应然国家强制作用力。① 农村面源污染防治立法作为一种作用力，只有传送到一定的范围内才能发挥其作用，而法律效力传送的范围是由各个方面构成的有机整体，这个整体就是法律效力的维度。其中，每一个方面构成一个维度。

一 农村面源污染防治立法的时空维度

（一）我国农村面源污染防治立法的时间维度

萨维尼曾言，法律是一种“默默地起作用的力量”，这种渐进性凸显了法律的时间维度。现行农村面源污染防治立法在时间维度上具有鲜明特色。

---

① 张根大：《论法律效力》，《法学研究》1998 年第 2 期。

1. 保守性

在时间维度上来看，法律自身天然携带着滞后性和保守性基因，自其产生即作为一种保守的力量而存在。在我国农村面源污染防治立法中，这种保守性特别突出。农村面源污染防治改变的是农民传承已久的生活习惯和生产习惯，无论是国家立法还是地方立法，在具体权利义务的设定及强制责任的引入上都极为谨慎，以宣示性规范为主的法律条款，使得农村面源污染防治的相关利益主体在相当长的时间内，都不必承担实质性的法律责任。

2. 渐进性

同时，农村面源污染防治立法提出的新的农业可持续发展理念，特别是一些具体的制度创新，在一定的时间跨度内具有一定的未来前瞻性，基于这种未来前瞻性，人们可以对自己或他人的行为作出合理的预期，基于这种预期，人们对当下行为模式的选择将会发生变化。从这个意义上说，农村面源污染防治立法表现出一定的渐进性。第一，现行农村面源污染防治立法中开始出现少量的强制性立法，并具有明确的法律责任条款，如2006年修订的《湖北省实施〈中华人民共和国水法〉办法》中关于投肥养殖污染水库水体的法律责任。该办法2006年7月21日通过，同年10月1日生效，需要在较短的时间内做好法律实施的准备工作。第二，现行农村面源污染防治立法尽管没有规定一些关键性的具体制度，但对其设定了政府责任或时间表。如《湖北省农业生态环境保护条例》明确规定，农业投入品废弃物回收处理的具体办法及相关奖励措施由省人民政府制定。需要省政府出台规范性文件，进行具体的规定。

（二）我国农村面源污染防治立法的空间维度

1. 现行立法空间效力的统一性

在空间效力上，现行国家农村面源污染防治立法的效力范围及于全国，湖北省地方农村面源污染防治立法的效力则及于整个湖北省。对于地方特有的问题，一般是通过地方立法或其他地方规范性文件予以调整。如湖北省在《湖北省实施〈中华人民共和国水法〉办法》中对投肥养殖污染进行规范，丹江口库区通过了《丹江口市人民政府关于规范整治湖库养殖的通告》。

2. 农村面源污染空间分异与法律空间效力

“我国幅员辽阔，不同地区、流域的自然禀赋、社会经济条件等存在很大差异。这客观上导致我国不同区域的农村面源污染问题存在明显的差异。”[①] 我国农村面源污染存在3类污染区域：农资污染区、畜禽污染区和水土流失型污染区，每一类农村面源污染区域的治理方式均有所不同。即使是在湖北省，农村面源污染也存在着明显的空间分异，总体上以武汉市为地理中心，向外围递减；在污染结构上，武汉市周边的畜禽养殖业负荷最重，江汉平原、鄂东江沿江平原和鄂北岗地的种植业负荷大，水产养殖业的负荷主要集中在江汉平原和武汉、鄂州、黄石地区。[②] 农村面源污染的空间分异性表明，农村面源污染防治既存在着全国统一的问题，也存在着大量特定区域的特殊问题，这对现行立法在空间效力上的统一性提出了挑战。现行立法更偏好于以行政区域为边界来调整农村面源污染问题，更强调农村面源污染领域的普遍性问题而不是区域的特殊问题。总体而言，现行立法未能更多地考虑法律效力空间维度的本土化问题，尤其是农村乡土社会的法治化问题。

二　农村面源污染防治立法的对象维度

（一）我国农村面源污染防治法律条款中的对象维度

法律效力的对象维度即法律效力的对人范围。从现行国家及湖北省地方的农村面源污染防治法律条款分析，法律效力的对象维度有国家、政府、农业生产者个人、农业生产经营组织等，其主要特点是：

1. 强调国家、政府与农业生产者个人的责任

无论是国家层面还是湖北省地方的农村面源污染防治法，其对象维度主要为国家、政府与农业生产者个人。对农业生产经营组织等社会组织的规范极其罕见，如《农业法》第25条规定：“各级人民政府应当建立健全农业生产资料的安全使用制度，农民和农业生产经营组织不得使用国家明令淘汰和禁止使用的农药、兽药、饲料添加剂等农业生产资料和其他禁止使用的产品。”

2. 法律责任条款的对象维度是农业生产者

迄今为止，国家和湖北省地方立法中对农村面源污染防治法律责任条

---

① 李海鹏、张俊飚：《中国农村面源污染的区域分异研究》，《中国农业资源与区划》2009年第2期。

② 李兆华、黄薇、李长安：《湖北省农村地区面源污染现状分析》，《长江科学院院报》2007年第6期。

款的规定是极为谨慎的，但极为有限的法律责任条款，其对象维度全部为农业生产者。而在现实的国家及湖北省农业生产者结构中，农业生产者主要是农民。

3. 国家与政府责任中偏重地方政府与地方政府行政主管部门

国家立法中重视国家责任的承担，几乎每一部法律都明确了国家在相关领域的公共政策与责任。如《农业法》第49条规定：“国家支持畜禽养殖场、养殖小区建设畜禽粪便、废水的综合利用或者无害化处理设施。”《固体废弃物污染防治法》第19条明确规定，“国家鼓励科研、生产单位研究、生产易回收利用、易处置或者在环境中可降解的薄膜覆盖物和商品包装物。使用农用薄膜的单位和个人，应当采取回收利用等措施，防止或者减少农用薄膜对环境的污染。”但国家责任如何承担，法律缺乏明确规定。

农村面源公共服务责任条款的主要调整对象是政府，政府的类型主要有以下几类：第一，包括中央人民政府在内的各级人民政府。第二，中央及地方各级政府的行政主管部门，如农业、水、环境行政主管部门等。如《固体废物污染环境防治法》第49条规定“农村生活垃圾污染环境防治的具体办法，由地方性法规规定”。在政府体系内，无论是国家立法还是地方立法，可以很明显地看到，地方政府与地方政府行政主管部门承担了主要的农村面源公共服务责任。如《农业法》第48条规定：“县级以上地方人民政府农业主管部门和其他有关部门，应当采取措施，指导农业生产者科学、合理地施用化肥和农药，控制化肥和农药的过量使用，防止造成水污染。”《湖北省农业生态环境保护条例》第14条规定：“县级以上人民政府及其农业、环境保护、水等有关行政主管部门应当加强对水产养殖行为的监督和管理，规范并从严控制投肥（药）养殖行为。禁止在饮用水水源一级保护区内投肥（药）养殖。”

从法律条文本身分析，国家的农村面源污染防治责任主要由地方政府与地方政府行政主管部门来承担。

三　农村面源污染防治立法的事项维度

事项维度是法律效力不可缺少的一个维度。“为了要决定人们必须如何行为，就一定要决定何时和何地他们才必须在所规定的方式下行为。至于他们应如何行为，什么行为他们应做或不做，那是一个规范的属事效力范围。”① 现行国家及地方农村面源污染防治立法的事项维度具有以下特点：

(一) 事项维度宽泛，但强制规范的事项维度非常窄

农村面源污染防治立法只对其调整的事项产生效力，而不是调整社会生活中的所有事项，有些事项应由道德规范、宗教规范来调整，因而法律效力应该有事项维度的界定。

现行国家及地方农村面源污染防治立法的属事效力范围非常广泛，在内容上涵盖了农村面源污染的各种类型，在结构上囊括国家责任、政府职责，以及个体行为诸多方面。但是，强制性规范的事项维度非常窄，仅限于个别关系农产品安全与重大环境污染领域里的农业生产者或经营者的个体责任。

(二) 以命令—控制措施为主

现行国家及地方农村面源污染防治立法中，尽管有诸多倡导性与奖励性规范，但这些规范均缺乏实质的权利义务规定。涉及具体权利义务事项的规定，几乎全部为命令—控制型措施，主要是界定政府在农村面源污染防治中的行政管理权，以及对与农村面源污染相关的个体行为的禁止。如湖北省对水库养殖投肥的行政管理与对投肥养殖行为的禁止，就是典型的命令—控制型措施。

(三) 农村面源污染防治手段偏重于行政管理

在命令—控制型措施中，现行农村面源污染防治手段偏重于行政管理，法律责任条款也以行政责任为主，强调行政主管机关的罚款、审批、监督权力，这对农业环境执法提出了很高的要求。但在农业生产者个体责任的承担方面，立法者非常谨慎，例如我国早在 2002 年颁布的农业部第 199 号公告中就明确规定，包括甲胺磷和对硫磷在内的 19 种高毒农药不得用于蔬菜、果树、茶叶、中草药材之上，随后又针对农药的生产者、经营者和施用者颁布了一系列有关高毒高残留农药管理的规范，要求在农药生产、流通、使用的各个环节，政府具有很强的监管能力。

① 张根大：《论法律效力》，《法学研究》1998 年第 2 期。

第四章

我国农村面源污染防治的实然法律效力

“法律的生命从来不是逻辑，它一向就是经验。”① 法律的生命在于经验，而经验是来自实践。为了调查我国农村面源污染防治立法在实施中的实际效力，我们在我国农村面源污染大省——湖北省全省，以及省内的丹江口库区、四湖流域等典型地区进行法律实证研究。

第一节　湖北省农村面源污染及治理效果分析

一　湖北省农村面源污染及其治理现状的社会学调查

为了深入了解湖北省农村面源污染防治立法的法律实效，“2009 年 6 月至 9 月，在走访省环保厅、建设厅、水利厅基础上，分赴武汉、荆州、宜昌、襄樊、十堰、孝感等地，对湖北省的河流、湖泊、水库、地下水等各类水资源进行了综合调研。同时进行了问卷调查和入户访谈。承担问卷调查和入户访谈任务的是湖北省经济学院的 200 名湖北籍学生，主要采取问卷调查和走访调查两种形式。”②

此次调查共发放问卷 2000 份，分为城市和农村两个部分。城市地区发放问卷 1000 份，回收有效问卷 719 份；农村地区发放问卷 1000 份，回收有效问卷 803 份。湖北省水事研究中心还回收了 85 人提供的 91 份访谈材料。本次问卷的调查地域广泛，除神农架林区以外，其他地区均回收了有效问卷。对于收集的问卷，采用 SPSS 法进行分析。

---

① 霍姆斯在《普通法》一书中的论断。在霍姆斯看来，真正的法律不是一般性抽象规则，也不是固定逻辑推理，而是社会的实际，是一系列的事实。

② 笔者作为“湖北省农村水资源保护研究”课题组中的主要成员，负责撰写了《湖北农村水污染防治调查报告》，本书社会学调查部分即引自该调查报告。

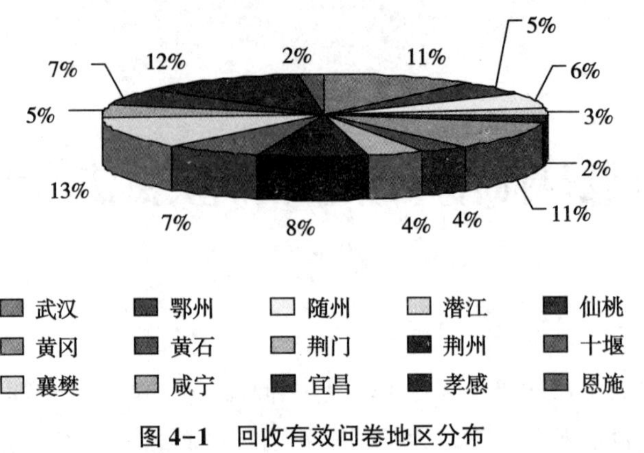

图 4-1 回收有效问卷地区分布

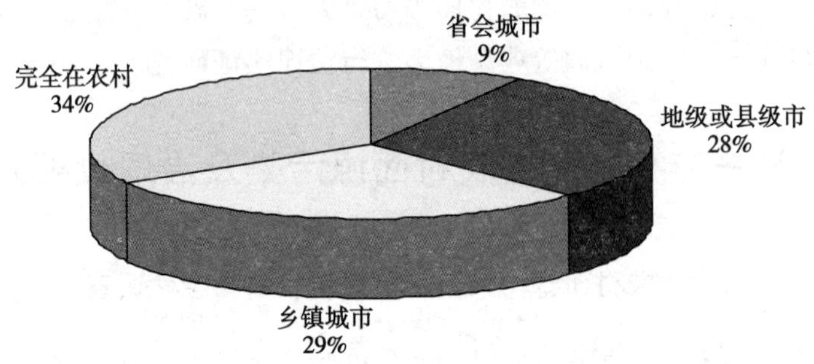

图 4-2 受调查者目前居住地区

表 4-1 受调查对象职业分布表

职业	有效问卷数量（份）	占有效问卷总数的比例（%）
种植业	362	23.8
企业职工	157	10.3
机关事业单位职工	169	11.1
企业主	28	1.8
工厂职工	121	8.0
个体户主	171	11.2
上学	456	30.0
其他	58	3.8
合计	1522	100.0

根据省市两级有关部门提供的基本资料，结合问卷、走访以及综合调研情况，参考有关湖北省农村面源污染防治的研究成果，对湖北省的农村面源污染及其防治效果进行分析。

二　湖北省农村面源污染现状

由于缺乏完整、准确的官方统计数据，因而，对包括湖北省在内的我国大部分农村地区的水环境状况并不清楚。通过对有限的调查数据进行梳理分析，可以发现湖北省农村的水环境状况整体上是呈现恶化趋势的，虽然局部区域有所改善，但改变不了整体恶化趋势。其中，这种整体持续恶化趋势的典型代表即是饮用水污染和“水华”现象的频发。而这也就意味着农村水环境整体持续恶化的主要诱因即是农村面源污染，为了评估农村面源污染对整个农村水环境的影响程度，湖北省水事研究中心对农村面源污染现状的调查，是建立在湖北省农村水环境的调查基础上的。

（一）湖北省农村水污染的来源

造成农村水污染的污染物质来源不同，且这些污染物质的生成原因也各不相同，但通过类型化处理后，总体可分为两大类：一是农村面源污染，也即由目前的农业生产方式和农村生活方式所造成的污染，二是点源污染，这类污染主要来自城市化过程、农村工业化进程以及城市污染的转移。二者在对湖北省农村水污染的贡献方面存在比例差异，其中第一类污染的贡献率要远远高于第二类污染的贡献率。这使得湖北省的农村居民，成为面源污染的首要受害者。

湖北省是一个农业大省，农村面源污染特别严重，2002 年已被列为全国 8 个农村面源污染高风险地区之一。湖北省农村面源污染的构成具体如下：

1. 农村生活污染

湖北省属于沿江省份，境内江河、湖泊密布，因而其村镇布局大多依水而建。然而，分散布局、依水而建的大多数村、镇都未建立系统化的生活垃圾收运、处理体系，生活污水更是按照传统的方式随意排放。当然，试点的乡镇除外。

随着生活水平的提高，湖北省农村地区的生活垃圾污染日益严重。“农村的环境保护基础设施较为落后，例如很多村镇并未建设相应的生活垃圾收运和集中处理设施，这在客观上严重制约着垃圾无害化处理率的提升。根据传统的生活习惯，居民多将生活垃圾随意倾倒在沟塘渠池里、交通道路旁、田间地头等区域，长此以往，农村地区逐渐出现了垃圾‘围村’、‘塞河’、‘堵门’的趋势，长时期的漏天堆放，会形成具有高度污染性的渗漏液，从而造成地表水和地下水的污染。”①

“目前，全省尚未对行政村的生活垃圾清运量及处理率进行统计。但是，2008年全省对生活垃圾进行收集的行政村仅有5438个，占全部行政村21.41%，对生活垃圾进行处理的行政村仅有1845个，占全部行政村的7.26%。”②

表4-2　　2008年湖北省农村地区生活污水处理情况③

行政区域类型	建制镇	乡	农场	行政村
统计的行政区域（个）	727	207	35	25420
处理生活污水的行政区域（个）	93	26	0	583
占同级行政区域的比例（%）	12.79	12.56	0	2.30
污水处理率（%）	10.29	0.39	0	未统计
污水处理厂集中处理率（%）	7.22	0.27	0	未统计

表4-3　　2008年湖北省农村地区生活垃圾处理情况④

行政区域类型	建制镇	乡	农场	行政村
生活垃圾年清运量（万吨）	255.953	25.165	4.688	未统计
生活垃圾处理率（%）	97.38	72.85	66.96	未统计
垃圾无害化处理率（%）	32.03	21.70	13.37	未统计

2. 农药、化肥污染

“湖北省的自然地理条件、气候条件等都较为优越，物产也相对丰富，因而其是我国重要的粮、棉、油生产基地，基于对农业生产效益和

① 《湖北农村水资源保护研究》课题组：《湖北农村水污染防治调查报告》，载曾晓东等主编《中国环境法治》（2009年卷上），法律出版社2010年版，第144页。

② 同上。

③ 数据来源：湖北省建设厅。

④ 同上。

生产效率的追求，湖北省地区过量并不科学地使用农药、化肥已成为一种常态。”①

“2007 年，全省化肥施用量高达 326.91 万吨，化肥投入达到 742 公斤/亩，是全国平均水平的 2.13 倍，世界平均水平的 4.12 倍。”② “虽然使用量很大，但有效利用率却仅有使用量的 30%—40%，剩下的约 60%—70%并未发挥其应有的作用，而是残留于自然环境中，并以溶解形态进入到水体中，造成以富营养化为主要形式的地下水污染和地表水污染。”③ “化肥流失造成的污染十分惊人，据有关资料表明，农田径流带入地表水体的氮占人类活动排入水体氮的 51%。”④

种植业领域为了提高经济效益，必须要对普遍存在的病虫害进行治理。传统自然方式对病虫害的防治并不能满足目前农业生产的要求，因而在农田大量使用农药等化肥制剂。目前，渐渐形成了对农药等化学制剂的依赖，并且有日趋加剧的趋势。数据统计表明，目前对农药的使用量，相较于 1990 年已增长了 7 倍，客观上造成了 500 万亩农田的污染。基于经济效益和效率的驱使，除了化学农药被大量使用以外，各类除草剂、杀鼠剂、植物调节剂等新型化学制剂也被大量地使用，例如“化学除草剂的用量达 7800 吨，杀鼠剂用药量已达到 20 多吨，植物生长调节剂用量已达 250 吨，而且未来还有增长的趋势”⑤，这客观上加剧了面源污染。“就农药的使用效率来看，在施用农药的过程中，仅有 1/4左右的农药发挥着作用，其余的 3/4左右侵入到了农田土壤中，造成土壤污染，受污染的土壤进而将化学农药物质输送到了植物体内，人们食用了这些有农药残留的植物，就会影响人们的健康。此外还有未被植物吸收的农药则被灌溉水、雨水冲刷进入水源，造成水体污染。剩下的 15%的农药制剂则漂浮于空中，

① 《湖北农村水资源保护研究》课题组：《湖北农村水污染防治调查报告》，载曾晓东等主编《中国环境法治》(2009 年卷上)，法律出版社 2010 年版，第 144 页。

② 《湖北统计年鉴 2008》。

③ 《湖北农村水资源保护研究》课题组：《湖北农村水污染防治调查报告》，载曾晓东等主编《中国环境法治》(2009 年卷上)，法律出版社 2010 年版，第 144 页。

④ 中共湖北省委政策研究室：《湖北农业再认识》，湖北人民出版社 2009 年版。

⑤ 胡久生、李兆华、邢晓燕、康群、王荆州：《湖北省农村水体污染成因及治理办法研究》，《中国农业资源与区划》2009 年第 1 期。

造成大气污染，伴随着降水现象，沉降到水体中，造成水体污染。”① 此外，“截至2008年底，湖北省已有55个市、县初步清查出近30年以来累积的废弃农药约1510多吨，其中剧毒、高毒、高残留农药约450吨，每年还有约0.8万吨被农民遗弃在农田、沟渠的农药废弃包装物（袋、瓶）”②。

3. 畜禽养殖污染

“湖北省是畜牧业大省，2008年生猪出栏3498.3万头。由于未建设相应的废弃物处理设施，畜禽养殖场所排放的污水、粪便并未得到相应的无害化处理和再利用，污水、粪便直接排入环境中，造成水环境严重污染。众所周知，直排的粪便、污水中含有大量的氮、磷、悬浮物及致病菌，这皆是造成水污染的重要来源。按照目前我国规模化养殖场对环境污染的管理状况和正常水冲粪的流失率计算，2008年仅养猪一项，湖北省每年即有14.2万吨和10.6万吨的COD和BOD流失到水体中。”③

表4-4　　畜禽粪便污染物进入水体流失率　　（%）

项目	牛粪	猪粪	羊粪	家畜粪	牛猪尿
COD	6.16	5.58	5.50	8.59	50
BOD	4.87	6.14	6.70	6.78	50
NH_3-H	2.22	3.04	4.10	4.15	50
TP	5.50	5.25	5.20	8.42	50
TN	5.68	5.34	5.30	8.47	50

“高浓度畜禽有机污水排入江河湖泊中，不仅造成水体富营养化，还使对有机物污染敏感的水生生物逐渐死亡，严重威胁水产业的发展。畜禽粪便污染物不仅污染地表水，其有毒、有害成分还易渗入地下水中，严重污染地下水。”④

① 《湖北农村水资源保护研究》课题组：《湖北农村水污染防治调查报告》，载曾晓东等主编《中国环境法治》（2009年卷上），法律出版社2010年版，第144页。

② 新华网：《废弃农药处置成“心病”》，http：//news. xinhuA. net. com/environment/2009-04/17/content_ 11197993. htm。

③ 《湖北农村水资源保护研究》课题组：《湖北农村水污染防治调查报告》，载曾晓东等主编《中国环境法治》（2009年卷上），法律出版社2010年版，第144页。

④ 同上。

4. 过度围网投肥养鱼

“湖北省是我国的淡水渔业资源大省，2008 年，水产养殖面积 1067 万亩，水产品总量达到 370 万吨，已连续 14 年居全国第一位。目前湖北省渔业已基本形成“一块一品”的规模化、专业化养殖格局，省级板块建设达到 33 个，渔业对农村地区的增收贡献巨大。2008 年全省水产总产值达到 330 亿元，渔业人均收入增长幅度在第一产业中位居第一，是第一产业纯收入平均增长幅度的 3 倍，是大农业中为农民增收贡献增幅最大的产业。”①

湖北省的水产养殖废水通常排放至江河、湖库中，这类废水所含的污染物占了全省农村面源污染的 3/10左右。究其根源，皆可归因于落后的养殖技术、管理方式。例如，围网围栏养殖，必然需要投放鱼饲料，而过量不合理配方的鱼饲料的投放，必然导致水体的富营养化，恶化水质。过度围网围栏还会引发鱼病频发，在防治鱼病中限量药物的不合理使用，使水污染的程度雪上加霜。此外，围网围栏养殖客观上会分隔水面，人为打破水域生态的完整性，弱化水动力、水体自净能力，进而加剧水体的污染。综合以上原因，围网围栏养殖、投肥养殖严重破坏水体水环境质量。

（二）湖北省农村水污染现状的公众认识

目前，湖北省农村水污染状况的持续恶化，对农业生产和居民人体健康皆产生了严重的影响和威胁。并且，公众已经普遍意识到这一点。这也为公众调查所印证。

问卷调查的结果反映，公众对湖北省农村地区水环境状况的基本认识是局部有所好转，整体趋向恶化。其中，湖北省农村水环境所面临的最大威胁即是水污染，这也成为湖北省农村水资源保护的短板。由于与人们的生产生活息息相关，因而其也成为人们最期待解决的问题。“80%以上的受调查对象认为，湖北省水资源保护最重要的问题就是防治水污染。从访谈中可知，一些地方农村水环境状况的改善，主要是受益于取缔‘十五小’企业，城市污染转嫁的防治，以及新农村建设中的农村环保示范工程。”②

① 《湖北农村水资源保护研究》课题组：《湖北农村水污染防治调查报告》，载曾晓东等主编《中国环境法治》（2009 年卷上），法律出版社 2010 年版，第 144 页。

② 同上书，第 146—147 页。

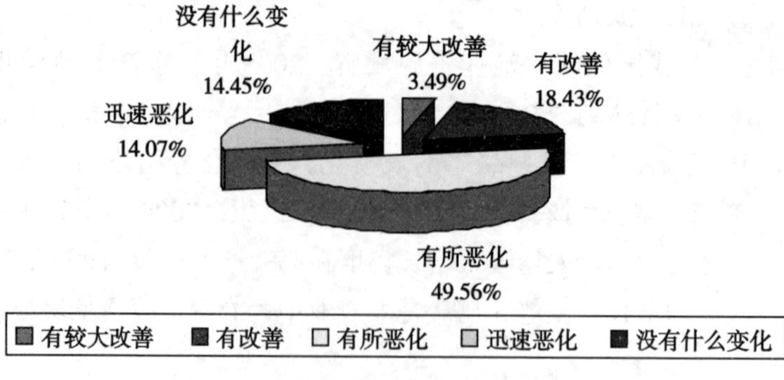

图 4-3 农村水环境变化的公众认识

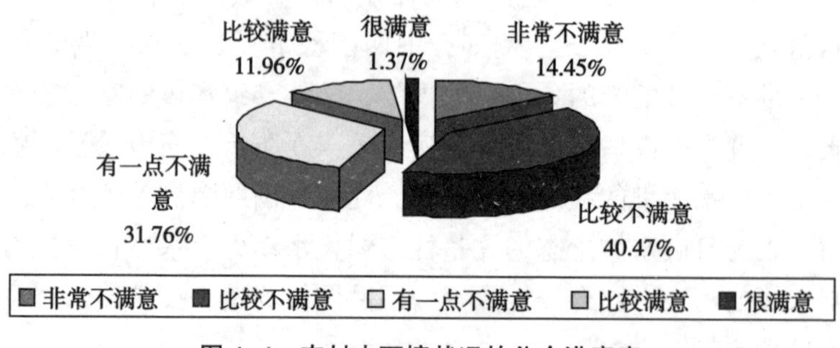

图 4-4 农村水环境状况的公众满意率

三 湖北省农村面源污染防治现状及其评价

农村水污染防治的效果因污染源类型不同而表现出较大的差别。乡镇企业污染及城市污染转嫁的防治措施相对成熟，效果明显，而农村面源污染则防治效果不佳。

“现阶段，我国针对点源污染防治的制度和法律较为健全，而点源污染防治主要是以工业污染、城市污染为主。随着近年农村地区乡镇企业的发展，以及城市污染向农村转移的趋势日渐明显，传统的制度和法律已不能完全适用于新的污染形态。然而，通过仔细分析可以发现，乡镇企业污染与城市污染转移在本质上都呈现出了较强的点源污染特性。例如，城市污染源向农村地区转移时，通常以点源排放的方式展开；乡镇企业总体呈现点状式分布，并通过固定排污口排污，因而也呈现出点源污染的特征。通过对已有点源污染防治成熟制度和措施的拓展和完善，基本可以解决新兴点源污染防治的需要。目前，湖北省针对以上新兴点源污染的防治已取得了较好的效果。在可预见的未来，基于治污设施的兴建、运行，以及清

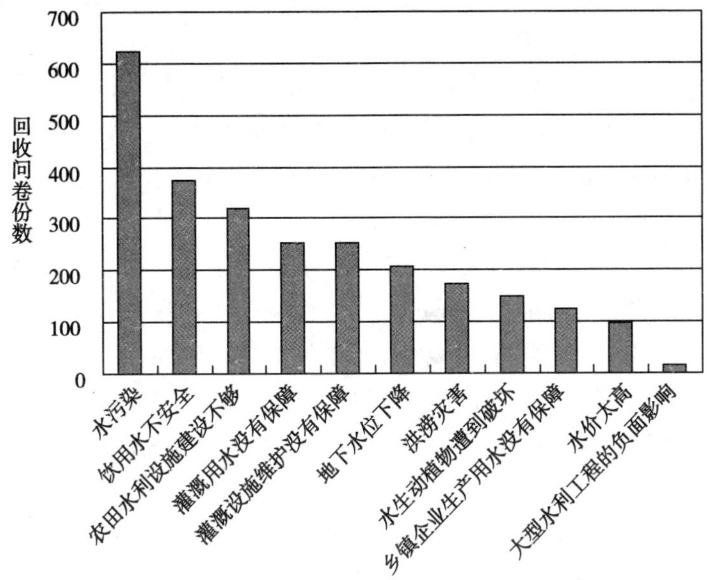

图 4-5　公众心目中对湖北省农村水资源构成威胁的主要因素

洁生产与循环经济在农村地区的推广，湖北省的新兴点源污染将会得到进一步的管控。”①

（一）湖北省农村面源污染防治现状

根据国家及地方立法，湖北省对农村面源污染治理给予了极大的关注和支持，目前采取的主要措施有：

（1）在农村地区，实施环境保护设施建设试点，对农村生活污水、垃圾进行收运、集中处理。

（2）在农业生产中，针对化肥农药等化学投入品的使用，采取减量化措施。首先，大力推广测土配方施肥，“2009 年在全省 8000 万亩的农田中推广了测土配方施肥，为 600 万农户无偿提供测土配方施肥技术服务，实施区域配方施肥建议卡和施肥技术指导入户率达到 90%以上，亩平节本增效 30 元以上”②。经农业部审核，湖北省于 2009 年新建了 20 个

① 《湖北农村水资源保护研究》课题组：《湖北农村水污染防治调查报告》，载曾晓东等主编《中国环境法治》（2009 年卷上），法律出版社 2010 年版，第 148 页。

② 湖北省土壤肥料工作站、湖北省土壤调查测试中心：《加强能力建设 全面推进湖北省测土配方施肥项目实施》，http：//www. hbA. gri. gov. cn/hbsnytnljsn/ShowA. rticle. A. sp？ A. rticleID = 13147。

测土配方施肥补贴项目县（单位），国家新增了4790万元的测土配方施肥中央补贴资金，总体看，共有105个县市实施了该项目，将未实施项目的农业县（市、区、场）全部纳入测土配方施肥项目范围，成为第二次土壤普查以来第一个达到全覆盖的农业技术推广项目。其次，禁用高毒、高残留的农药，推广高效、低毒、低残留农药和生物农药，实现农药的减量化。

（3）强化对畜禽养殖污染的防治。响应国家立法的规定和政策的号召，针对养殖小区的污染，通过推广建设沼气治污设施、无害化处理设施、综合利用设施等措施，加强对污染的治理。例如，“武汉市现有的242个畜禽养殖小区（包括生猪、蛋鸡、肉鸡、肉鸭、奶牛和肉牛养殖小区）中，采用零排放模式的养殖小区9个，建有沼气治污设施的有80个，采用三级沉淀治污的有118个”①。

（4）针对水产养殖污染的防治。大力推广生态养殖模式，禁止、取缔、整治围网围栏养殖、投肥养殖等污染严重的养殖模式。湖北省在洪湖、梁子湖开展大规模拆围，在洪湖拆除了37.1万亩的围网养殖面积，在梁子湖拆除了3.9万亩的围网养殖面积。针对投肥养殖，湖北省开展了禁止水库投肥养殖专项检查工作，还制定并通过了《湖北省实施〈中华人民共和国水法〉办法》，该办法于2006年10月1日起实施，以立法的形式明确了水产养殖污染防治的措施，明确要求“县级以上人民政府及渔业行政主管部门应当加强对水产养殖业的监督和管理，针对投肥（药）养殖等行为加强管控，环境保护主管部门对湖泊、水库养殖实施环境影响评价制度，对因投肥（药）养殖污染水体的，应当及时依法予以查处”②。

（二）湖北省农村面源污染防治效果评价

“农村面源污染的典型特点是污染广泛分布于一定面积范围内，而造成这种污染形态的污染源也同样呈现出广泛分布的特征。这客观上决定了农村面源污染的分散性、隐蔽性、随机性、不易监测性、难以量化等特征。从根源上来看，这些特征与农业生产方式、农民生活方式具有高度的

① 武汉城市圈门户网：《武汉推出“五大治污模式”，三年后畜禽养殖小区污染排放100%达标》，http：//www.whcsq.gov.cn/sA.nnong/ncfw/2009/08/24170739.html。

② 《湖北农村水资源保护研究》课题组：《湖北农村水污染防治调查报告》，载曾晓东等主编《中国环境法治》（2009年卷上），法律出版社2010年版，第148页。

相关性。”① 面源污染控制是世界性的难题，农村地区已成为世界上污染贡献最大，控制难度最大的污染源，特别是其中的农村面源污染，目前我国在面源污染防治方面尚无成熟的措施，法律控制也处于起步阶段。

表 4-5　　2007 年湖北省农村地区主要污染物年排放量②

	氨氮		化学需氧量		总氮		总磷	
	产量（万吨）	贡献率（%）	产量（万吨）	贡献率（%）	产量（万吨）	贡献率（%）	产量（万吨）	贡献率（%）
生活污水	1.3315	28	5.4593	22	1.5428	8	0.1108	3
农业种植	1.0170	21	5.2406	22	1.4547	8	0.1665	5
畜禽养殖	2.1125	45	10.5627	43	5.3025	28	1.4365	43
水产养殖	0.2805	6	3.0207	12	10.7882	57	1.5991	48
全省合计	4.7415	100	24.2836	100	19.0941	100	3.3129	100

2007 年，湖北省农村主要污染物的排放量已超过全省工业污染排放总量，其中氨氮排放量是同期工业排放量的 2109 倍，化学需氧量排放是同期工业排放量的 1140 倍。仅占全省国民生产总值 16 %的农村地区排放了超过全省 50 %以上污染物，其中生活污染对农村面源的贡献率为 3%，农业种植为 5%，畜禽养殖和水产养殖则分别高达 43% 和 48%。数据表明，农村居民生活污染虽然点多面广，但它对湖北省农村水污染的贡献率不高，湖北省农村水污染最主要的污染源就是农村面源污染，其中水产养殖的贡献率最高，其次是畜禽养殖和农业种植。

与我国其他地区相比，湖北省水体污染的典型特征，一是农业非点面源污染比重大，工业污染相对较轻；二是面源污染中来自畜禽养殖和水产养殖的比例非常高。

“农村面源污染还直接威胁南水北调和三峡两大工程的安全。根据丹江口库区控制断面的水质监测结果，目前丹江口水库水质主要为总氮超标，在枯水期，部分断面 COD 和氨氮含量等已接近Ⅱ类水标准的临界值，

① 吕忠梅、王丹、邱秋、张宏志、崔凯、王腾、王玉宝、曾霞：《农村面源污染控制的体制机制创新研究——对四湖流域的法 社会学调查报告》，《中国政法大学学报》2011 年第 5 期。

② 胡久生、李兆华、邢晓燕、康群、王荆州：《湖北省农村水体污染成因及治理办法研究》，《中国农业资源与区划》2009 年第 1 期。

水源区农村面源污染已成为影响库区水质的主要因子。”①

“通过调研可以发现，湖北省通常采用零星的、试点以及行政命令等方式对面源污染进行防治，但以上方式的实效性并未达到理想预期，大范围推广难度大。通过进一步研究发现，农村面源污染防治缺乏系统思路、部门之间相互割裂、体系化的制度措施匮乏，是造成这一现状的根源。调查表明：在国家及湖北省地方相关立法实施后，面源污染并未有缓解或扭转的趋势，甚至是在持续、快速恶化，在可预期的一段时间内，湖北省农村水污染防治的重点就是面源污染防治。”②

四　影响农村面源污染防治法律实效的主要因素

湖北省农村地区所占面积巨大，相应的农业从业人口也众多，这客观上导致了湖北省面源污染问题的日趋严重。然而，时至今日，有效管控农村面源污染的路径和措施却并未找到。从相关法律法规生效后，全省范围内的农村面源污染防治现状分析，整体而言，农村面源污染防治立法的法律实效不佳。影响其法律实效的主要原因有：

（一）政府和社会的重视程度不够

法律法规所规定的国家及政府责任，在实际生产和生活中，没有得到充分体现，而我国固有的城乡分割的二元经济结构又加剧了农村的贫困和落后。

造成城市污染向农村转移、乡镇企业污染加剧的因素有很多，其中城乡社会之间的割裂、二元化的经济结构是直接性原因，并且这两个因素对农业生产者的行为也产生了间接性的影响，这种影响主要体现为：农业生产者，也即农民基于生存的需要，践行着对水环境有害的生产、生活方式。从所造成的后果来看，面源污染是不可避免的。调查组通过访谈和问卷调查等方式了解到，农村居民普遍认为农村水污染日趋严重的原因有两种：一是外在原因，也即资金、技术、设备设施等硬件匮乏；二是内在根本原因，即政府和社会的忽视。因而，农村居民迫切希望政府、社会能够加强对城乡水污染问题的关注。

---

① 十堰市委政策研究室：《南水北调中线工程水源区（十堰）生态补偿机制研究报告》，http：//www. 10yA. n. com/html/CenterNews/qcwlldt/2009-9/20/144953520. html。

② 《湖北农村水资源保护研究》课题组：《湖北农村水污染防治调查报告》，载曾晓东等主编《中国环境法治》（2009 年卷上），法律出版社 2010 年版，第 126 页。

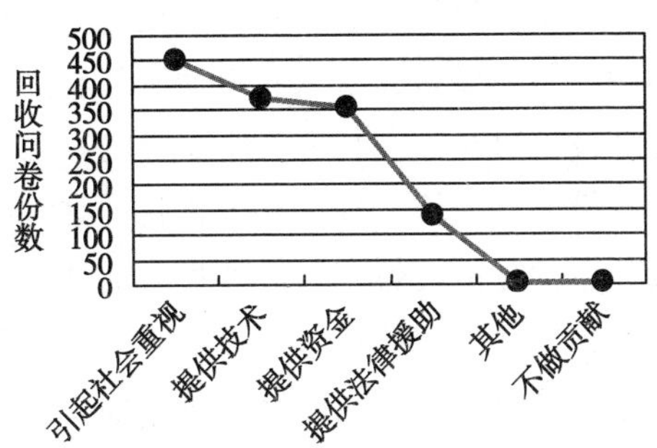

图 4-6　农村居民最希望大家为湖北省农村水资源保护做的贡献

同时，包括农村居民在内的整个社会，对农村面源污染的危害及其现状缺乏了解，因而对农村面源污染的治理没有引起足够的重视。

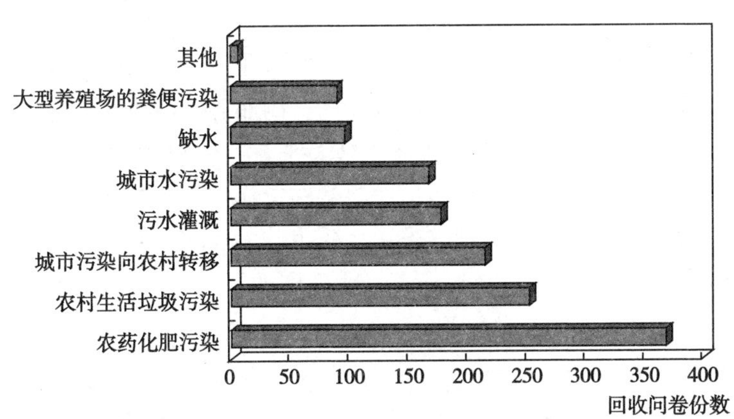

图 4-7　农村居民认为对自己影响最大的水环境问题

（二）农村面源污染防治的技术障碍

法律法规所倡导和鼓励的环境友好型生产和生活方式，在实际实施中存在着技术性障碍。

“（1）农村水污染监测能力欠缺。造成农村水污染监测能力不足的原因主要有两个：即监测经费的欠缺和监测机构的不足。基于这两个原因，导致农村水污染监测缺乏系统性、连续性、可靠性，进而导致关于农村水污染的基础数据极不完善，最终导致决策的科学性不足。（2）农村面源污染防治的技术水平低、可供选择的技术少。尤其是针对那些目前急需、易于操作、价格低廉的防治技术措施，缺乏全面、系统的研究。例如，畜禽养殖污染防治技术措施、农药化肥减量化技术措施、生态工程措施等。

同时，农村地区的环保基础设施仍然匮乏，即使已有的环保基础设施，也存在运行困难的问题。总体而言，广大农村地区只有少部分有环保基础设施，如村级污水处理设施只在监利县有一个试点村。由于环保基础设施的匮乏，导致县级及县级以下垃圾处理率及无害化处理率偏低。此外，受制于农村污水、垃圾分布的分散性特点，导致仅有的环保基础设施难以发挥集约效益，加之缺乏相应、稳定的资金保障，导致其运营成本高，进而影响建设、运营的意愿。在化肥、农药的减量化方面，湖北省并未有所突破和创新，仍然停留在推广测土施肥阶段，而横向比较来看，世界范围内的发达国家已普遍采用可控制式化肥、农药。这种技术上的落后严重制约着农药、化肥污染的防治。虽然我国一直在研发新型农药，但缺乏对高毒农药替代品的研发，已研发出的替代品，效果却不理想，且价格偏高，难以广泛推广。（3）公益性的农业生产技术推广服务不到位。改革开放后，我国始终坚持经济发展为中心，这种思维在农业生产领域则体现为基层农技机构侧重于自身经济效益和功能的发挥，例如普遍存在的出售化肥、农药等行为。同时，由于农业生产经济效益低下，基层农技人员也大量流失，客观上也导致了公益性农技推广服务严重缺位，农民也因而自然得不到必要的培训，进而使得化肥、农药的使用极不规范和科学，加剧了面源污染。”①

（三）农村环保投入不足

一是缺乏财政资金的投入保障。从历史上来看，城市污染防治、工业污染防治领域是湖北省财政投入的主要方向，相较而言，财政对农村环保的投入很少。

二是环保融资渠道单一。湖北省已进行和正在进行的农村水污染治理项目或试点，几乎完全依赖政府财政投入。“2008 年湖北省 GDP 和财政收入分别在全国排名第 14 位和第 13 位，属于中等发达的省份，而在 2009 年的财政支出结构中，农林水事务和环境保护的增幅最高，已分别达 92.3%和 90.0%，这表明，仅依靠地方财政投入来解决农村水污染防治经费，其上升空间有限。”②

① 《湖北农村水资源保护研究》课题组：《湖北农村水污染防治调查报告》，载曾晓东等主编《中国环境法治》（2009 年卷上），法律出版社 2010 年版，第 150 页。

② 湖北省统计局：《优化财政支出结构 促进经济稳步增长》，http：//www.stA.ts-hb.gov.cn/tjj/A.rticle.do？type=cA.tegory&A.rticleid=9604&skinVA.lue=1。

三是社会资本的引进尚待启动。由于缺乏财政、税收、信贷、价格等优惠政策，湖北省完全没有专业的农村水污染治理公司，也没有开展引入市场机制，吸引社会资金投入农村水污染防治的系统研究和实施措施。

（四）农村环境监管机构和能力不足

"鉴于我国行政组织架构的现状，环境监管组织机构目前只延伸至县级，这也就意味着环保机构和队伍在乡镇一级是缺失的。外加之目前农村社会的逐步衰退和瓦解，农村基层环保自治组织也逐步走向衰落，使得农村的公众参与率极低，客观上难以形成相对完善的网络化环保监管格局，最终的结果就是在农村面源污染防治领域，形成了常态化、普遍化的'无人管，无力管'现象。"① 例如，高毒、高残留农药的使用是危害农产品安全的重要因素，但由于我国农药经营主体多、规模小、分布散，农药使用主体更为分散，而农村环境监管机构的能力又极为不足，导致农药管理年年强调，年年都是薄弱点。许多地方无法开展日常监管，因而对运动式执法的依赖度很高。例如，"2010 年国家 10 部门联合下发了《关于打击违法制售禁限用高毒农药规范农药使用行为的通知》，重点是加强禁限用高毒农药监管，集中各方力量，在全国开展禁限用高毒农药专项治理行动"②。

第二节　湖北省农村面源污染防治法的守法实效分析

一　农村面源污染防治法律实效中的守法实效

（一）守法是农村面源污染防治法律实效的核心

一项法律规范在具体的社会实践中实施，其实效如何取决于多种因素的共同参与。法律实效的内涵一般包括司法实效、执法实效和守法实效。在农村面源污染防治法律法规的实施中，守法居于核心地位。

① 《湖北农村水资源保护研究》课题组：《湖北农村水污染防治调查报告》，载曾晓东等主编《中国环境法治》（2009 年卷上），法律出版社 2010 年版，第 150 页。

② 《多管齐下加强农药监管——专访农业部副部长危朝安》，《今日农药》2010 年 8 月 8 日。

1. 高度分散污染者与治理者

农村面源污染的污染者和治理者是农村的千家万户，调整对象主要是高度分散的个人环境行为，因此行为主体的自觉认同和自觉行为至关重要。发达国家的经验表明，与工业点源污染的治理相比，农村面源污染防治更加需要千家万户的自觉行动，更需要农户发自内心地遵从环境友好制度。守法是评判农村面源污染防治法律实效最为重要的标准，也相对容易进行量化评估。

2. 农村环保监管能力的不足

在农村，不可能建立起与城市相同的环保监督管理体系。农村面源污染防治法律法规的实施，缺少与城市同样强大的执法能力。在监管能力不足的情况下，农户的守法行为就成为影响农村面源污染防治法律实效的核心因素。

（二）农村面源污染防治法律实效

2009 年的调查表明，在国家及湖北省地方面源污染治理法律法规实施之后，湖北省农村面源污染防治现状仍不容乐观。在 2009 年对法律社会功能的整体实现进行宏观把握的基础上，2010 年进一步选择农村面源污染防治法中重要的具体规则进行量化分析。法律对农村面源污染防治的具体影响，在全国范围内缺乏相关的实证研究。为了了解相关农村面源污染防治具体规则的法律实效，2010 年选择丹江口库区作为典型流域，专门调查分析相关立法的法律实效及其影响因子。

法律实效，通常是指实施法律所产生的实际效果，这种实际效果通常难以进行定量分析。但这并不意味着法律实效无法被反映出来，其中守法就可以直观地反映法律的实效，通过检索大量文献可以发现，守法状况可以呈现出执法的真实状况。与守法不同，司法是相对缺位的，对农村面源污染防治的作用也较小。因此，针对农村面源污染的实际情况，围绕湖北省地方立法中规定的公民的法律义务，特别是其中的法律责任，以公民守法为突破点来分析法律实效的影响因素。

二　农村面源污染防治法律实效实证研究的样本选择

（一）典型流域样本选择

丹江口库区在我国农村面源污染防治法律实效研究中具有典型意义。南水北调工程是我国一项重大战略性基础工程，对于优化全国水资源配置、缓解北方水资源短缺、改善受水区生态环境、促进经济社会可持续发展具有深远意义。① 其中，南水北调中线工程从长江支流汉江上的丹江口水库调水，主要是满足京津地方的清洁饮用水需求。“国务院2006年2月批准的《丹江口库区及上游水污染防治和水土保持规划（2004—2010）》的规划目标是丹江口水库的水质长期稳定达到国家地表水环境质量标准（GB3838—2002）II类要求。多年水质监测资料表明：丹江口水库总氮浓度指标在1.2—1.6毫克·L^{-1}之间，低于地表水II类标准，只达到IV类标准；总磷在0.01—0.03毫克·L^{-1}之间，低于或接近II类水质标准，严重影响南水北调水质安全。”② 通过对超标成分进行分析，在点源污染得到有效控制之后，水源区污水、农药、化肥等面源，特别是其中的水产养殖污染的危害日益显露，目前已成为影响库区水质的主要原因之一。据统计，面源污染对丹江口库区多数湖库的贡献率已超过50%。③

为保证南水北调水源区的水质，丹江口水库环境保护相关立法除了国家立法及湖北省地方立法外，还有《湖北省丹江口库区水污染防治项目管理暂行办法》等专项立法，从全国范围内来看，这些专项立法处于先进水平。基于这种立法的先进性，以及对农村面源污染防治的高度重视，以丹江口库区农村面源污染防治的法律实效为研究对象，可以充分揭示出我国农村面源污染防治立法在实施过程中所面临的真实困境。因而，将丹江口水库作为研究的样本，实证分析农村面源污染防治法律实效的影响因素，进而为我国农村面源污染防治法律的完善提供典型案例支撑。

（二）守法实效实证样本的选择

2010年7—9月，湖北省水事研究中心对丹江口库区的农村面源污染现状进行了入户访谈和问卷调查。本次调查在丹江口、张湾、郧县、郧西等库区

① 《南水北调（中线）水源区保护立法研究》调研组：《南水北调（中线）水源区保护立法调研报告》，贺思远、张宝执笔，载吕忠梅主编《湖北水资源可持续发展报告（2010）》，北京大学出版社2011年版，第145页。

② 夏凡、胡圣、龚治娟、卓海华：《不同水质评价方法的应用比较研究——以丹江口水库入库河流为例》，《人民长江》2017年第17期。

③ Isermann K.，“Share of Agriculture in nitrogen and phosphorus emissionsinto the surface waters of Western Europe against the Background of their eutrophication”，*Fertilizer Research*，1990，26（1-3）.

开展实地调研。在农村地区发放问卷821份，回收有效问卷800份。因调查地居民老人和儿童较多，普遍文化水平较低，且调研时处于农忙季节，问卷空填率较高，经过个案筛选，去除了相关项填写不全的个案，有效个案313个，运用SPSS软件进行了统计分析。被调查对象基本情况如下：

表4-6　被调查对象基本情况

指标	分类	数量	占总数百分比
性别	男	153	48.9%
	女	160	51.1%
年龄	20岁以下	20	6.4%
	21—40岁	78	25.0%
	41—60岁	145	46.3%
	61岁以上	70	22.4%
文化程度	小学及以下	144	46.0%
	初中	98	31.3%
	高中及中专	55	17.5%
	大专及本科以上	16	5.1%
主要从事工作	种植粮食、蔬菜等农作物	174	55.6%
	林业（树木种植、林产品种植或采集等）	18	5.8%
	养殖家禽、家畜	6	1.9%
	渔业（养殖或捕捞水产品）	8	2.6%
	商业人员（做些生意）	20	6.4%
	外出打工	26	8.3%
	机关事业单位的职工	10	3.2%
	上学	17	5.4%
	其他	34	10.9%
家庭主要收入来源	农业	199	63.6%
	非农业	114	36.4%
家庭年农业收入	10000元以下	204	65.2%
	10000—30000元	79	25.2%
	30000以上	30	9.6%

虽然农村与城市之间存在割裂，但在解决农村面源污染问题时，二者必须要通力合作，客观上既需要农村居民的广泛参与，也需要城市居民的

大力支持。根据上述社会调查，城市居民的关注是极其欠缺的。这侧面反映了城市居民参与农村面源污染防治的意愿是很低的。因而，只有通过分析城市市民的行为模式是否支持绿色农业，并对这种支持的成本负担限值进行调查分析，才能揭示出城市居民为支持绿色农业所愿意承担的成本。为了解城市居民对农村面源污染的认知与支付意愿，同时在武汉市沃尔玛超市、家乐福超市、中百仓储超市、北京华联超市等多个大型农产品销售点展开调研，共回收问卷443份，有效问卷398份。

三　农村面源污染防治公民守法意识的实证

（一）守法意识分析

在访谈的过程中，如若直接询问受访者是否有守法意愿，将很难得到真实的信息。因而，可以通过访问受访者对其身边人守法状况的判断来了解受访群体的守法意识。

表4-7　　如果知道了这些法律，周围人是否会遵守

	频率	百分比（%）	有效百分比（%）	累计百分比（%）
都会遵守	44	14.1	14.1	14.1
大部分人会遵守	164	52.4	52.4	66.5
少部分人会遵守	87	27.8	27.8	94.2
没人会遵守	18	5.8	5.8	100.0
合计	313	100.0	100.0	

表4-7中“这些法律”是指以下四条农业生产方面的法律规定：（1）禁止在蔬菜、瓜果、茶叶、中药材、粮食、油料等农产品生产过程中使用剧毒、高毒、高残留农药；（2）农民和农业生产经营组织对盛装农药的容器、包装物、过期报废农药和不可降解的农用薄膜，应当予以回收，不得随意丢弃；（3）从事畜禽、水产规模养殖和农产品加工的单位和个人，应当对粪便、废水和其他废弃物进行综合利用和无害化处理，达到国家或者地方标准后，方可排放；（4）禁止在饮用水水源一级保护区内从事餐饮、旅游、体育、娱乐、放养畜禽、投肥（药）养殖和其他可能污染饮用水的生产经营活动。

表 4-8　如果知道了某条法律，周围人是否会遵守

	频率	百分比（%）	有效百分比（%）	累计百分比（%）
都不会	26	8.3	8.3	8.3
大部分人不会	167	53.4	53.4	61.7
少部分人不会	94	30.0	30.0	91.7
都会	26	8.3	8.3	100.0
合计	313	100.0	100.0	

表 4-8 中“法律”是指：因投肥（药）养殖污染水体的，由渔业行政主管部门责令停止违法行为，采取补救措施，可处 500 元以上 1 万元以下罚款；造成水体污染的，由环境保护主管部门处 1000 元以上 2 万元以下的罚款。

对表 4-7、表 4-8 的数据进行分析可以发现：认为都会守法的比例非常低，分别为 14.1%和 8.3%；更多的人倾向于认为部分人会守法，也有一些人不会守法，分别为 80.2%和 83.4%；认为都不会守法的比例也较低，分别为 5.8%和 8.3%。另外，对比发现，当所问法规更为具体时（投肥养殖），回答者对于身边人的守法情况的看法更为悲观。认为都会守法的，表 4-8 为 8.3%，表 4-7 为 14.1%；认为少部分人不会守法的，表 4-8 中为 30.0%，表 4-7 中为 52.4%；认为大部分人不会守法的，表 4-8 中为 53.4%，表 4-7 中为 27.8%；认为都不会守法的，表 4-8 中为 8.3%，表 4-7 中为 5.8%。整体来说，库区居民的守法意识相当淡薄。①

（二）不守法的原因分析

为什么大家不遵守相关法律，被访者的反馈如表 4-9、表 4-10 所示：

表 4-9　如果不遵守这些法律，原因是什么

	频率	百分比（%）	有效百分比（%）	累计百分比（%）
遵守起来代价太大，负担不了	45	14.4	14.4	14.4
缺少相关技术，没条件遵守	64	20.4	20.4	34.8
太麻烦了	70	22.4	22.4	57.2

① 黄苗、郭红欣：《我国农村面源污染防治的法律实效研究——以湖北省丹江口水库为例》，《湖北经济学院学报》（人文社会科学版）2015 年第 7 期。

续表

	频率	百分比（%）	有效百分比（%）	累计百分比（%）
违反规定也没什么惩罚	76	24.3	24.3	81.5
别人都不遵守，我也不遵守	35	11.2	11.2	92.7
其他	23	7.3	7.3	100.0
合计	313	100.0	100.0	

表 4-10　　周围人明知会违法仍然投肥投药养殖，原因是什么

	频率	百分比（%）	有效百分比（%）	累计百分比（%）
不投肥、药养殖，赚钱太少	142	45.4	45.4	45.4
缺少不投肥、药养殖的相关技术	55	17.6	17.6	62.9
违反规定也很难被抓住	74	23.6	23.6	86.6
就算是被罚款也比不投肥、药赚钱	42	13.4	13.4	100.0
合计	313	100.0	100.0	

目前，在立法层面，关于丹江口库区环境保护的立法并不少，但仍然出现了“有法不依”的现象。通过调查可以发现：“14.4%不守法的原因是守法经济成本太高（遵守起来代价太大，负担不了）；20.4%不守法的原因是缺乏技术支持（缺少相关技术，没条件遵守）；22.4%认为是守法时间成本太高（太麻烦了）；24.3%认为不守法的原因是违法成本低（违反规定也没什么惩罚）；11.2%是因为大家都不守法，相互影响（别人都不遵守，我也不遵守）；剩下的7.3%选择了其他原因。在违法投肥投药养殖中，45.4%不守法的原因是守法经济成本太高（不投肥、药养殖，赚钱太少）；17.6%认为缺乏技术支持（缺少不投肥、药养殖的相关技术）；37%认为违法成本低，其中23.6%是因为执法不力，违反规定也很难被抓住，13.4%认为就算是被罚款也比不投肥、药赚钱。”① 由此可见，决定农村居民是否守法的最主要因素即是守法成本和违法成本，除此之外，缺乏技术支持、身边人都不守法，以及缺乏守法环境等也对守法状况产生了

① 黄苗、郭红欣：《我国农村面源污染防治的法律实效研究——以湖北省丹江口水库为例》，《湖北经济学院学报》（人文社会科学版）2015年第7期。

一定影响。

3. 农村面源污染防治公民守法的影响因素

“由此可见，丹江口库区环境法律法规的实施并没有取得相应的实际效果，居民也相对缺乏守法的主观意识。而影响守法意识的因素则有很多，主要包括：守法的经济成本、执法的难易程度、违法的成本、守法的时间成本、技术支持的程度、身边人的守法状况。在这其中，守法的经济成本、执法的难易程度和违法的成本对守法意识的影响最为突出。”①

四 农村面源污染防治公民守法意识影响因子分析

在农村面源污染中，农民既是污染者，又是受害者。农民为何要选择既违法，又损人害己的农业生产方式呢？以对丹江口水库水质影响最大的投肥养殖行为为例进行分析。

（一）守法经济成本分析

1. 丹江口库区对水库渔业具有高度依赖性

作为南水北调水源地，丹江口库区不仅有大量的新老移民，而且一直是老、少、边、穷地区，经济发展水平差，农村人口多。丹江口市乡镇人口达到200万，农村人口数量大，且居住较为分散，农民收入以农业收入为主。由于水产业具有市场容量大、集约化程度高、比较效益显著等行业优势，加之在南水北调中线工程大坝加高淹没后，土地更加贫瘠狭窄、生存发展空间缩小的情况下，南水北调中线工程水源地区立足于丰富优良的水资源优势，纷纷把水产业作为主要优势产业来抓，实施以水兴市，以渔富民，做大做强水产业的战略。农村普遍的贫困，以及收入来源的单一化，使得库区对水库渔业具有高度的依赖性。渔业是丹江口库区最为重要的民生产业之一，也是广大农村人口的重要收入来源。

2. 投肥养殖在经济利益上具有很高的比较优势

“投肥养殖增加了水库营养盐和有机物质的积累，加速水域的富营养化，由于水库水体的流动性较差，这种养殖方式对水质的污染是摧毁性的，造成了大面积的水质总磷和总氮超标。”② 在丹江口库区，水产养殖

① 黄苗、郭红欣：《我国农村面源污染防治的法律实效研究——以湖北省丹江口水库为例》，《湖北经济学院学报》（人文社会科学版）2015年第7期。

② 邱秋：《湖北水库水资源保护的现状、问题及对策》，《公民与法》（法学版）2010年第10期。

管理技术较为落后，缺乏科学性，针对水产养殖的饲料配方也已落后，不合时宜，这客观上导致了向水体排放投放了过多的营养物质，最终导致了大量的水污染。投肥养殖之所以屡禁不止，根本的原因是投肥养殖的效益高，投入少，收益高。一般投入 100 万元，可以赚 200 万元。而不投肥，在目前水产品绿色供应链尚未建立的情况下，渔民的守法成本过高。就目前的经济技术水平，如果要生产绿色水产品，养殖户将会负担较高的成本，这一较高成本既包含较高的生产成本，也包含较高的绿色技术应用费、绿色营销费等费用，再加上市场交易公平机制的缺乏，使生产劣质的不安全水产品能获得巨额利润，而生产绿色农产品通常利润较低甚至亏损，这极大地挫伤了养殖户生产绿色产品的积极性。为了最大限度地获利，养殖户一般会放弃生产绿色水产品，而去生产普通水产品甚至是不安全的水产品，出现“劣币驱逐良币”的现象，水产品整体质量水平难以提高，生态水产业难以可持续发展。

公众问卷调查的结果也表明，有向鱼塘投肥或类似行为的比重达 81. 8%，占绝大多数人，其中“不定期偶尔投放”的占 52. 3%，“经常投肥”的 20. 4%。对“不投肥或药养殖时水产品赢利的看法”，认为能增加赢利的只占 10. 3%，而认为会减少赢利的高达 89. 7%。因此，从守法成本的角度考虑，绝大多数村民会选择向鱼塘投肥投药。

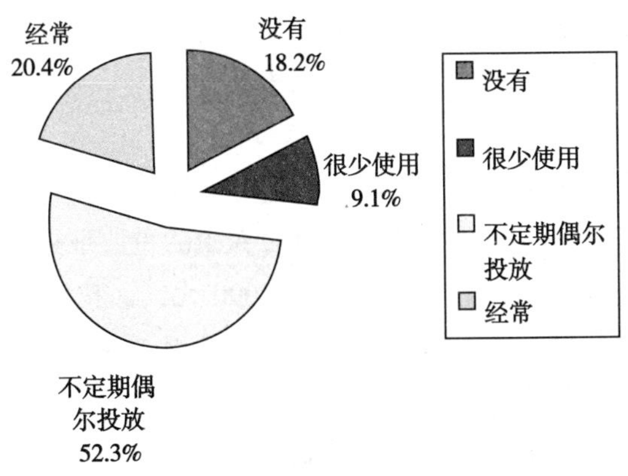

图 4-8　是否有向鱼塘投肥或类似行为

目前南水北调水源地大力提倡生态渔业、特色渔业，以保证水环境质量，主要采用的养殖方式为网箱养殖和不投肥野生放养，产量明显降低，客观上极大地影响农户经济收入。

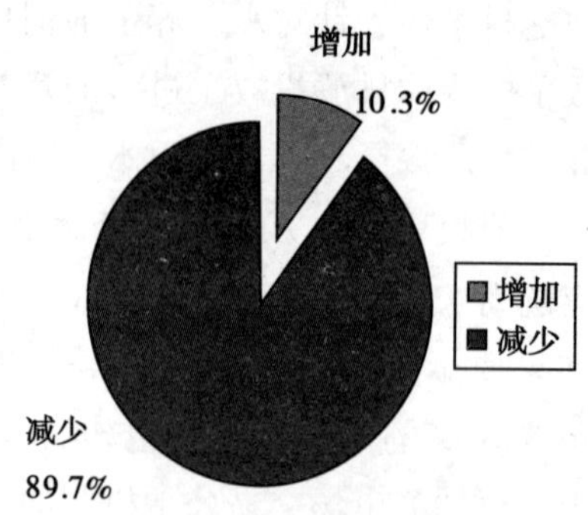

图 4-9 水产品不投肥投药养殖的盈利情况

（二）执法困境分析

尽管湖北省为投肥养殖规定了“史上最严”的法律，并大力开展执法活动，但并不理想。执法不力又在相当大程度上对农民的守法产生了负面影响。

1. 投肥养殖的执法难度大

水库点多面广，战线长，分布散，投肥方式灵活多变，隐蔽性强，投肥养殖监督管理难度非常大。《湖北省实施〈中华人民共和国水法〉办法》第 41 条的规定：“实施投肥（药）养殖的，由渔业行政主管部门责令停止违法行为，采取补救措施，可处 500 元以上 1 万元以下罚款；造成水体污染的，由环境保护主管部门处 1000 元以上 2 万元以下罚款。”受部门职能分工的限制，投肥养殖往往需要水利、环保、农业三个政府职能部门联合执法，协调难度大。

2. 投肥养殖的执法成本高

投肥养殖的执法成本极高，作为投肥养殖的重要证据，对投肥水域的水质检测必不可少，但检测费一次就需 2000 元，而执法所需花费的租船等费用更高。部门联动也带来了高额的执法负担。因此，投肥养殖执法往往成为“运动式”执法。

3. 投肥养殖执法的群众支持度不高

丹江口库区是一个拥有众多国家级贫困县的经济落后地区，当地老百姓对渔业收入的依赖度很高，在这种条件下，农民无心也无力去发展低污染的绿色农业，因为这样势必将会使其农业生产成本上升、作物减产，导致收入下降。在严厉执法打击下，目前丹江口库区强制性的水产品生态发展模式在一定程度上影响了水源地农户的生产、生活和增收，可持续发展困难。

另外，长期以来，农村就不是国家环保监管的重点地区，群众对投肥养殖的危害认识不够。调查中，无论是城镇居民还是农村居民，普遍不敢相信“我国环境污染中有60%以上来自农村面源污染”。住在江边的渔民则认为往自家的网箱里投肥料和含有添加剂的鱼饲料并不会造成汉江水质的变坏，反而自家养的鱼还会净化水质。因此，投肥养殖执法在群众中的“正当性”较弱，群众对执法的支持度不高。例如，当地人大、政府监督渔民投肥养殖，并对举报投肥的群众一次奖励500元，但周边农民有的是在养殖场入股，或打工，周边群众不仅没有举报，在政府主管部门检查投肥时还设置种种障碍，通风报信。

（三）违法成本分析

一方面，农民为投肥养殖承担法律责任的概率较低。由于执法难度大，群众举报也不够积极，投肥养殖客观上很难被执法部门发现而受到惩罚。许多农户有侥幸心理，觉得不太可能被抓住。另一方面，即便被抓住，罚款力度也较弱。《湖北省实施〈中华人民共和国水法〉办法》第41条的规定：“实施投肥（药）养殖的，由渔业行政主管部门责令停止违法行为，采取补救措施，可处500元以上1万元以下罚款；造成水体污染的，由环境保护主管部门处1000元以上2万元以下罚款。”相比投肥养殖的可观收益，即使被罚款，相比守法成本，违法成本还是较低。在种植业上，蔡家渡庄子沟村一橘农的“算数逻辑”也很好地印证了这一点：“譬如，我过量施用农药化肥可以增收10万元，即便被相关部门抽检后罚款2万元，我还有8万元收益，更何况很多时候根本没有相关部门来实施惩罚措施。”

（四）养殖技术支持分析

1. 养殖技术缺乏

由于缺乏养殖技术，丹江口库区水产养殖中滥用药物的现象十分严重。当水产养殖户发现所养殖的水产品发生病害，通常不去寻找专业技术人员以寻求治疗指导，而是从自身常年养殖实践所形成的，并不科学可靠的经验出发，滥用、乱用药物，这些药物的成分十分复杂，既包含人类用药，也包括动物用药，多种成分配置而成的此类药物缺乏对症性且治疗效果弱，在使用过程中还会引发大量的药物残留问题，一方面并不能有效提升甚至是降低了水产品的质量，另一方面还造成了严重的水污染。

2. 养殖户文化水平低，对环保技术了解少

问卷统计结果显示丹江口市农民的平均受教育水平为小学水平。

表 4-11 丹江口库区受访农民受教育程度与对农村面源污染的认知

调查内容	受访者回答	比例
受访农民受教育程度	小学及以下	46%
	初中	34%
	高中	11%
	中专	4%
	大专	3%
	本科	2%
	博士（研究生）	0%
对丹江口库区农村面源污染的了解	完全不知道	79%
	听说过	18%
	很清楚	3%

因为受教育程度低，农民对“可持续发展”“无公害产品”“生态农业”等概念，鲜有甚至可以说没有了解。由于农民的受教育程度普遍偏低，缺乏专业的种植或养殖知识，因而在种植作物或养殖水产品时，往往不能按照科学的方法施用化肥、农药，进而造成水体污染。

第三节 湖北省农村面源污染防治法的执法实效分析

一 农村面源污染防治法执法实效的公众调查

在现行农村面源污染防治法律法规中，无论是国家层面还是地方层面，行政执法和农民守法都是治理农村面源污染最重要的两大依靠力量。但是，在农民守法意识不强的现实环境中，实际上农村面源污染防治的责任基本集中于政府。

（一）湖北省农村面源污染防治法执法实效的公众调查

在湖北省全省进行的调查中，公众对当地水资源保护最不满意的地方，32%的居民认为是政府措施无实际效果，18%的居民认为是政府不管。说明公众对政府执法的效果认同度不高。

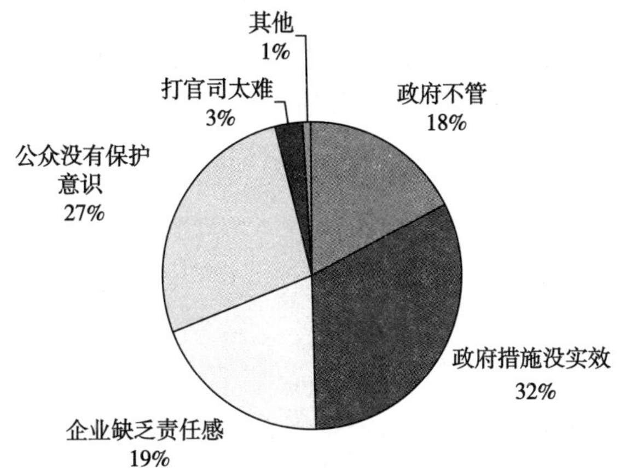

图 4-10　湖北省公众对当地水资源保护最不满意的地方

而且，农村居民对当地水环境现状的满意度普遍低于城市居民。农村居民对当地水资源保护最不满意的地方，“政府措施没实效”与“政府不管”仅次于“公众没有保护意识”。说明在农村，政府执法的效力与能力在农村更弱。

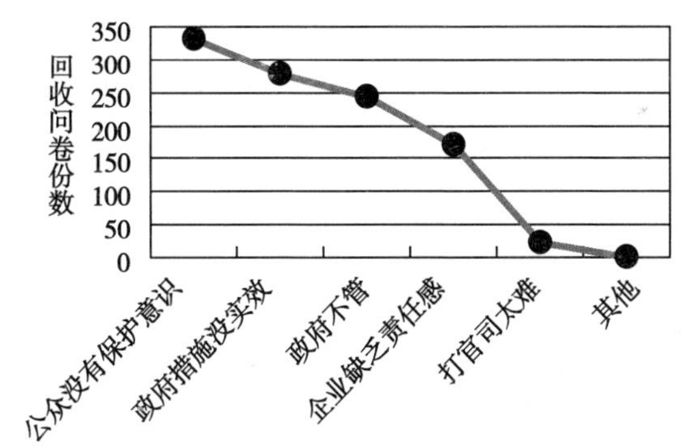

图 4-11　农村居民对当地水资源保护最不满意的地方

（二）丹江口库区农村面源污染防治法执法实效的公众调查

具体到丹江口库区，当地民众对农村面源污染防治法律法规普遍“有法不依”，在违法的影响因素中，执法不力仅次于经济压力。24.3%的农民认为不守法的原因是违法成本低（违反规定也没什么惩罚）；11.2%的农民是因为大家都不守法，相互影响（别人都不遵守，我也不遵守）。在违法投肥投药养殖中，23.6%的农民是因为执法不力，违反规定也很难被抓住。可见，执法不力直接影响了人们的守法意识。

但是，无论是对政府执法部门还是城乡居民的访谈，都普遍认可政府执法，特别是多部门联动的执法专项行动，认为其是在最短的时间内最为有效的控制农村面源污染的措施，其他措施都不可能有如此强大的效果。例如，在整治围网养殖、水库投肥、畜禽养殖污染中，各级政府组织的专项执法行动功不可没。

湖北省农村面源污染防治法执法实效的公众调查表明，政府行政执法在短时“攻坚战”中，具有最高的法律实效，而在执法的覆盖面和可持续性方面，具有明显的低效特征。

二 湖北省农村面源污染防治法执法实效的影响因子分析

现行农村面源污染防治法的法律效力高度依赖执法，政府行政执法在短时“攻坚战”中的法律实效也得到了普遍的认可，说明行政执法在现阶段仍是最为有力的农村面源污染防治措施之一。因此，分析影响农村面源污染防治法执法可持续性的因素至关重要。

（一）执法对象

由于我国农村面源污染防治法律法规迄今未就政府的法律责任做出明确规定，因此，农村面源污染防治执法的对象集中于农业生产者和经营者。与发达国家相比，由于承包后耕地的碎片化，以及农业合作社等社会团体未能有效运转，我国的农业生产者和经营者更为分散。总体来看，一家一户的耕作方式和门类齐全的产业结构仍占主体，农村面源污染呈现“点多、面广、分散、处理难”的状况，高度依赖农药、化肥的生产方式和无基本污染处理的生活模式给农村环境带来巨大压力。

在丹江口库区，目前农（水）产品的生产与销售缺乏有效的组织和管理，各自为政，无法集中运作，也达不到规模效应。

就“是否有农（水）产品的农民专业合作社或其他机构”这个问题展开的调查显示，高达59.7%的受访者回答没有，22.0%的认为“有，但对我们没有什么帮助”，仅有18.3%的受访者认为“有，而且对我们的生产帮助很大”。目前农（水）产品的农民专业合作社建设及运作机制还不完善，未能发挥显著作用。

目前水产品的运输方式绝大多数多是独立的、分散的。9.6%的受访者使用汽车运输，9.7%的受访者使用摩托车运输，69.2%的农户独立分散运输，仅11.5%受访者选择“多家农户集中成规模运输”。

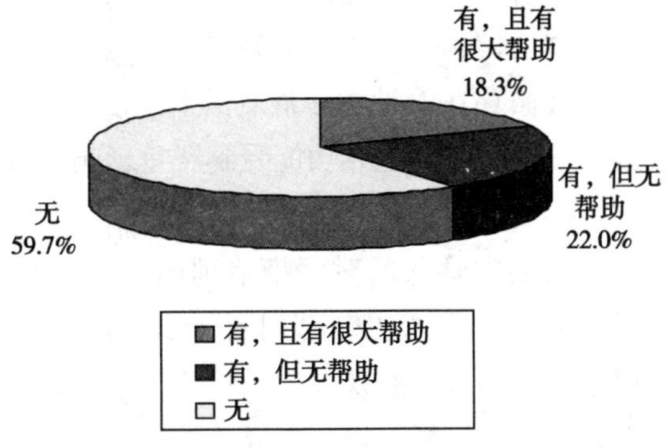

图 4-12　农民专业合作社或其他机构建设

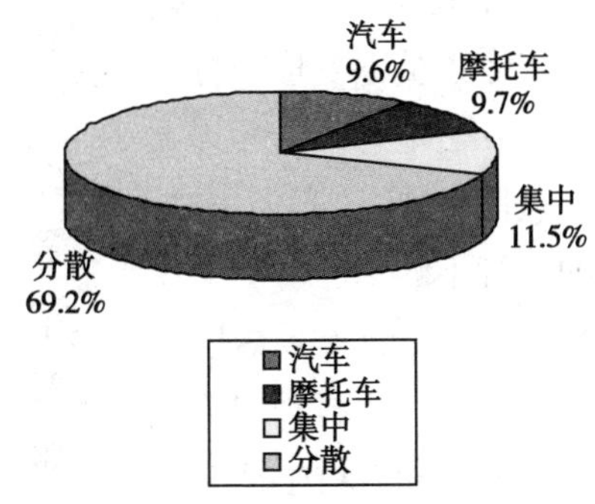

图 4-13　水产品的运输方式

面对以传统的分散贩卖为主，无定价权，加工企业实力不足，没有形成规模经济效益，在农产品供应链运作中处于利润分配弱势地位的农户与农产品加工企业，即便再强大的执法队伍也难以做到全覆盖和可持续执法。

（二）执法者

现行农村面源污染防治法的法律效力高度依赖执法，要求政府具有较强的执法能力。然而，执法者本身的能力及认识却不容乐观。

农村面源污染的执法机构不足。我国的环境保护具有明显的城市导向，环保行政主管机构集中于城市，县级以下只有少数乡镇设立了乡镇环保站，工作人员通常为个位数，甚至是其他岗位人员兼任，更缺少环保执法所需的必要的设备、知识与财力。水行政主管部门局限于以水库为主的水面，主要关注防洪抗旱。农业部门在农村拥有最多的机构与工作人员，并普遍设立了乡镇环保工作站，但其主要任务仍是发展农业生产。

农村面源污染防治的职能部门优势组合欠佳。政府在农村面源污染防治中处于主要责任主体地位，主导优势十分明显，但农村面源污染防治的政府职能分工及协调方面存在着种种矛盾与冲突。权力冲突、法律打架、部门间协调性不好，致使政府的主导功能受到严重影响，极大地限制了政府执法优势的发挥。

农村面源污染防治的主管部门对污染治理的认识不足。受传统“唯GDP至上”政绩观的影响，政府主管部门对于农村城镇化进程，过多地选择谋求经济发展指标的增长而忽视环境质量的约束，以致各地虽实现了生产发展、生活富裕的眼前目标，但却造成了长远的严重的生态退化、环境污染。受传统落后的生产、生活方式的影响，不仅农村农业生产者，甚至基层执法者的环保和卫生安全意识也极其淡薄。在丹江口库区广大农村，当地政府定期安排工作人员下乡检查村容村貌是否符合社会主义新农村建设要求的情况很少见，当地村委会也基本不干涉本村农民污染环境、破坏生态的各种行为。农民反映：“我们很少看见有政府人员在我们这一片走访，政府对环境的监管不够。”

在农村面源污染来源问题上，城乡居民、基层干部都存在着不同程度的认知偏差，各方误认为工厂污水排放是目前水污染最重要的污染来源，农业生产中的农药、化肥使用和农村生活中的生活污水排放并未造成过多的水污染，甚至不会造成水污染。除此之外，各方的认知误区还表现在面源污染的表现形式、污染传播途径等方面。多种认知偏差直接导致了各方在农村面源污染防治工作上的漠视。

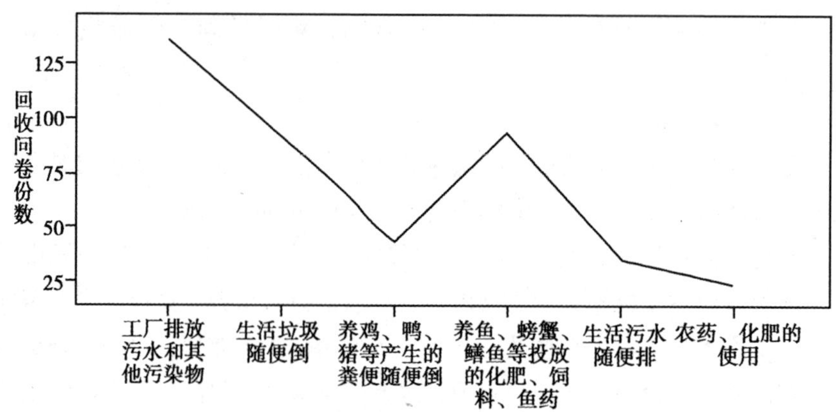

图 4-14　对居民生活影响最大的污染行为

（三）执法内容

在现行农村面源污染防治中，政府执法的主要内容，就是用“命令—控制”方式，监督与惩罚农民的污染行为。而农民普遍认为，他们不应该，也没有能力承担主要的面源污染治理责任。因而，政府的执法难以得到农民的理解与支持。

与此同时，政府执法的另一项重要内容，即农村面源污染防治公共服务，如环保宣传、生态补偿等却很难到位。除了缺乏明确的法律责任，政府执法的积极性不够，以及农村环保的投入不足等原因外，政府的公共服务普遍缺乏针对性也是重要原因。农民想要的服务政府无法提供，或不能有效提供。

在湖北省全省的调查中，公众对环保宣传的需求最高。实际上，湖北省针对农村面源污染治理采取了诸多治理措施，如2008年《湖北省人民政府办公厅关于加强农村环境保护工作的意见》规定，各级财政预算用于农村环境保护资金比例应在逐年增加，省级征收的排污费每年安排20%的资金用于农村环境保护，各地征收的排污费用于农村环境保护的比例不得低于省级安排的比例，各地相关部门的涉农资金中，每年也要安排一定比例用于农村环境保护工作。[①] 而调查组在走访中却发现，政府的此份环保文件并未在农村得到很好的响应，农民和乡镇干部对这项重大政策很陌生。这种尴尬局面的出现，很重要的原因就在于农民日益增长的污染防治知识需要同匮乏的农村环保宣传现实之间的紧张关系。

各级政府部门的环保宣传注重刷标语、拉横幅等传统方式，宣传方式单一，且没有针对性，效果有限。一个地区人们环保意识的强弱，和当地政府的宣传是紧密相关的。由于大多数农户受教育有限，没有条件或能力去接受相对专业的环保知识，在丹江口库区发现几乎每个村庄的房屋墙面上都印有环保宣传标语，这种宣传教育虽然具有宣传范围广、警示性强的优势，但却往往流于形式。（1）宣传内容较少，涉及的相关知识不足。（2）难以引起村民的注意，导致村民对其重视程度不够。（3）由于一些村民不识字，导致宣传无效。（4）宣传更新比较慢，宣传的标语往往在墙上存在多年。

① 《湖北省人民政府办公厅关于加强农村环境保护工作的意见》，《湖北省人民政府公报》2008年第7期。

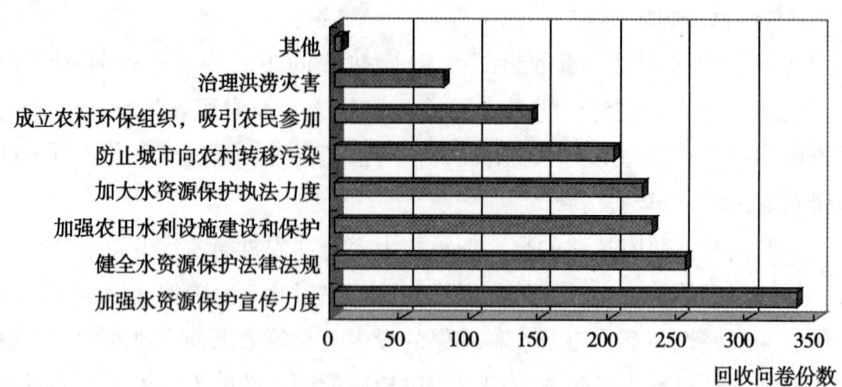

图 4-15 公众认为改善当地水资源状况最应当加强的措施

丹江口库区的农村面源污染问题，说到底是政府的管理严重脱离了农民的需求，管理与服务没有有效地统一。通过调查，我们发现只要政府加以适当的引导，库区农民们就会配合政府加入到环保事业中来，农民环保的意愿也会很高。只是政府没有提供这样的机会与平台，并且政府在面源污染治理宣传方面的效果不明显，其主要原因就是这种宣传太空洞，无实质内容，缺乏操作性，大多为一些政策性语言，老百姓无法体会到这些宣传的目的是什么。

表 4-12 农民参与环保积极性

调查内容	受访者回答	所占比例
是否会配合污染治理	会	80%
	不会	20%
邻居是否会配合污染治理	会	75%
	不会	25%

政府舆论宣传影响力较低，无法对农民长期延续下来的生产生活习惯给予实质性的干预，而且，长期使用这种无说服力的宣传手段，会给老百姓造成一种“做做样子”的假象，导致政府信誉度下降。

另外，农村水污染的一个重要原因，是农民不知道科学种田，过量施用化肥、农药，不懂得节约用水，这既与宣传有关，也与农村的教育有关。一方面，目前农村面源污染治理中欠缺的就是有关针对农户农药、化肥选购、施用等的技术指导，多数农民表示没有接受过有关农药、化肥施用方面的指导，农民基本上根据多年生产经验自主施肥。另一方面，实践证明，通过积极鼓励、扶持农村散养户对农作物秸秆、畜禽粪便等在内的污染物资源化再利用是当前和未来转变农民生产生活方式、减少农村污染物排放的重要路径突破口。而这项工作针对的主体是农村散养户，相较于得到政策支持和扶持到位的大中型养殖户来说，散养户面临着资金和成本的难题。考虑到环境保护所带来的成本压力和生产减产的可能性，散养户往往对农业生产中减少农药、化肥施用持消极态度。与此同时，以沼气利用为代表的生态农业生产方式虽取得了良好的效果，但因当前相关立法缺乏关于此类生态农业生产生态补偿的规定而未得到广泛的宣传和推广，制约了生态农业生产机制的发展。

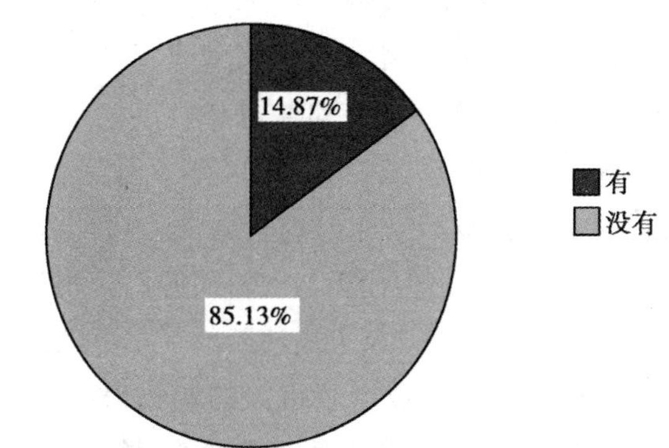

图 4-16　农民是否接受过相关技术指导

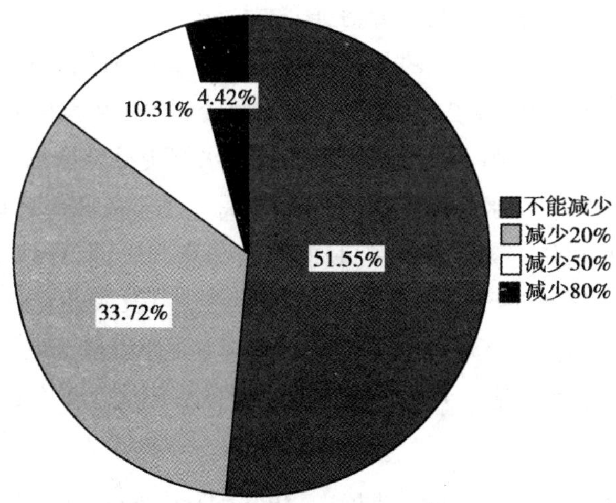

图 4-17　农民减少农药化肥使用意愿

第四节　湖北省农村面源污染防治法的司法实效分析

一　湖北省农村面源污染防治法的司法实效

司法是国家权力的代表和象征，具有至高无上的权威性和极强的约束力。司法的作用在于利用司法机关审判、裁定、强制执行、纠纷调解以及司法解释和司法建议等有效手段解决矛盾与冲突。[①] 借助司法手段加强农村面源污染防治，就是要通过国家司法权的行使，既要以其威慑力实现对环境违法者的审判和惩罚，又要发挥司法的中立性实现对农村面源污染纠纷的居间调解和裁定，通过补偿、赔偿污染受害者而彰显司法的公正价值追求。湖北省农村面源污染防治法律法规的司法实效不佳，主要体现在：

（一）农村面源污染纠纷极少进入司法程序

尽管存在着大量农村面源污染纠纷，2009 年 6 月到 2012 年 8 月的调研结果显示，湖北省农村面源污染纠纷进入司法程序的仅仅是极少数个案，包括刑事案件和民事案件，但尚无与农村面源污染相关的行政诉讼案件。农村面源污染纠纷主要属于基层人民法院的受案范围，但大量纠纷要么无人理会，要么通过行政执法或行政机关的调解来解决。根据《中国裁判文网》的统计，尽管湖北省的水库投肥养殖纠纷非常普遍，但没有一起纠纷进入司法程序。2016 年以来，农村面源污染纠纷开始更多地进入司法程序，甚至出现了农村面源污染公益诉讼。

即便是主要由农村面源污染导致的饮水安全重大事故，也没有进入司法程序的案例。从 2012 年 2 月 19 日起，由白沙洲水厂供水的武汉市长江南峯的武昌、洪山片区约 150 万居民感觉自来水有明显异味，不能正常使用，市民纷纷抢购矿泉水作为生活用水。[②] 3 月 1 日上午 8 时，检测发现，白沙洲水厂取水口源水氨氮由正常时的 0.2 毫克/升，上升到 1.4 毫克/升，超标 6 倍。氨氮主要来源于人和动物粪便，以及农药、化肥。经调查，此次导致白沙洲水厂水源水质质量下降的主要原因是，距该水厂上游 3 公里的汤逊湖水渠泵站，为改善进水港渠的排水环境，正在进行围堰清

---

① 沈晓悦、李萱：《增强国家环境司法力量》，《中国环境报》2010 年 7 月 8 日第 2 版。

② 程久龙：《武汉市部分片区自来水疑污染 市民抢购饮用水》，http://business.sohu.com/20120303/n336567851.shtml。

淤治理，需增大距白沙洲水厂上游4公里青菱河陈家山闸的排水量，“可能是在施工过程中翻动了久存的淤泥，经陈家山闸排放所致（目前长江正处枯水期）”。汤逊湖泵站和陈家山闸的排水，均来自汤逊湖水系，该水系包括汤逊湖、南湖、青菱湖、野湖、野芷湖等，这些湖泊水系，接纳了武昌、洪山、东湖新技术开发区相当部分的生活污水。[①] 目前，南湖的水质为劣五类。汤逊湖水系的黄家湖和野芷湖水质为五类，青菱湖为四类，整个汤逊湖水系的水质不容乐观。3月1日上午10时，陈家山闸关闭，污染源被切断。今后武汉市考虑将对自来水按照国家新标准，检测重金属、农药残留，并制订超标后的应急预案。[②]

与以往自来水污染事故主要由工业点源污染或交通等其他重大事故间接导致不同，此次事故相当大程度是由于农村面源污染所致。政府通过行政手段强制陈家山闸暂时关闭，只是一种应急处置，仅仅检测自来水水质也只是治标。实际上，2007年国家发布的《生活饮用水卫生标准》（GB 5749—2006）大幅提升了生活饮用水卫生标准的指标数量标准，水质标准也由之前的35项提高到106项，其中包括关键的农村面源污染检测指标。其中有机化合物的指标包括绝大多数农药、持久性化合物、环境激素，这些指标是评价生活饮用水与生命健康关系的重点。《生活饮用水卫生标准》（GB 5749—2006）的全部指标最迟于2012年7月1日强制实施，该标准通用于城乡各类集中式供水和分散式供水的生活饮用水。如果在类似重大事件中，能够通过司法使污染责任人承担应有的法律责任，形成典型判例，能极大地提升农村面源污染防治法的法律实效。

（二）出现了农村面源污染纠纷的典型刑事案件和民事案件

近年来，湖北省依据相关法律法规，对制售假劣农药的违法犯罪行为实施重拳打击，通过开展科学施肥教育加强农民技术指导，农村农药化肥施用监管工作取得了良好成绩。但是，农药市场秩序混乱与非法制售禁限用高毒农药等问题在部分地区仍时常发生，一些个体农户滥用高毒农药，滥施添加剂的现象也依然存在。湖北省每年的农药中毒事件层出不穷，2009年湖北省工商局对武汉、荆州、黄冈、天门、潜江五个地区的农资市场进行的抽检中，共抽检农药样品78组，合格57组，不合格21组，

① 网易新闻：《武汉市环保局：局部自来水异味源自上游排污》，http：//news.163.com/12/0301/21/7RHSKV930001124J.html。

② 数据来源：武汉市自来水污染新闻发布会。

合格率仅为 73.08%，比 2008 年同期下降 22.25%。[①] 但是只有极个别案件进入了司法程序。

2009 年房县农药中毒案是典型的刑事诉讼案例。9 月 16 日，湖北省房县人民法院以过失投放危险物质罪对被告人王某某定罪，并判处其有期徒刑一年，缓期两年执行。2009 年春，被告人房县榔口乡珠藏洞村村民王某某以保护庄稼不遭受牲口、麻雀等动物毁损为目的，用少许农药“甲胺磷”拌和苞谷籽，投放到本组寺坪水库东侧本人责任田的麦地里，并对同组多家邻居口头告知说他在自家麦地里下了“甲胺磷”。2009 年 3 月 29 日 13 时许，本组村民张某某家放养的山羊吃了王某某投放在麦地里拌有“甲胺磷”农药的苞谷籽后中毒，经兽医抢救无效，从当晚到 4 月 4 日陆续死亡 8 只，总重量 457 斤，价值 2742 元。后经鉴定，死亡山羊的胃内容物和麦地里的苞谷籽中均检出有机磷农药“甲胺磷”成分。房县法院审理后认为：被告人王某某采用有毒农药拌和粮食的方法保护庄稼不受牲畜的损害，最终导致毒死他人山羊，其行为已构成过失投放危险物质罪。鉴于其认罪态度较好，有悔罪表现，且能积极赔偿被害人的经济损失并取得其谅解，可对其从轻处罚。依照《刑法》第 115 条第 2 款、第 72 条、第 73 条之规定，遂做出前述判决。[②]

2002 年远安农药中毒侵权纠纷案是典型的民事诉讼案例。杨某某、殷某某本是邻居，同住远安县河口乡刘青村五组，因为杨家的鸡常到田间觅食，两家多次发生矛盾。2002 年 11 月 19 日，殷某某用农药“杀虫双”拌大米后撒于靠近鸡舍的责任田边。次日，杨某某发现其喂养的鸡均呈现中毒症状，22 日有 9 只鸡中毒死亡。25 日，杨某某一家三人食用一只中毒鸡，不多时相继出现腹部疼痛，当日到河口乡卫生院检查治疗，被诊断为食鸡肉后中毒，其中杨某某在该院住院治疗 5 天后经医院同意转至远安县人民医院继续治疗。杨某某诉至法院。远安县人民法院经公开审理做出判决：殷某某赔偿杨家财产损失 180 元、人身损失 345.50 元；驳回原告其他诉讼请求；案件受理费及其他诉讼费 300 元，原告负担 180 元，被告

---

① 食品伙伴网：《农药残留 食品安全第一威胁》，http：//www.foodmA.te.net/news/guonei/2011/03/177626.html。

② 樊斯坦、高运强、何为、张琼、李国清：《护庄稼投放危险物质 触刑律应受刑法处罚》，http：//hubeigy.chinA.court.org/public/detA.il.php？id=15036。

负担120元。[①]

尽管有上述典型案例，但有毒农产品生产者被查处后向司法机关的移送率较低，通过司法程序承担民事责任的更为少数。现实中大部分违法经营者多以承担行政处罚责任为主，且处罚数额远低于屡次违法所获利润；行政主管机关通过行政诉讼承担行政责任的更是为零。

二　湖北省农村面源污染防治法司法实效的影响因子分析

湖北省农村面源污染防治法司法实效之低，虽然令人遗憾，但并不令人意外。影响湖北省农村面源污染防治法司法实效的主要因素有：

（一）环境司法的普遍低效

湖北省农村面源污染防治法的司法实效，是我国环境司法普遍低效的缩影。

我国1979年《环境保护法（试行）》中就有涉及环境司法的内容，环境司法实践也已有30多年，近几年，环境司法专门化，设立专门的环保法庭更是方兴未艾。到2011年为止，我国已有11个省、直辖市（9省2直辖市）、37个市、县成立了环境法庭、审判庭、合议庭和巡回法庭，其中有10市、县成立环境与资源庭（或生态资源庭）。[②] 从2000年到2010年全国已经发生17起环境公益诉讼案件，在环保公益诉讼原告主体资格方面已有重大突破。其中环境行政公益诉讼6起，环境民事公益诉讼11起；检察院作为原告起诉的6起，行政机关作为原告起诉的3起，环保组织作为原告起诉的3起，公民个人起诉的5起。检察院起诉的全部胜诉；行政机关起诉的全部胜诉；环保组织起诉的1起胜诉，1起撤诉，1起调解结案，从效果看也可视为胜诉；公民个人5起诉讼均以败诉而告终，其中3起裁定不受理，2起判决驳回诉讼请求。

整体而言，环境纠纷案件通过司法途径予以解决的比重较小，现有的环境司法制度和供给无法满足公众对环境正义的诉求。从1996年以来，环境群体性事件发生率维持在年均29%的增速，重特大环境事件持续高发；2005年以来，环保部直接接报处置的事件共927起，重特大事件72

---

① 张群虎、李国清、李智华：《一起特殊的食物中毒案》，http：//www. cnhubei. com/200503/cA. 796925. htm。

② 曾晓东：《首届环境司法论坛大会致辞》，昆明，2011年6月10日。

起，其中，2011年重大事件比上年同期增长120%，[①] 重金属和危险化学品突发环境事件高发态势明显。“十一五”期间，环境信访30多万件，行政复议2614件。相比之下，环境行政诉讼只有980件，环境刑事诉讼只有30件，真正通过司法诉讼渠道解决的环境纠纷不足1%。[②] 上述数据显示，司法救济途径很少被运用到重大环境事件解决中，司法的缺位使得部分违法侵害行为主体责任脱逃。正如我国之前所发生的松花江污染事故、大连海岸油污染事故、福建汀江污染事件、广西龙江镉污染事件等，因司法救济途径的不足导致环境公共利益一直未得到应有的赔偿和修复。究其原因，“中国环境保护的司法保障体系尚未完全建立”，“环境司法制度本身也存在一些阻碍因素，形成了内在的制约”[③]。

环境司法普遍低效的主要原因在于环保官司难打。一方面，在环境纠纷面前，司法途径往往不是群众首选的救济方式，信访或举报投诉往往优先于司法救济；另一方面，因环境问题的复杂性和高度科技性，司法部门面对环境纠纷案件时多以消极态度应对，进而影响了环境案件的诉讼效率。与此同时，传统环境案件重刑事、轻民事，重处罚、轻救济，难以实现对污染受害者的有效保护；受传统诉讼理念所限，环境公共利益难以为现有诉讼制度保护；环境纠纷的高科技性、环境损害的复杂性，使得环境损害鉴定评估制度难以短期内建立和发挥效用；受困于诉讼资格限制，检察机关通过法律监督职能以实现对环境公共利益保护的诉讼途径未完全发挥作用；行政执法与刑事司法的良性互动机制尚未真正确立；等等，环境保护制度和机制弊端的大量存在，使得虽发生了大量污染环境、破坏生态的事实，但环境司法案件“喷涌”的局面却未真正出现，司法仍不是解决环境纠纷的重要途径。

（二）农村面源污染防治领域的司法难题

与工业点源污染导致的环境纠纷相比，农村面源污染防治领域里的纠纷更加难以通过司法途径得到解决。

---

① 《2011年重大环境事件同期增长120%》，http：//www.chinA.dA.ily.com.cn/hqcj/zxqxb/2012-09-18/content_ 7038003.html。

② 《近年来中国环境群体性事件高发 年均递增29%》，http：//money.163.com/12/1027/02/8EPP4IHP00253B0H.html。

③ 毛如柏：《首届环境司法论坛大会致辞》，昆明，2011年6月10日。

1. 农村面源污染危害的公众认知严重不足

与工业点源污染相比，无论是城乡居民还是执法、司法机关，都普遍对农村面源污染的危害性缺乏正确的认识，认为通过法院来解决这类小事是“小题大做”。例如，对于排入水中的液体垃圾，丹江口库区的渔户们认为不仅不会污染水质，相反可以喂鱼。实际上，鱼类含氮的排泄物中约80%—90%为氨氮，水体中氨氮可以通过硝化作用转化为硝态氮，或形成氮气，当氮气积累到一定程度时会导致鱼类中毒，鱼量减产。走访中80%以上的农户表示，农事活动中他们都是按照长久以来的经验施用农药、化肥。据农户们介绍，一般一亩地该施用多少农药、化肥，自己心里是有数的，只是通常不会严格按照使用说明书上的标准来操作。在问卷调查中，农户们几乎都对过量施用农药化肥反而会对农业生产造成不利影响没有清晰的认识。余家营村的不少村民感叹，如果不施用化肥，农田里的作物基本没有什么收成。这种依靠经验的做法并未直接对他们的生产生活带来恶劣的影响，因此对环境司法的重要性认识不够。

2. 确定农村面源污染存在技术障碍

与工业点源污染相比，“点多面广”的农村面源污染致人损害的司法技术障碍更多。

在民事诉讼方面，农村面源污染致人损害的因果关系更难以认定。面源是时空上无法定点监测的，与大气、水文、土壤、植被、地质、地貌、地形等环境条件和人类活动密切相关的，可随时随地发生的，直接对大气、土壤、水构成污染的污染物来源。① 面源污染是溶解性或固体污染物在大面积降水和径流冲刷作用下汇入受纳水体而引起的水体污染。区别于点源污染，面源污染具有更宽广的时空范围、更大的不确定性和更为复杂的成分与过程。面源污染物发生后，在地表和地下径流的冲刷作用下进行复杂的迁移和转化，迁移方式因污染物类型而有所不同，如固体颗粒、磷和农药主要经地表径流进入湿地，而氮主要经地下径流进入湿地。在污染物迁移的同时，不同污染物之间往往发生物理、化学和生物的转化过程，这些复杂过程伴随着污染物种类、流经地自然环境等的不同而发生变化。在现有的侵权行为法框架内，很难确定某一污染行为与损害后果之间的法

① 付永峰、陈文辉、赵基花：《非点源污染的研究进展与前景展望》，《山西水利科技》2003年第3期。

定因果关系。

在刑事诉讼方面，农村面源污染致人损害的行政执法向刑事司法的过渡更难。《农业行政处罚程序规定》第 17 条规定：“违法行为涉嫌构成犯罪的，农业行政处罚机关应当将案件移送司法机关，依法追究刑事责任，不得以行政处罚代替刑罚。”但由于农业部门的行政执法权有限，环保和水利部门在农村基层的执法能力严重不足，特别是我国农村面源污染防治的部门沟通协调机制尚未建立，执法机关难以提供刑事立案所需要的证据。有效的证据收集需要符合两方面的要求，一方面要确保证据收集过程的合法化和规范有序，严格依照《农业行政处罚程序规定》的相关要求，遵循法定程序有序进行，规范制作和填写行政执法文书。另一方面，要确保证据收集的有效性和有用性。针对违法案件的具体情况分别收集特定证据材料，如涉及制售假劣农药案件，须依法收集相关销售台账或进出货发票；涉及农作物损失案件，须依法、依规组建损害事故鉴定委员会，由委员会对损失予以认定并出具事故原因和损失程度鉴定报告书。因此，受执法能力限制，农村面源污染的证据难以收集，再加上地方及部门保护主义的影响，以罚代法、以罚代管、以罚代治的现象普遍存在。

3. 农村面源污染的政府行政责任缺失

与工业点源污染相比，农村面源污染防治更缺乏明确的政府法律责任，对农村面源污染防治领域的政府不作为、乱作为，几乎无法提起行政诉讼。

现代政府是一种责任政府，责任政府的基本内涵包括使政府义务和政府权力相对应的制度安排。现行国家及地方面源污染治理立法重在规定政府的环境保护权力，无论是国家立法还是湖北省地方立法，都没有任何一个条款明确规定政府及其职能部门的法律责任。立法上农村面源污染防治的政府责任未能实现“权责统一”“权义统一”的基本要求，表现在司法上，就是即使政府不作为、乱作为，也缺乏具体的法律依据提起行政诉讼，更无法要求政府承担相应的行政责任。

第五章

我国农村面源污染防治法律实效的错位

第一节　农村面源污染防治法实效的多维错位

一　农村面源污染防治法实效的多维错位

我国目前的农村面源污染防治法律体系，设计了以“命令—控制”型调整方式为主的法律制度，以及行政主体严格执法、农民守法的法律效力期许。然而，对湖北省的实证研究表明，现行农村面源污染防治法律法规实效不佳，无论是守法实效，还是执法实效，都远未达到立法目标，司法实效也低于工业点源污染治理法律法规。法律效力与法律实效之间严重的错位，以事实证明现行立法不能有效控制污染者的行为。现行农村面源污染防治法并非个别具体制度上的不完善，而是守法、执法与司法的全面错位，需要对法律效力的时间、地域、对象、事项等多维度进行全面调整。

（一）农村面源污染防治法的时空错位

农村面源污染防治法的时空错位表现为：在时间维度上，农村面源污染的加速恶化与现行立法的保守性之间的错位，要求明确农村面源污染防治的长远目标与近期目标及其进程，使相关利益主体尽快承担具体的法律责任；在空间维度上，我国农村面源污染显著的空间分异与农村面源污染防治立法的区域棋之间的错位，要求明确划分国家立法与各级地方立法在农民面源污染中的权限。

农村面源污染防治改变的是农民传承已久的生活习惯和生产习惯，也是农民在既有现实条件下的理性选择。农村面源污染防治法产生法律实效的时空条件，实质是农村面源污染防治法律法规为农村乡土社会所认同和遵循的时空条件。

（二）农村面源污染防治法的对象错位

农村面源污染防治法的对象错位表现为：现行农村面源污染防治立法将治理责任高度集中于政府和农户，且具体法律责任几乎全指向以农民为主的污染者；而法律的实际运行中，无论是政府还是农户，都没有能力承担法律所要求的治理责任。农村面源污染防治法的对象错位，表明现行立法中农村面源污染防治的责任主体需要调整，核心问题是：第一，在农村面源污染的污染者及其治理者是极为分散的个体时，政府主导污染治理是否为最有效的安排？第二，国家责任与政府责任如何划分？第三，当农民作为农村面源污染的主要污染者时，是否完全适用传统的污染者付费原则，由农民承担守法成本？

（三）农村面源污染防治法的事项错位

农村面源污染防治法的事项错位表现为：现行农村面源污染防治立法偏重于行政管理，治理措施以“命令—控制”型措施为主；而法律的实际运行中，普遍的不守法事实上宣告，基于行政管理的“命令—控制”型措施难以奏效，而农民最期盼的农村面源污染防治服务又无法提供。农民的法律需求与现行立法所提供的法律服务之间存在严重错位，表明现行立法在制度选择上，单一的“命令—控制”型措施不是治理农村面源污染的最佳手段。

二 农村面源污染防治法实效多维错位的理论根源

在法律规范的实际运行中，现行农村面源污染防治法律规范的应然效力与实然效力出现多维错位，“实际运行中的法”与社会“期待中的法”存在着巨大的差距。法律规范应然效力与实然效力的错位，只是深层冲突的表象。法律规范对权利和义务的确认，实质上反映的是不同法律主体之间多元法律利益相互博弈的结果；而法律规范对多元法律利益的取舍最终取决于对多元法律价值的衡量。“权利不是一种纯客观的东西，也不是一种纯主观的东西，而是一种主客观相结合的产物。这种主客观具体而言，就是利益和价值（或价值观）。利益代表了客观的根由，价值代表了主观的需求。”① 寻找和甄别现行立法不能满足农民法律需求的原因，不能仅仅局限于法律规范层面的错位，而应寻找现行法律规范的理论依据，即通

① ［德］卡尔·拉伦茨：《法学方法论》：陈爱娥译，商务印书馆 2003 年版，第 53 页。

过法律规范体现出来的法律利益错位与法律价值错位。

（一）农村面源污染防治法律利益的错位

现行水污染防治法主要是针对城市，针对工业点源污染防治而立，实施于农村时“水土不服”，法律文本（应然法）难以转化为法律实效（实然法）。现行法律规范在应然效力与实然效力上的冲突，从根本上说，是现实意义的利益冲突。在农村面源污染及其防治的利益链中，作为管理者的政府，作为主要的直接污染者、受害者及治理者的农民，作为间接污染者的农药生产者和经营者，作为受害者及间接治理者的城镇居民，是具有不同的利益，甚至具有利益冲突的多元利益主体。利益的不同，必然造成观念和主张的迥然相异。利益冲突背后是不同主体需求的冲突，是不同主体需求之间关于有限社会资源的竞争冲突。现行农村面源污染防治法，在法律规范的利益选择上，实质上秉承了污染者付费原则，由农民承担主要的农村面源污染防治责任和防治成本。

法律规范依据其内容的强制性程度，可分为强制性规范和任意性规范。前者是指要求行为主体必须依法适用的、不允许行为主体以其个人意志予以变更或排除适用的规范。而后者则正相反，允许行为主体依法变更、选择或排除适用该规范。尽管现行农村面源污染防治法主要借助任意性规范进行调整，而且国家和地方层面的立法均以诸多条款明确了国家的农村面源污染防治责任，但是，迄今为止，所有的规定农村面源污染国家责任及政府责任的现行立法均为任意性规范，而为数不多的强制性规范均指向农村面源污染的污染者——农民。一方面，农民违反强制性规范时，必须承担相应的法律责任；另一方面，农民遵守，即便是模范地、成绩显著地遵守法律所提倡的行为模式时，却没有奖励这种肯定的法律后果。由于农民在利益博弈中缺少话语权，以及政府强制性责任的缺失，尽管现行农村面源污染防治法在应然的法律效力上，做出了政府和污染者两大主体承担农村面源污染防治责任的规范设计，但是，在法律实效上，实际上得到执行的仅仅只是污染者付费原则，以农民为主体的污染者成为农村面源污染防治中承担法律责任的唯一主体。在多元利益主体中，仅仅要求污染者承担法律责任，将污染防治的所有责任事实上加诸污染者，造成了污染者与其他利益相关者之间严重的利益失衡。在目前农村面源污染防治的背景条件之下，现行农村面源污染防治法律规范要获得理想的法律实效，其后果必然是牺牲和损害农民的经济利益，即法律利益层面的农民“利益限制”。寻找和甄别现行立法不能满足农民法律需求的原因，必然要重新检视现行立法的理论基础——污染者付费原则。

（二）农村面源污染防治法律价值的错位

现行农村面源污染防治法律规范所秉承的污染者付费原则，事实上导致了由农民承担实质性农村面源污染防治法律责任的后果，即法律利益层面的农民“利益限制”。法律规范对多元法律利益的取舍最终取决于对多元法律价值的衡量。现行农村面源污染防治法律规范在价值权衡上，明显倾向基于效益价值的污染治理优位，而非基于公平价值的民生优位。

公平、自由、秩序、效益，是法律所追求的基本价值。很多情况下，法律难以在同一法域下同时实现其所追求的所有基本价值。法律追求的价值目标是一个由多种元素组成、呈现出多种价值形态的价值体系。在这一体系中，各价值目标都有可能成为当时社会形态的首要价值目标；但从社会整体发展过程看，价值体系的存在决定了多元价值并存是法律运行的基本形态，多元价值的存在也必然带来价值冲突的不断发生。法律规范依据特定的价值取向对价值冲突的利益关系作出取舍，或安排利益实现的先后序位的过程，就是一个作出价值判断的过程。[①] 在我国当前农村面源污染防治背景下，农村面源污染防治与农民增收之间，普遍存在利益冲突。现行农村面源污染防治法律规范要获得理想的法律实效，就必然牺牲农民这个群体的眼前利益，以维护城市居民的利益及农民的长远利益。寻找和甄别现行立法不能满足农民法律需求的原因，必然要重新衡量在农村面源污染防治领域污染者付费原则的公平性，选择在当前条件下的优位价值。

三　农村面源污染防治法实效多维错位的途径调整

农村面源污染防治法实效的多维错位，根源于污染者付费的理论基础。任何理论基础都要借助具体制度得以实现，因为“只表达价值判断的句子没有陈述任何东西，它们是纯粹的情感表达”[②]。

---

① 王轶：《民法价值判断问题的实体性论证规则——以中国民法学的学术实践为背景》，《中国社会科学》2004年第6期。

② Charles L. Stervenson, *Facts and Values*: *Studies in Ethical Analysis*, New Haven and London: Yale University Press, 1963, p. 415.

（一）对“命令—控制”型制度作为主要实现途径的反思

湖北省农村的实证研究表明，80%的农民在了解农村面源污染的危害后，愿意配合污染治理，且有75%的农民认同邻居也会做出相同的选择。然而，现实中农民守法远低于这个比例，现行立法所规定的污染责任承担方式与农民热切期望的污染防治服务存在严重错位。实现途径不同，对法律实效的影响也不相同。在当前的环境和条件下，现行农村面源污染防治选择了“命令—控制”型制度作为污染者付费原则的主要实现途径。农村面源污染防治法实效的多维错位，充分证明过度倚重“命令—控制”型制度的低效。

表 5-1　　农民参与环保积极性

调查内容	受访者回答	所占比例
是否会配合污染治理	会	80%
	不会	20%
认为邻居是否会配合污染治理	会	75%
	不会	25%

寻找和甄别现行立法不能满足农民法律需求的原因，离不开对现行农村面源污染防治法实现途径的反思。

（二）调整分散主体行为模式的途径选择

我国现行农村面源污染防治法在实现途径上基本照搬工业点源污染控制的模式，以“命令—控制”型制度作为污染者付费原则的主要实现途径。然而，农村面源污染与工业点源污染最大的区别，在于调整对象的不同。工业点源污染的调整对象相对集中，农村面源污染的调整对象则非常分散，尤其是在我国。以农户为基本单位的分散耕作方式，对农药化肥高度依赖的生产方式，以及未经污染处理的生活模式，导致了农村面源污染的“点多、面广、分散、处理难”的污染现状。简单移植工业点源污染防治实现途径，是现行农村面源污染防治法律实效不佳，在农村水土不服的重要原因。随着农村面源污染的迅猛发展，我国的水污染防治法正在面临重要转型，从过去的以城市为中心转型为城乡并重，从点源污染控制为主转型为点源与面源污染控制并重。针对变化了的调整对象，寻找和甄别现行立法不能满足农民法律需求的原因，需要重塑适用于具有高度不确定性和复杂性的分散主体行为的制度体系，为增强农村面源污染防治法律实效提供多元的实现途径。

第二节 农业领域污染者付费原则的发展与修正

"一个社会的有效性要通过工具理性；其合法性则要通过价值理性。"① 在现行农村面源污染防治法未能为污染者提供更为多元和开放的利益表达渠道时，以农民为主体的污染者集体选择不守法作为对现行立法的消极抗争。那么，在工业点源污染防治中得到广泛认同的污染者付费原则能否直接移植到农业领域呢？

一 农业领域污染者付费原则的引入

社会主体的需求借助利益的形式予以展现，利益表达了社会主体对客体的一种价值考量，构成了人们行为的内在动力。② 法律的制定必须依据一定的基本规则。众所周知，在决定环境污染控制费用负担时，一般必须遵循污染者付费原则。③ 随着现代化农业对环境的负面影响相对地变得越来越大，发达国家已经普遍地把改善环境作为农业政策的目标之一，农业环境政策已经成为其农业政策的重要组成部分。④ 在农业领域，许多国家逐渐认可了污染者付费原则。

（一）美国

美国对农业污染的法律控制始于 1948 年的《联邦水污染控制法》，但是该法并没有在农业领域引入污染者付费原则，而是极大地限制了法律对农业行为施加影响，在大部分情况下，法律控制没有影响农民。《联邦水污染控制法》只将一种农业行为，即集中性畜禽养殖定义为点源污染的一种，提出了吸引农民自愿参加的国家污染物减排系统（The National Pollutant Discharge Elimination System）和污染物质的最大日容量（Total Maximum Daily Load）项目。排放污染的农民将污染的成本强加于其他的水资源利用者，而他们并不愿意承担这些成本。农村面源污染具有外部不

① 杜维明：《现代精神与儒家传统》，生活·读书·新知三联书店 1997 年版，第 186 页。

② 张文显：《法理学》，北京大学出版社 1999 年版，第 214 页。

③ OECD，*Agricultural and Environmental Policies：Opportunities for Integration*，Paris，1989.

④ Harvey，D. R.，"Agriculture and the Environment：The Way Ahead?" in N. Hanley ed.，*Farming and the Countryside*，Wallingford：CBA International，1991，pp. 275-321.

经济性，而农村面源污染防治则具有正外部性。解决这些众所周知的外部性问题的经济方案，是将这些社会成本内部化到农民的商业成本之中。换而言之，这种解决方案能使污染者为其污染付费。

目前，在农业领域污染者付费原则已成为一项联邦环境法律制度。通过强制污染者支付废物处置账单，或承担相关成本，污染的社会成本可能强加于污染者。根据污染者付费原则，美国对农村面源污染的污染者征收污染税。评估每单位污染的收费，每位农民将基于他们的污染总量缴税。税收是一种有效许可，农民可以选择——当农民们发现减排更为便宜时，将极大地减少他们的排放。因此，农民最有可能着手污染控制措施，有动力来根据最大成本—效益减少污染，重新分配控制负担能产生显著的收入。灵活的污染税还给农民更多的刺激来发展新的农业技术以限制污染排放。这种革新，在污染税表上，将进一步减少农民的税务账单。许多经济学家评论，排放税或其他基于市场的方案，如“污染特权”交易等，将降低行政成本，允许更多污染减少战略实验，增加政府和污染者的资本化强度。如农田残留氮素税就是美国联邦政府根据污染者付费原则，利用经济杠杆调节养分管理的一种高效利用氮素、防止氮污染的方式。农民对所有购买的氮付一种简单的按价税。在作物收获后，根据作物收获带走氮的数量，农民可得到一定的偿还税款。如果农民施用氮超过带走氮，农民要付纯税；反之，农民将得到补偿。此税针对污染者，而不是施氮者。

（二）加拿大

从20世纪90年代起，污染者付费原则就开始出现在加拿大环境立法中。大量的联邦和省的立法将污染者付费原则以它在其他产业中相同的方式应用于农业行为中，如2002年萨斯喀彻温省的《环境管理和保护法》。在加拿大，污染者付费原则适用范围广泛，它适用于与农业相关的环境问题，包括杀虫剂与肥料的不正确使用、水土流失、集约化养殖的粪便、温室气体的排放等。传统上，无论是在联邦还是在省的层面，农民们都不是受环境法强制的目标。然而，近年来出现了极少数的例外。《渔业法》第36条第3款禁止在渔业水域堆积对鱼类有害的物质。这一条款后来被适用于杀虫剂污染问题，特别是发生在爱德华王子岛上的杀虫剂污染问题。2002年，在爱德华王子岛上，受杀虫剂污染的影响，17条河流遭到污染，大量的鱼类死亡。法庭要求联邦政府的环境损害基金支付赔款，以惩罚爱德华王子岛上造成杀虫剂污染的西红柿种植者。环境损害基金是根据污染者付费原则设立的。法庭可以使用这一基金以保证污染的受害者能得到赔偿。①

（三）经济合作与发展组织（OECD）

1972年，经济合作与发展组织（OECD）理事会决定采用污染者付费原则作为环境政策的基本规则。根据这一规则，污染防止和污染控制所需的费用原则上必须由污染者来支付。② 这个原则的目的，在于避免在国际贸易和国际投资中可能出现的“扭曲”现象。如果环境对策费用不是由污染者自身负担，而是由政府来负担，那么这些国家的企业就可能在国际市场竞争中处于相对有利的地位。为了避免出现这种不公平，使各国在国际市场上的竞争条件相等，就必须实行污染者付费原则。因此，污染者付费原则是决定国际贸易和国际投资竞争条件的“游戏规则”。污染者付费原则以其兼顾环境污染防治和实现社会公平的功效，短时间内便得到了国际组织和各国政府的积极响应，且成为许多国家法定的环境保护基本原则，被广泛适用于各种污染控制的实践，包括农村面源污染控制在内。

根据经济合作与发展组织对污染者付费原则的界定，对化肥、农药等农业现代的使用进行收费，就是符合污染者付费原则的农业环境政策。瑞典从1970年开始对化肥使用征税，1986年开始对农药使用征税，即根据所用化肥中氮和磷的纯含量以及所用农药中活性成分的含量征收20%的价格调节税和5%的投入税。奥地利也在1986年引入一项政策，通过对化肥的有效成分征税或收费来保护土壤，这些税被称为“化肥税”或“土壤保护税”。在芬兰也存在着类似的对生产者的化肥使用征税的制度。在荷兰，为了减少由于畜牧排泄物造成的硝酸盐污染，1988年引入了一般收费和超额收费制度。一方面，对所有的畜牧养殖者征收一般费用，用于与排泄物有关的研究和咨询服务；另一方面，对超出每年预期硝酸盐排放定额量的排泄物，征收超额费，用于动物排泄物的清除、处理等。③ 首先，对化肥或者农药征税或收费的目的，是减少使用量，减轻农业生产

① News Release, Environment Canada, Potato Grower Sentenced in Fish Kill Case (Sept. 21, 2004), http: //www. ec. gc. ca/press/2004/040921_ n_ e. htm.

② OECD, *Recommendation on Guiding Principle Concerning International Economic Aspects of Environmental Policies*, Paris, 1972.

③ OECD, *Agriculture and Environment: Issues and Policies*, Paris, 1998.

的环境负荷，属于“环境污染的削减”，而不是“环境效益的增加”。其次，在这些地区，相对于农产品需求而言，已经存在相对较高的环境需求，一般认为过量使用化肥和农药，已经超出了历史形成的农民财产权的范围，农业对环境造成的负面影响，已经侵害了一般消费者的环境财产权。

二　农业领域污染者付费原则的限制

尽管各国普遍接受了农业领域适用污染者付费原则，但各国在农业领域适用污染者付费原则仍非常谨慎，农业领域的污染者付费原则受到诸多限制，在发达国家的农业环境政策中，客观还存在着许多有悖于污染者负担原则的政策。

（一）农业领域污染者付费原则的例外

在许多农业领域存在污染者付费原则的例外。经济合作与发展组织关于农村面源污染防治是否适用污染者付费原则的规定具有很强的代表性。

根据1974年与污染者付费原则的执行有关的经济合作与发展组织理事会的法律规定，允许污染者付费原则存在如下的例外[①]：（1）为了更加顺利地实施某项特别严格的环境保护政策，在过渡时期采取的一些措施；（2）为了鼓励污染控制新技术和污染治理新设备的研究和开发，而采取的一些措施；（3）为实现某些特别的社会经济目的，例如减轻地区间的重大不平等，而采取的政策；（4）在征税制度框架中，经过适当设计的与收入再分配紧密集合在一起的特定的货币资助；（5）为了实现天然资源的合理利用，而对其他政策起强化作用的支付。以上例外涉及的支付都是选择性的，有地区限定或时间限定（例如严格定义的过渡期），不能对国际贸易和国际投资产生重大影响。[②] 只要符合以上的例外要求，即使污染控制费用是由政府财政负担的，也不能说违反了污染者付费原则。但是，经济合作与发展组织并没有对符合以上例外的特定部门的特定活动给出严密的解释，从而为不同的解释留下了很大的余地。

根据上述规定，农业污染防治中客观存在着污染者支付费用和公共负担（即政府负担）费用两种方式，许多农业污染防治行为属于污染者付

---

① OECD, *Agricultural and Environmental Policies*: *Opportunities for Integration*, Paris, 1989.

② OECD, *Agriculture and Environment*: *Issues and Policies*, Paris, 1998.

费原则的例外，污染防治的费用由公共负担。

（二）农业领域污染者付费原则的保留

在农业环境政策中，一些国家虽然认可了污染者付费原则，但是一般都有保留。依据污染者付费原则，农民需要支付污染控制费用，同时政府也给予一定的财政支持。例如，芬兰政府既支持污染者付费原则，也对液体粪便的存放设施建设提供补贴。[①]

三 农业领域限制污染者付费原则的主要原因

在发达国家的农业污染防治中，并不总是适用污染者负责原则。在农业领域限制污染者付费，而由公共财政支付污染防治费用的主要原因有：

（一）农民具有环境财产权

如果污染者具有“污染权”，那么为了减少污染，必须由被害者支付费用。相反，如果被害者具有“污染权”时，那么为了获得排放污染的许可，必须由污染者支付费用。到底谁具有“污染权”，则是制度形成和变革的历史结果。[②] 从历史过程看，应该承认农民为了农业生产具有在一定程度上污染和破坏环境的权利。如果农业污染防治行为侵犯了农民的“财产权”，就不适用污染者付费原则。

基于农民历史上的农业财产权，更多的农业环境政策并不适用污染者付费原则，而是采用公共负担原则。如通过降低农业集约度，从而减少农村面源污染的措施。在德国，1986 年实施的试验性绿色休耕计划中，政府根据土壤类型，向农民提供每公顷 1000—1200 马克的补贴，以换取农民将 20%的土地休耕一年的承诺。在瑞典，政府向 1987 年夏季至少休耕 10%以上的耕地，而秋季正常播种的农民每公顷支付 100—2400 克朗的补贴。在瑞典，愿意减少家畜生产的农民可以获得补贴。在西班牙，根据政府要求拆除一部分葡萄园可以获得 50%来自葡萄牙政府、50%来自欧盟的补贴。在美国，则规定耕种易受侵蚀土地的农民，将会失去参加大多数政府补贴计划的资格。

（二）农村面源污染具有公共产品性质

许多农村面源污染防治措施具有公共产品性质。农业污染防治可以分

---

① OECD, *Agriculture and Environment: Issues and Policies*, Paris, 1998.

② Tobey, J. and H. Smets, “The Polluter-Pays Principle in Context of Agriculture and Environment”, *World Economy*, Vol. 19, No. 1, 1996.

为“污染的削减”和“效益的增加”两种。当农业创造了好于自然的生态系统时，农业污染防治相当于“效益的增加”；农业生态系统差于自然生态系统时，农业污染防治相当于“污染的削减”。对于“污染的削减”，应由污染者付费；“效益的增加”则具有公共产品的性质，应由公共负担，而不是污染者付费。

以下农村面源污染防治措施就属于“效益的增加”，由公共负担。在澳大利亚，对那些签订保护特定景观、野生生物栖息地协议的农户，给予土地税减免的待遇。在欧盟的许多国家，对以保护自然栖息地、自然资源、景观、野生动植物为目的的可持续农业方式，给予补贴。[①] 正的外部性内部化时，可以对追加费用或损失利益进行补偿，即对环境效益的公共负担，很难说违背了污染者付费原则。

为了便于区分农业污染治理究竟属于“污染的削减”还是“效益的增加”，一般会确定一个农民有权利污染的“合理农业标准”[②]。在现实中，“合理农业基准”既不是零污染，也不是最佳污染，而是通过谈判或交涉而确定的“合理农业基准”。一旦确立了这样的标准，那么只要高于这一标准，就会被看作“效益的贡献”，由公共负担；反之则由污染者付费。随着社会经济的发展，人们由重视农产品的产出转向更重视农业和农村的环境效益，“合理农业标准”也在不断地调整之中。

（三）农村面源污染的因果关系不明

在民法上，对于农村面源污染，受害人可以提起妨害之诉，但由于因果关系难以认定等原因，实际上对农村面源污染的侵权赔偿很少发生。[③] 例如，在加拿大，联邦政府虽然历史上勉强提出过起诉，但随后对处理农业行为所导致的鱼类死亡事件给予了重要豁免。

四　农业领域限制污染者付费原则的利益博弈

农业领域对污染者付费原则的限制，实质是相关利益主体激烈博弈的结果。农民作为农村面源污染的主要污染者和治理者，是农村面源污染防治立法中最为重要的利益主体。农民充分参与立法博弈，可使农民生存和

---

① 曾寅初：《农业环境改善政策中的费用负担规则》，《农业技术经济》2005 年第 3 期。

② OECD, *Agriculture and Environment*: *Issues and Policies*, Paris, 1998.

③ Marie-Ann Bowden, “The Polluter Pays Principle in Canadian Agriculture”, 59 *Okla. L. Rev.* 76, 2006.

发展的利益需求更多地被吸纳入农村面源污染防治立法中，在农村面源污染防治与农民、农业、农村的经济发展之间保持平衡。

（一）环境公平对污染者付费原则的制约

过于激烈的农村面源污染防治措施往往会损害农民的眼前利益，农村面源污染防治的利益由全社会共享，而费用却由农民负担，实质是对农民的环境不公。农民充分参与立法博弈，使得发达国家的农村面源污染法较多地考虑了农民的需求和利益，如对农民农业财产权的认同，对农村面源污染防治公共产品性质的认识等。如果不对污染者付费原则加以限制，农民的生存发展需求和公共参与就难以被考虑到，从而影响农民利益的获取，侵害农民合法的财产权益，加重农民农业生产的成本负担。有鉴于此，各国在采纳该原则的同时，均充分考虑本国的实际国情，对污染者付费原则予以适当限制，进而体现在农村面源污染防治中，便是对防治措施的适当限制。农村面源污染防治的开展，前提是不能影响农民现有的合法财产权益，进而实现农民利益获取和生活水平的提高。因为，任何外来的、激进的、单纯管制性的法律制度如果不考虑当地生活实际，则将面临制度运行的实践阻碍，影响法律实效的发挥。因此，农村面源污染防治的有效开展，将是一个非常艰难而漫长的过程，必须根据国情渐次推进。因此，尽管采取激进的污染者付费原则可能会迅速控制农村面源污染，但发达国家一般都会限制这一原则在农业领域的适用，特别是避免对农民进行直接限制。

例如，美国主要依靠自愿的、激励式的计划来减少农村面源污染，而很少对农民进行直接限制。农业代表参与面源污染防治立法是最大的原因。如果农业利益相关者不喜欢对他们的排放进行控制的越来越多的条款，他们出于压力能遵守这些污染控制的责任，那么面源污染控制将会非常简单。在国会通过污染控制立法时，农业利益相关者具有特别大的影响力，他们根植于一个分散的群体，但同时具有非常强的动力组织起来以避免管理，农业利益相关者也具有相对较小的、容易组织起来的结构。这些利益群体极大地影响了美国的面源污染控制政策。在美国，环境法总是放弃对土地利用进行直接的联邦控制，而土地利用控制是有效控制面源污染的基础。与联邦土地利用调控相比，环境法更不愿进行农业污染调控。美国环境法显然接受农民有权根据所需自由地利用他们的土地，即便这种利用反过来影响了水质。美国环境法对农业企业比对其他制造外部性的企业更为宽容。

在加拿大，萨斯喀彻温省2002年通过的《环境管理和保护法》代表了加拿大最为进步和激进的环境立法。尽管萨斯喀彻温省大约有全省12.6%、约979000人的农业人口，全省35.7%为农村地区，但从来没有任何农民因违反环境法受到控诉，也没有任何农业项目，包括集约化养殖被要求进行环境评估。[①] 该省不针对农业领域起诉一般是基于两个原因：一是环境立法通常从属于包括农业立法在内的其他立法；二是一些农业行为可以作为环境立法的例外。例如，加拿大的每个省都有法律调整杀虫剂的出售、使用、运输、滥用等问题，但许多省都将农民作为规范杀虫剂使用的例外，包括强制性的教育和培训。而且，加拿大的土地一般是私有的，对农民耕种行为的限制很容易引发财产权纠纷。

（二）环境公共利益对污染者付费原则的制约

在发达国家，农村面源污染防治在多数情况下被视为公共利益，由政府通过公共财政承担费用。农村面源污染防治不仅耗资巨大，而且还涉及多方利益主体的合作，属于政府的公共政策。政府制定农村面源污染防治公共政策，在考虑经济效益的同时，更为重要的是要考虑到社会效益和生态效益的增进；在注重当前利益的同时要兼顾未来长远以及子孙后代的期待利益，坚持走可持续发展道路。因此，农村面源污染防治的环境公共利益属性，制约了污染者付费原则在农业领域的适用。发达国家往往将农村面源污染防治，置于推动农业可持续发展的宏观背景中来制定公共政策，投入巨大的公共财政，采取多种措施，实现农村面源污染防治与提高农民收入、促进农业和农村可持续发展的一致性。如果农村面源污染防治立法片面强调污染者付费和严格执法，牺牲农民、农业和农村的可持续发展能力，从长远看对法律实效的负面影响，甚至要远远超过短期内产生的效益。发达国家环境公共利益对污染者付费原则的制约，还表现在农村面源污染防治法更多关注的是农村环境质量的持续改善和农业生产的长期效益，而非仅仅是短期效益。为此，政府需引入市场机制以减少环境污染和农业生产危害中的人为因素，但市场机制的引入并不意味着政府职能的退出。

---

① Marie-Ann Bowden, "The Polluter Pays Principle in Canadian Agriculture", 59 *Okla. L. Rev.* 76, 2006.

例如，欧盟近年来不断加大农村面源污染防治的财政预算和资金投入，每年投入金额已超1700亿欧元，占据了欧盟财政预算总支出的80%以上。[①] 与此同时，多个国家和地方政府在保留原农业部门的基础上，新设农业与环境保护职能部门，赋予其减少环境污染、维护农业生态的新职能，以此推动现代农业的新发展，减少现代农业生产对环境，尤其是对水体造成的不良影响。

第三节 农村面源污染防治法的途径选择

控制农业生产造成的面源污染就要在满足农民生活需要与保持环境、进行环境教育与处罚之间保持平衡。应着眼于推广科学环保的生产方式，为农民提供技术支持，开发既有利于环境又利于农民的技术。

一 调整对象分散化对传统环境法的挑战

（一）规范分散化调整对象的主要困难

传统上，包括水污染防治法在内的环境法关注的是控制由大型工业点源所导致的污染，而不是控制由个人所导致的污染。[②] 政府用来规范大型工业点源污染的手段通常有：命令—控制、经济刺激方案（包括税收、补贴或污染贸易）、信息披露计划等。在工业点源污染控制中，传统的"命令—控制"型立法，把大部分处理这些问题的责任分配给了企业和政府。近年来更多地采用经济刺激法和信息披露法，也主要针对工业点源，主要是为了减少来自大的工业点源的污染。然而，农村面源污染是一种面源污染，与工业点源污染相比，其调整对象是高度分散化的个人。规范个人的行为非常困难。

工业污染源的污染浓度大，通过控制这些污染源，监管机构很容易降低污染水平。农村面源污染虽然累积影响大，但个人的影响却微不足道。大量个人通过不同方式进行污染，设计能够有效实施于个人的计划，比设计能够有效实施于大的工业源的计划，更困难，成本更高。在工业点源污染防治中，限制大的工业点源污染企业的行为非常容易获得公众的认同，

① Michael P. Vandenbergh, "From Smokestack to SUV: The Individual as Regulated Entity in the New Era of Environmental Law", 57 *Vand. L. Rev.* 2004.

② Ibid..

但在农村面源污染防治中，限制个人行为则非常容易遭到公众反对。

（二）传统环境法调整农村面源污染的局限性

传统环境法在适用于高度分散的调整对象时，存在着明显的局限性。“命令—控制”型立法不仅在经济上缺乏效率，而且在政治上不可行。经济刺激手段也遇到了障碍，比如，税收可能会遇到农户的激烈反对。政府不可能提供这么多支持，因为成本很高。建立和管理以个人为目标的污染权交易计划昂贵，也不存在决定个人污染权初始分配的基准。

1. “命令—控制”措施

农村面源污染的污染者太多，“命令—控制”措施的实施非常困难，而且成本高昂。首先，要求每个污染者污染环境的行为得到许可，这种行政管理既困难又昂贵。制定“命令—控制”计划，对个人行为进行强制是可行的，但无法像工业点源一样，要求行政机关对每个污染源进行许可。其次，监督个人是否遵守“命令—控制”措施，以及惩罚侵犯了“命令—控制”计划的个人，耗时且成本高昂。再次，建立针对个人的“命令—控制”计划将面临巨大的政治风险和公众反对。最后，针对个人的“命令—控制”计划将增加农产品的价格，不恰当地影响低收入人群，因为价格变化对低收入个人的影响比中高收入人群影响要大得多。

2. 经济刺激措施

经合组织认为，如果某种手段、方式的施用促使经济当事人（即污染者）关注其可选择的行动（如采取清洁生产工艺、安装污染防治设施、进行排污许可权交易等）的费用评估时，该手段、方式便被称作环境经济手段。常用于工业点源污染防治的经济刺激措施主要有排污权交易、税收、补贴等，这些措施适用于农业领域时都面临困难。

传统排污权交易制度面临着如下困难：第一，如此多的个人需要参与这个交易计划，在给个人分配污染权、个人之间的交易权，以及监督个人以保证他们遵守了排污权交易计划所要求的限制、惩罚没有遵守排污权交易计划的个人等方面，它将非常昂贵且耗时。第二，实施于点源上的排污权交易计划，存在着对工业点源污染者历史排放的监督，但应用于农村面源污染防治时，缺少来自个人的、以此为基础来决定个人排污权初始分配的分配基准。第三，与个人之间排污权交易协商联系在一起的交易成本可能会超过被交易的权利的价值。第四，排污权交易计划可能增加消费品的价格，因此形成与“命令—控制”手段同样的问题。第五，实施针对个人的排污权交易计划，通过鼓励个人将污染视为一种权利，而不是应该避免的有害行为，会对个人思考污染的方式带来消极影响。

污染税可能是影响个人行为强有力的工具，但传统污染税同样面临困难。如果在合适的水平上，污染税可能鼓励消费者购买节水型家电。税收也对环境损害行为传递信息，但它与排污权交易不同，它不是一种权利，而是一种应该避免或最小化的事情。不幸的是，税收在政治上和公众上不受欢迎，不能够作为一种广泛的工具来应用于刺激个人行为时多一点环境责任。另外，税收也会导致消费品价格上涨。

污染税可以激励消费者避免环境损害行为，而补贴可以鼓励消费者做出环境友好行为。许多环境友好行为会增加额外费用。补贴在发挥额外的刺激方面很有效。其限制：第一，政府可能缺少资金来提供补贴，即使资金是可能的，在政治上也是难以接受的；第二，补贴能够“消极改变个人的环境价值，使环境损害更难。”它会给消费者一种暗示：“照顾环境应被视为一种价格，而不是责任”。

3. 信息披露措施

信息披露法律和计划在第二代工业点源环境计划中发挥了中心作用。20 世纪 80 年代中期以后，美国在联邦层面上开始更依赖知情权法，如 1986 年的《社区知情权法案》。国会修改了《清洁空气法》《安全饮用水法》《清洁水法》，以配合类似的知情权计划。州和非营利性组织也纷纷利用信息公开作为一种提升环境保护的工具。这些法律导致了关于工业点源导致的污染和环境损害方面的公民教育。消费者等公民也得到赋权来强制或鼓励公司减少他们的污染和环境损害行为。

然而传统的信息披露法或计划，其焦点在于教育公民了解工业点源造成的污染和环境损害行为。许多人相信，信息披露法或计划不能成功运用于教育公民，使其了解他们自己的环境损害行为和这些行为的影响。而信息应当刺激公民规范自己的行为，劝说他们避免这些环境损害行为。

二　环境法对农村面源污染防治的应对

传统的、针对工业点源污染控制设计的三大类措施，在调整导致农村面源污染的高度分散化的个人行为时都遭遇了困难，那么何种类型的法律适合改变个人行为呢？环境法通过对传统防治措施的改进，以及发展新措施来应对农村面源污染防治。

（一）“命令—控制”措施的改进

一些案例表明，通过限制个人行为，能够获得更便宜、更迅速的减污效果。如果缺少限制个人破坏环境的行为选择，或者缺少激励个人采取行动减少他们对环境的损害，许多环境问题无法解决。美国早期注重自愿手段，但是自愿削减污染计划中，农民几乎没有动力来实施它。农民不能忍受削减农业污染和减少侵蚀的总成本，因为大多数成本由其他的污染水体使用者负担。因此，污染为农民提供了便宜的废物处置方法，以及将废物处置成本转移给别人的机会。考虑到这些经济刺激，农民不愿自愿减少侵蚀和化学药品投入，以减少面源污染。然而，减少面源污染的计划仍然完全是自愿的。这些计划试图通过提供补助来消解农民进行自愿计划的抑制因素。然而，无论是208条款还是319条款都遭遇了国会提供资金不足的困难，结果是农民不愿意参与，面源污染仍然没有减少。

但是，“命令—控制”措施和经济刺激手段共同使用时，取得了良好的效果。在美国，传统的制定强制性标准等“命令—控制”措施，仍是有效控制农村面源污染的手段。加紧面源污染管治，或者是通过提升减排标准，或者是提升所要求的最低管理措施来减少州所要求的污染，或者两种方式一起使用，能够减少面源污染。[①] 1990年《海岸带法修正案》要求州采取经济可行的管理措施进行控制，或者是在现存污染物的基础上增加新的面源污染物的种类和类型，这反映了可获得的最大程度的污染物削减，是通过最佳可得的面源污染控制实践、技术、程序、发布标准、操作方法或其他替代方案的应用而实现的。《海岸带法修正案》中的“可获得的最大程度的污染物削减”标准，比319条款中的“最大程度可行的”管理实践标准，或者是208条款中的“可行范围”标准更加严格。《海岸带法修正案》还要求美国环境保护署发布州面源污染控制计划的最低标准。如果州不能提出批准计划，海岸带法修正案授权美国环境保护署撤回部分联邦海岸环境资助基金。海岸带法修正案中的高目标和全国范围内的最低标准在《清洁水法》之下被运用到所有的农村面源污染防治。

（二）经济刺激措施的改进

虽然个人对空气、水污染的累积贡献很高，但立法者通常避免直接对

① David Zaring, “Agriculture, Nonpoint Source Pollution, And Regulatory Control: The Clean Water Act's Bleak Present And Future”, 20 *Harv. Envtl. L. Rev.* 529 (1996).

个人的行为进行规范，因此“命令—控制”措施的实施范围是有限的。

对减少面源污染，经济刺激提供了另一种管理观念。基于市场的刺激理论上能使私人利益与公共目标紧密结合：如果识别并正确运用，这种刺激能诱导农民们削减污染，因为如此做有利于他们的经济利益。即“私人利益的公共利用”①。这一策略很早以前就被认识到了：1979年，美国律师协会的法律和经济委员会评论道：“在处理溢出问题，比如环境污染时，限制性方式，如税收、披露事项或讨价还价，应该被当作古典的标准制定的补充或是特别替代。”② 经济刺激方法的加入，使得针对农村面源污染发展出了有效的法律对策。

首先，可以采用多种方式对农民进行经济刺激。灵活的污染税还给农民带来的刺激发展新的农业技术来限制污染排放。其次，还可以向其他水资源使用者收税。在农业领域成功实施污染者付费机制的困难引导人们考虑其他的可利用的经济刺激方法。大量刺激存在于认同清洁水价值的其他使用者中。这些水使用者能够通过一系列税务评估，为其清洁付费。下游的水使用者，如工厂，能够根据它们的用水总量征税。这一程序也可用于农村面源污染控制计划。同样，任何下游财产所有者也可根据他们所拥有的河岸土地总量征税。水体的娱乐使用，如捕鱼或游泳，也能根据执照征税。虽然让非污染者为农民的污染付费看起来可能不公平，但这种付费某种程度上强调，农民就像所有的河岸土地所有权人一样，有权利利用水。该计划为农民采取土壤侵蚀控制手段提供了50%的成本资助。

（三）信息披露措施的改进

对信息披露措施加以改进，可以成为影响个人环境行为的极为有效的工具。传统的大多数信息披露计划，焦点在于披露“描述性信息”，如关于使用或释放的污染物质的数量，关于产品中的特殊化学物质，或对环境标准的违反等。指向个人的信息披露计划能够进一步且包括“说服信息”，其特征是通过政府设计来劝说个人改变其行为。政府机构能够像一个“规范企业家”一样行为，披露信息激励人们，规范个人的行为，劝说他们避免环境损害行为。当它与其他工具，如经济刺激、“命令—控制”限制等联合运用时，信息披露计划能成功地运用于解决大量由于个

① Thomas K. Mccraw, Prophets of Regulation 308 (1984).

② American Bar Association Committee on Law and the Economy, Federal Regulation: Roads to Reform I 43 (1979).

人行为所导致的环境问题。国外的实证研究表明，人们倾向于认为，个人对基本的人体健康和生态保护的影响是很小的；他们在污染源中的作用也是非常地低。个人行为控制受信息、认知限制、社会影响非常大，积极的信息披露能较好地防治农村面源污染行为。湖北省的实证研究也佐证，对面源污染的认知影响环境保护的支付意愿。

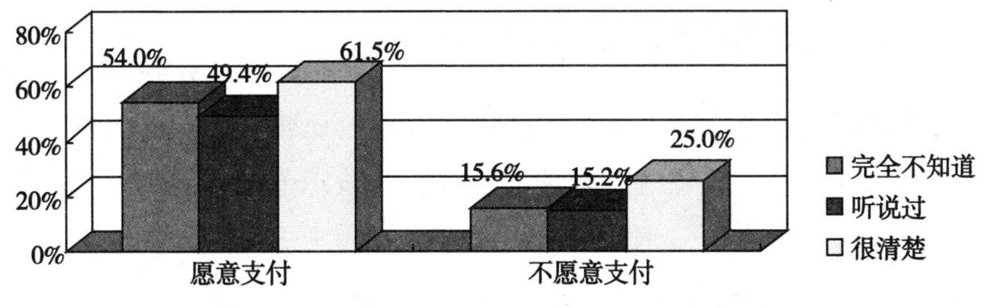

图 5-1　面源污染认知对环保支付意愿的影响

尽管完全不知道面源污染，但仍有 54.0%的居民表示愿意支付环保费用，同时分别有 49.4%听说过面源污染的居民和 61.5%很清楚面源污染的居民愿意支付环保费用；15.6%完全不知道面源污染的居民、15.2%听说过面源污染的居民和 25.6%很清楚面源污染的居民不愿意支付环保费用。总体来说，对面源污染认识程度影响环保支付意向。

（四）个人行为规范的引进

公众对农村面源污染的态度和对个人行为以减少污染的期望，在规范个人行为、影响环境关切行为方面发挥着重要的功能。个人行为规范是改变个人行为，减少个人环境损害的最佳方法。

即使是在缺少正式法律要求时，个人也通常会彼此合作，因为他们受到规范的强烈影响。根据社会规范理论，个人的选择受到他们的信念（其他人奖励或制裁）的影响。社会规范有助于解释为什么个人有时会以一种经济学家在传统的理性经济人模式下无法预测的方式来行动。如果重新设计个人责任的概念，信息披露法和其他政府在信息披露方面的努力，能够用于创制积极的个人规范，鼓励人们开展环境保护或承担个人责任。一旦这些规范发生积极作用，个人将减少他们的环境损害行为。① 当个认识到他们的行为导致了环境和公共健康的特别损害时，他们将采取不同的

① Michael P. Vandenbergh, "Order Without Social Norms: How Personal Norm Activation Can Protect the Environment", 99 *NW. U. L. Rev.* 1121-25 (2005).

行动来减少这些损害。个人通过信息披露所获得的知识可以积极规范、鼓励他们改变自己的行为。通过信息披露，激活个人规范将比“命令—控制”或经济刺激替代方案有效得多。[①] 而且，从传统的理性经济人模式的角度考虑，在监管实现政策目标方面，个人规范很可能是政府阻止危险行为的最廉价和最有效的措施。

三　农村面源污染防治综合手段的运用

无论是传统工业点源污染防治措施的改进，还是新的农村面源污染防治措施的引进，都不难发现，每种措施都有其适用范围，发达国家总是分阶段综合运用各种措施，来共同防治农村面源污染。

（一）经济刺激是主要的农村面源污染措施

农村面源污染防治是一个长期渐进的过程，发达国家往往通过系列规划和计划来分阶段实现目标。

1. 经济刺激是农村面源污染防治最初和最重要的措施

农业环境保护的公益性，以及农业、农村和农民的弱质性，使得发达国家在制定农村面源污染防治法时，更多地从社会公平和农业、农村和农民可持续发展的角度考虑。发达国家的农村面源污染防治措施总是从经济刺激措施起步，而且以激励式措施为主。在农村面源污染防治之初，一般避免采取“命令—控制”措施，即使采取“命令—控制”措施，也会制订较长期间的时间表，且同时采取有力的经济刺激措施，以避免招致农民的不理解与抵制。

在美国，《清洁水法》主要通过经济刺激措施来实施农村面源污染控制。受制于不充足的联邦资金，仅仅依靠《清洁水法》之下的一些自愿性措施，农村面源污染防治的效果十分有限。尽管批评者指责《清洁水法》太过依赖自愿的、激励式的计划来减少污染，但国会在采取强制措施方面仍然非常谨慎。

2. 经济刺激措施不完全遵守污染者付费原则

发达国家普遍承认污染者付费原则。排放污染的农民将污染的成本强加于其他的水资源利用者，而他们并不愿意承担这些成本。解决这些众所

---

① Michael P. Vandenbergh, “Order Without Social Norms: How Personal Norm Activation Can Protect the Environment”, 99 *NW. U. L. Rev.* 1121-25 (2005).

周知的外部性问题的经济方案，是将这些社会成本内部化到农民的商业成本之中。换而言之，这种解决方案能使污染者为其污染付费。这种“污染者付费”原则已被描绘为一种联邦环境法律设备。通过强迫污染者支付废物处置账单，或承担相关成本，污染的社会成本能强加于污染者。

但是，经济刺激措施并不意味着对污染者付费原则的完全遵循，发达国家几乎所有的农村面源污染防治措施都建立在不削减农民福利的基础上。向农民强制征收污染税并不完美。“污染者付费”方案面临着政治、有效性风险和农业保险不足的风险。法律中的经济刺激手段可以鼓励生猪养殖。但是，在竞争环境下，农业领域倾向实行“污染者付费”的理论则存在疑虑。如果实行“污染者付费”理论，农民很难向消费者传递污染控制成本，这意味着农民收入的降低。随着在市场上获利的下降，部分农民会排斥市场。向农民强制征收污染税可能导致将部分农民逐出市场的后果，这是政治家无法接受的。向农民强制征收的污染税如何发挥功能也不清楚。污染税背后的理论是强制征收，但强制征收污染税会带来许多实践难题，其中之一就是增税所带来的政治难题。例如，准确判断面源污染的污染者是非常困难的，因为面源污染并不是来自污水管，而是来自田野或各种径流，很难判断它们到底来自哪块受污染的田地。通过侵蚀税来控制农田径流污染也带来了行政管理上的难题。虽然基于农民导致的侵蚀总量来征税是有效率的，但评估侵蚀和表土耗竭的总量既困难又昂贵。

作为向农民征收污染税的替代方案，特别目的的区域财产税能向受面源污染困扰的区域内的所有土地征收。虽然这种税收可以提高能够用于这一地区削减污染影响的资金，但是无法分辨这一地区基于土地总量而被收税的农场主们，是否采用污染控制技术，其效率如何。地区税还不足于给农民足够激励以减少其创造的污染总量。根据农民使用的农药和化肥总量向他们征税更被寄予期望，尽管其是有限的污染税。这种税可以合理地实施于肥料和农药的销售者，类似于对酒精和烟草征收的联邦税。农民们可以根据其支付高价的意愿来调整他们的杀虫剂使用量。这种税仅仅可以覆盖一部分面源污染问题，因为它不能影响其他大量的污染贡献者。因此，实施污染税，虽然值得期望，但对于面源污染并不是最佳解决方案。

无论地区税的缺点如何，美国各州的立法欢迎这种经济刺激措施，它们强调自愿参与面污染控制计划。这种参与作为污染控制手段受到州和联邦基金的鼓励。最近的管理设施与经济学家们所设想的下游税不匹配，不同于那些仅仅向面源污染水体利用者所征收的税，这种税向所有美国人征收，甚至是向那些与受到面源污染的水没有任何娱乐或财产利益关系的人来征收。在这种意义上，法律向非农民征税，而对面源污染中作为污染者的农民的关注在下降。这意味着，通过使用经济刺激来控制面源污染，污染税倾向于采纳向所有潜在水利用者征税的方法，而不是向真正的污染者征税。

（二）“命令—控制”措施与其他措施的结合

环境法寻求对个人行为加以限制，但环境法很少这样做，或者当它们这样做时，限制非常不受欢迎，并且会激起公众的激烈反应。因此，很少有环境法直接限制个人行为，也很少得到强制执行。实证研究表明，个人和社会规则可以创造非市场的纠错压力，以改变人们的行为。信息披露手段可以单独或与其他调控手段一起，对个人行为产生实质性的影响。

政府可以运用多种工具来改变个人的环境损害行为。如禁止、税收等。但是，由于在政治上，禁止和税收比较困难，政府倾向于依靠补贴来引导人们选择环境友好行为。这些补贴用于改变环境友好行为的相关成本，因而提升个人参与的兴趣。但是，当补贴具有影响价格的功能时，它们可能会带来意想不到的影响：它们可能消极地改变个体的环境价值观，使得在长远上处理环境损害更为困难。补贴会发出信号，认为关注环境应当被视为一种需要向个人支付价格的行为，而不是属于个人责任的行为。而且，补贴可能会“排挤”负责任的行为。一些实施了环境保护行为的人，仅仅因为他们现在收到了补贴。① 补贴在环境价值观上的潜在影响非常重要。减少面源污染需要大量地改变现有的产品及消费模式。显著的削减，将会增加大量的经济成本，特别是在短期内。社会监管成本很高，很难去监督和制裁大量的个人行为。在美国和加拿大，个人选择影响了大约1/3的人均排放量。在经济上，这是巨大群体的外部性问题。个人可以根据指导其行为的价值观或规则来改变他们的行为。

美国环境保护主义者长期借鉴《海岸带法修正案》，在《清洁水法》中增加命令性条款，为州面源污染计划提供了一些强制管理要求。“《清洁水法修正案》不需要复制《海岸带法修正案》，与这些项目相比，我们

---

① Andrew Green, “You Can't Pay Them Enough: Subsidies, Environmental Law, and Social Norms”, 31 *Harv. Envtl. L. Rev.* 407, 2006.

相信《清洁水法》319 条款的修正是最重要的。”① 一些国会议员讨论国家基准线，注意到“在那些水质保护下降影响产业的州，他们反对州和城市不得不在保护水质与丧失商业机会和工作中作选择”②。换而言之，如果采纳国家基准线，地方政府没有动力将减少环境保护作为一种企业搬迁的促进手段。企业领导已经迫使州在地方环境立法中退步，以帮助他们与其他州的产业进行竞争。比如在肯塔基州，商人催促政治家通过立法，禁止州环境条例对企业进行任何严于联邦法最低要求的管制。

---

① Hearings Before the Senate Clean Water, Fisheries, and Wildlife Committee, 1993WL 760948 (Aug. 5, 1993).

② Clean Water Amendments of 1995, H. R. REP. No. 112, 104th Cong. 1st Sess. (1995).

第六章

我国农村面源污染防治法律实效的矫正

“徒法不足以自行”，法律应当追求生活的真实。我国农村面源污染防治法的效力期待与法律实效之间的严重错位，不仅仅是法律规范层面的错位，更是深层的法律利益衡量与法律价值判断的偏差。对我国农村面源污染防治法律实效的矫正，需要立足国情，调整适应新农村发展和最严格水资源管理的法律价值判断、法律利益衡量，并在法律规范设计上，对法律效力的时间、地域、对象、事项等多维度进行全面调整，通过农村面源污染防治执法、司法和守法能力的制度优化方案得以体现。

第一节　我国农村面源污染防治法律实效矫正的基本思路

在面源污染泛滥的今天，每个人都可能是潜在的污染者。当我们开车、施肥、除草时，我们在污染环境。将个人作为环境法的调整单位，需要环境法理论和方法上的根本性变革。①

一　我国农村面源污染防治法的理念调整

（一）从污染防治优位到民生优位

法律是各种利益关系的平衡器和调节器。农村面源污染防治法是多元价值与多元利益的协调和平衡。环境公平的概念最早起源于美国 20 世纪 80 年代的环境运动。环境公平包含两层含义，其一是指所有人都应有权在清洁、健康、自由的环境中生存和发展，且不应遭受不利环境影响；其

---

①　Michael P. Vandenbergh，“From Smokestake to SUV：The Individual as Regulated Entity in the New Era of Environmental Law”，57 *Vand. L. Rev.* 518，2004.

二是指违反环境保护义务应承担相应的环境损害责任。在法律层面的环境公平是指，身处生态环境中的各主体在环境资源的享有、利用、保护、治理以及破坏后果的惩罚上应享有同等的权利、承担同等的义务和责任。

在城乡二元体制下，大量的资金、设施投向城市，投向工业点源污染，导致农村水污染防治投入不足，农村面源污染防治的公益性未得到充分认识。开展农村面源污染防治工作意味着增加了农业生产和农村生活的成本。在农村面源污染防治的资金投入不足，市场机制尚未培育的情况下，实行“污染者负责”原则，采取“命令—控制”型规范，将主要的面源污染责任加诸农民，通过“禁、限、罚”等“利益限制”措施，强制农民承担面源污染防治的成本，就成为现行农村面源污染防治立法的基本理念。将农村面源污染防治置于农民的生存、发展之上，即所谓的污染治理优位，实质上是城市利益优位，是典型的城乡环境不公平。现行农村面源污染防治立法，对于本属社会弱势阶层的农村居民给予更多的不是利益，而是将过多的污染防治责任投向农村居民，而他们在为基本的生存挣扎的时候往往无力承担，从而在污染防治中更多地考虑守法的经济成本，甚至直接在守法成本与违法成本中进行博弈，导致守法情况不甚乐观。在这种情况下，法律还指责农民过分破坏环境，缺乏全局意识和长远眼光，来维护城市和整个社会的利益，这显然是不公平的。在现行的城乡二元体制下，农村已经为城市的发展做出了巨大贡献，在目前的市场经济条件下，从立法理念上就不能将污染防治置于农民的生存权之上。

生存权是人权的重要内容之一，是人之所以为人的基本标志。《经济、社会及文化权利国际公约》第 11 条第 1 款规定：“本公约缔约各国承认人人有权为他自己和家庭获得相当的生活水准，包括足够的食物、衣着和住房，并能不断改进生活条件。”有学者认为：“生存权的目的，在于保障国民能过像人那样的生活，以在实际社会生活中确保人的尊严；主要是保护帮助生活贫困者和社会中的经济上的弱者。”[①] 虽然对生存权的内涵存在争论，但得到共同认同的是，生存权保护是社会中的弱势群体，如农民。因为，“弱者比强者更能得到法律的保护”。随着社会经济的发展，生存权的内涵也不仅局限于最基本的生存条件，一些曾经被视为发展

① ［日］大须贺明：《生存权论》，林浩译，法律出版社 2000 年版，第 3 页。

权的内容，也归入了生存权中。[①] 在当前经济社会发展水平制约下，农民为获得基本的生存发展而不得不为的农村面源污染行为，实质上仍属于农民生存权的范畴。因此，农村面源污染防治不能超越农民的生存权。事实上，在贫困威胁到生存的情况下，国家有义务为农民提供生存权保障义务，而不是强制农民承担治污成本，应通过经济、技术等各种手段，帮助农民提升农村面源污染防治水平。

（二）从农民利益限制到农民利益增进

湖北省的实证研究表明，通过抑制农民福利的方式来防治农村面源污染的法律，是缺乏实践根基和群众基础的。如果法律制度难以契合社会实践，则法律将难以为社会所接受，应然的法将难以变成具有实效的实然的法。现行有限的面源污染控制政策，因缺乏对我国农村经济欠发达情况的考虑，以致农民的接受态度上表现出较为明显的消极面。匆匆出台的法律、法规难以渗透到人们的生活领域，难以被认同、消化，法律推行的现实困境再次提醒我们，法律实效的发挥需要法律对社会现实的考虑和吸纳，否则将阻碍法律应有价值的实现。根据发达国家的经验，增进农民福利的引导性规范远比限制农民福利的强制性规范更有法律实效，农村面源污染防治措施必须建立在农村可持续发展的基础上。环境保护要想得到农民的支持，实现污染的源头治理和防控，需要政府的行政决策重视农民利益的考量，通过措施引导农民采取有利于环保的生产和生活方式。法律采取物质或精神方面的激励措施鼓励个体作出符合现行法律规定的行为，从而实现法律预期设定的社会关系模式和秩序。[②] 法律激励功能的存在和发挥正是指导性法律规范存在的有力证明。当行为主体违反引导性规范，是不需要承担责任的；当人们遵守引导性规范所提倡和诱导的特定行为模式时，法律应给予奖励。

1998 年《全国生态环境建设规划》颁行并被纳入国民经济和社会发展实施计划，作为我国生态环境建设的长期指导；2000 年发布了《全国生态环境保护纲要》，明确了我国生态环境保护工作的中长期目标；2003 年《中国 21 世纪初可持续发展行动纲要》进一步明确了我国可持续发展的目标、重点工作领域和相关保障措施，成为我国当前和未来农业可持续

① 汪进元：《论生存权的保护领域和实现途径》，《法学评论》2010 年第 5 期。

② 付子堂：《法律功能论》，中国政法大学出版社 1999 年版，第 68 页。

发展的重要政策性文件。这就需要从法制建设上加强农业生态环境保护，不仅要对农村生活垃圾、生活污水、农业生产废弃物进行及时、科学、有效的处理，防止对农村饮用水和土壤造成污染，达到“清洁水源、清洁田园、清洁庭院”的要求，实现“村容整洁”；而且要推行农业清洁生产，发展循环农业经济，实施农业投入品减量化施用等先进的环保技术，为推动农产品优势品牌的形成创造条件，实现以品牌带动产业的发展，推动农业产业升级改造，确保农业增产、农民增收。

2017 年 7—8 月，为了研究新《环境保护法》以及《湖北省水污染防治条例》实施以后农村面源污染防治中的农民守法问题，我们在梁子湖流域选择了 2016 年破垸分洪后的三个典型区域展开调查，分别为曹家湖和垱网湖、涂镇湖以及牛山湖，随后采用多段抽样方法抽取调查样本。本次调查共发放 360 份问卷，收回问卷 342 份。经审核，有效为卷为 336 份，有效率为 93. 3%。调查结果也印证了农民对利益增进的需求。

表 6-1　　面源污染的主要来源

	存在	不存在	不知道	总计
居民生活污染（垃圾污水）	191（57%）	118（35. 2%）	26（7. 8%）	335（100%）
畜禽养殖	149（44. 5%）	152（45. 4%）	34（10. 1%）	335（100%）
农药、化肥污染	193（57. 6%）	108（32. 2%）	34（10. 1%）	335（100%）
围网养殖、投肥养殖	147（43. 9%）	152（45. 4%）	36（10. 7%）	335（100%）

注：表中数值为频次及有效百分比。

表 6-2　　面源污染的严重程度

	很严重	比较严重	不太严重	不严重	一般	没关系/说不清	没有问该问题	总计
居民生活污染（垃圾污水）	18（8. 7%）	39（18. 9%）	77（37. 4%）	30（14. 6%）	31（15. 0%）	9（4. 4%）	2（1. 0%）	206（100%）
畜禽养殖	22（13. 2%）	52（31. 1%）	36（21. 6%）	14（8. 4%）	27（16. 2%）	14（8. 4%）	2（1. 2%）	167（100%）
农药、化肥污染	20（9. 7%）	43（20. 9%）	38（18. 4%）	58（28. 2%）	31（15. 0%）	14（6. 8%）	2（1. 0%）	206（100%）
围网养殖、投肥养殖	26（16. 0%）	48（29. 6%）	38（23. 5%）	21（13. 0%）	19（11. 7%）	9（5. 6%）	1（0. 6%）	162（100%）

注：表中数值为频次及有效百分比。

对上述面源污染来源的严重程度进行评价，依据李克特量表将原选项进行赋值：很严重赋值为5分；比较严重赋值为4分；不太严重赋值为2分；不严重赋值为1分；一般赋值为3分；没关心/说不清以及没有问该问题赋值为0分，其中，选择最后选项的按照系统缺失处理。分析结果如表6-3所示：

表6-3　　面源污染来源分析

	极小值	极大值	均值	标准差	方差	有效样本量
居民生活污染（垃圾污水）	1	5	2.68	1.219	1.486	195
畜禽养殖	1	5	3.21	1.225	1.501	151
农药、化肥污染	1	5	2.63	1.392	1.939	190
围网养殖、投肥养殖	1	5	3.13	1.341	1.797	152

从均值来看，村民主观上认为上述问题的严重程度一般。如若本地区存在以上环境问题，依照均值，其严重程度的排序为畜禽养殖，围网养殖、投肥养殖，居民生活污染，农药、化肥污染。

表6-4　　对于农村面源污染防治的行动意愿分析

	愿意	不愿意	无法回答	总计
将垃圾丢在垃圾箱里或丢到指定集中区域	332（99.1%）	0（0%）	3（0.9%）	335（100%）
在专业人员的指导下，正确使用农药、化肥	318（94.9%）	3（0.9%）	14（4.2%）	335（100%）
对畜禽养殖采取专业的环保措施	320（95.5%）	3（0.9%）	12（3.6%）	335（100%）
积极执行政府宣传的环保政策	328（97.9%）	1（0.3%）	6（1.8%）	335（100%）

注：表中数值为频次及有效百分比。

由表6-4来看，绝大部分调查对象愿意以实际行动支持环境保护。

表6-5　　愿意从哪些途径知晓农业化肥的正确使用信息（多选）

	响应		个案百分比
	频率	百分比	
专业机构	74	13.6%	23.9%

续表

	响应		个案百分比
	频率	百分比	
专业人员	154	28.3%	49.7%
乡镇定期举办学习班	162	29.8%	52.3%
电视上	64	11.8%	20.6%
专业书籍	61	11.2%	19.7%
网络上	29	5.3%	9.4%
总计	544	100%	175.5%

由此看来，想要村民正确使用农药化肥，较好的方式是乡镇定期举办学习班，由专业人员进行指导以及由专业机构提供有关信息。

表 6-6　　下列行为对水资源的危害程度是怎样的

	非常有害	比较有危害	一般	不是很有危害	完全没有危害	无法选择	总计
在农业生产中使用的农药和化肥	80 (23.9%)	138 (41.2%)	68 (20.3%)	35 (10.4%)	7 (2.1%)	7 (2.1%)	335 (100%)
围网养殖、投肥养殖	95 (28.4%)	108 (32.2%)	68 (20.3%)	31 (9.3%)	14 (4.2%)	19 (5.7%)	335 (100%)
畜禽养殖	84 (25.1%)	78 (23.3%)	104 (31.0%)	36 (10.7%)	15 (4.5%)	18 (5.4%)	335 (100%)
居民生活污染（垃圾、污水）	90 (26.9%)	79 (23.7%)	96 (28.7%)	46 (13.8%)	18 (5.4%)	5 (1.5%)	334 (100%)
围垸造田	39 (11.6%)	56 (16.7%)	102 (30.4%)	46 (13.7%)	77 (23.0%)	15 (4.5%)	335 (100%)

注：表中数值为频次及有效百分比。

依据李克特量表，对原选项进行赋值：非常有害赋值为 5 分；比较有危害赋值为 4 分；一般赋值为 3 分；不是很有危害赋值为 2 分；完全没有危害赋值为 1 分；将无法选择处理为系统缺失值。

表 6-7　　下列行为对水资源的危害程度赋值

	极小值	极大值	均值	标准差	方差	有效样本量
在农业生产中使用的农药和化肥	1	5	3.76	1.008	1.015	328
围网养殖、投肥养殖	1	5	3.76	1.119	1.252	316

续表

	极小值	极大值	均值	标准差	方差	有效样本量
畜禽养殖	1	5	3.57	1.136	1.290	317
居民生活污染（垃圾、污水）	1	5	3.54	1.187	1.408	329
围垸造田	1	5	2.79	1.316	1.732	320

由表6-7结果可知，除认为围垸造田对水资源的危害程度偏向一般之外，村民主观上认为余下行为对水资源的危害程度偏向于比较有危害。依据均值、标准差以及方差进行排序，对水资源的危害程度由高到低为：在农业生产中使用的农药和化肥，围网养殖、投肥养殖，畜禽养殖，居民生活污染（垃圾、污水），围垸造田。

关于补偿，调查提问是：如果不采取围网养殖投肥养殖，政府会给予一定的补偿，您期望如何补偿？调查结果表明：第一，大部分居民期望能依据国家政策获得更多的经济补偿；第二，补偿方式有提供住房、田地，提供更多的就业机会等基本补偿，进行生活补助，生活得到保障，一小部分居民认为可进行技术培训；第三，补偿的标准希望依据市场环境实际情况，制订合适的补偿价格，按照农民投资成本的多少给予补偿，而不是统一补偿。

二　我国农村面源污染防治法的立法体系

（一）农村面源污染防治的国家立法与地方立法

在农村面源污染防治立法权限划分上，如何实现中央和地方的权力配置，事关农村面源污染防治体系的构建和完善。因我国国土面积大，各地地域差异明显，农村面源污染防治呈现出明显的地区差异性，因此应兼顾国家必要立法和地方重点立法。

农村面源污染的发生以及污染物的迁移转化过程受到众多环境要素和人类活动的影响，这就决定了农村面源污染具有显著的区域差异性，并在时间和空间上表现出不确定性。我国广阔的地域和多样的自然条件，决定了研究面源污染问题不能一概而论，因而，在分区分级分析各地区的面源污染负荷时空分布特性的基础上，制定更有针对性的地方立法确有必要。①

① 杨胜天、程红光、郝芳华等：《全国非点源污染分区分级》，《环境科学学报》2006年第3期。

土壤、水文、地形、气候、土地利用状况等因素是面源污染发生机制的重要影响因子，加之差异性显著的不同空间区域，导致各流域内不同景观单元单位面积的污染程度差异显著。鉴于环境要素之间的流动性特点，少数景观单元输出的污染物往往成为所在流域污染的主要来源，决定着受纳水体水质状况，进而成为面源污染的重点区域。而大部分景观单元所排污染物数量较少，部分污染物之间吸收、转换、分解和实现自净，并未成为面源污染的重点区域。有研究显示，磷关键源区只占整个流域的一小部分，磷流失量的90%来自10%的区域，且主要分布在靠近河流的区域。[①]鉴于面源污染呈现出的明显空间差异性，在制定面源污染防治规划时需要采纳“因地制宜”策略，针对不同区域的污染贡献率而有重点地施策，并非全流域实施统一的治理措施。面源污染防治策略的选择上，需要考虑人、财、物的投入比例，以及建立植被缓冲区等绿色廊道和湿地等生态工程所需的占地因素；与此同时，还要权衡减少农田化学品投入防治农村面源污染过程中的成本代价，以减少治理措施推行的阻碍。综上所述，有效防治农村面源污染，需要因地制宜，首先识别流域内的污染高负荷区，并判断各区域污染风险的发生概率，以此决定治理重点和有限治理资源的投入先后顺序，同时要确保对水体危害的最小化。遵循上述施策安排，合理优化管理布局和安排治理工程措施，可以在实现污染治理效果的同时，实现投资效益的最大化和节约土地资源，以协调人类开发活动和环境保护工作之间的矛盾。[②] 重视科学技术因素在农村面源污染防治中的重要作用，借助科技手段识别流域内污染关键源区（CSAs），突出治理与管控措施的针对性，已被公认为是减轻面源污染危害的关键技术并得到了广泛的应用。

（二）国家立法与地方立法的分工合作

强调农村面源污染防治领域地方立法的重要性，并不是否定国家立法的必要性。实际上，国家立法在统一全国的农村面源污染防治理念和基本制度方面，是必不可少的。构建国家立法和地方立法的良性互动关系，以国家立法的框架性指导为前提，地方立法依循国家立法所立框架，在充分

---

① Gburek W. J. , Sharpley A. N. , “Hydrology Control on Phosphorus Loss from up Land Agricultural Watersheds”, *Environ. Qual.* , 1998, 27.

② 周慧平、高超、朱晓东：《关键源区识别：农村面源污染控制方法》，《生态学报》2005年第12期。

调研、深入分析当地自然地貌特征、农业生产水平、农民生活习俗等实际情况后，制定符合当地实际状况的技术标准和相应具体治理措施。地方立法并非独立于国家法律体系之外，相反，地方立法正是国家立法体系的重要组成部分，其主要任务在于充分考虑当地实际情况，将国家立法的整体性框架通过地方立法的形式具体化和实践化，确保国家立法的有效实施和地方问题的有效解决。

例如，为提高标准的科学性与合理性，限定性农业生产技术标准在制定中，中央与地方的合作必不可少。德国农民有在秋末收获后至来年春播前在土地翻耕时施用厩肥的习惯。有研究表明，在此时间段翻耕土地施用厩肥容易造成土壤硝酸盐淋溶和污染地下水。1989 年，德国在联邦层面正式通过立法，原则上禁止农民于每年 11 月 15 日至来年 1 月 15 日在农田施用流质厩肥。为进一步落实联邦立法，德国各州结合本地气候条件、地理特质、土壤状况的实际情况，通过州立法的方式对农田施用流质厩肥的时间、使用量、施肥机械等予以了明确和更为细化的规定。因这一立法规定的执行兼顾了农民收益和实践操作性，因此短时间内得到了当地民众的认可和推行。同时，立法所确立的技术标准的推行对控制、减少硝酸盐对地下水的污染起到了重要的作用，也为政府持续颁布有关环境保护、生态安全和农业可持续发展的技术标准提供了参考。上述技术标准之所以能在短时间内得到民众和政府的大力推行，其中一个重要原因是许多技术标准采用图表形式，以直观的方式，将复杂问题简单化，执行成本降低，得到了农民的欢迎进而主动推广。各地区结合自身实际状况，对技术标准适当改造，从而在全国范围内形成了完备的环境安全农业生产技术标准体系。

三 我国农村面源污染防治法的制度创新

法律实效程度的优与劣不仅有赖于整个法律机制的运行状态和社会环境，而且还取决于法律规范自身的可操作性。理论上的言说和建树只有应用于实践中才具有实践价值，理念创新还需要通过制度创新体现于具体的法律规范之中。从现行农村面源污染防治法律实效的错位反观立法，应通过具体制度的创新，真正实现立法理念的转变与调整。

（一）“命令—控制”措施的调整与完善

除了极少的例外，20 世纪 70 年代以来颁布的环境法都直接采取“命令—控制”方法来控制大工业的污染。发达国家的经验表明，“命令—控制”措施也是农村面源污染防治不可或缺的重要组成部分。在农村面源污染防治法的实际运行中，环境司法是一种事后的纠错机制，由于农村面源污染防治面临的司法技术性难题远比工业点源污染防治多，即使在发达国家，环境司法也不是农村面源污染防治的主要手段。尽管农村面源污染防治法的司法实效，会随着中国环境司法整体水平的提升而提升，但司法实效在农村面源污染防治法律实效中的功能仍是有限的，农村面源污染防治法律实效对执法实效和守法实效更为依赖。

农村污染问题往往涉及众多主体而表现出复杂性，有的责任主体难以确定，如上游污染物转移情形；有的涉及责任主体众多且分散，如农田农药污染情形；复杂的农村污染问题导致了农村面源污染往往面临来自治理措施、监管模式、技术运作模式等方面的困难。而农村现有的社会管理体系和农业技术推广体系都难以有效应对复杂的农村污染问题。亟须对目前以“命令—控制”措施为主的守法与执法手段进行调整与完善，建立适应农村需求的“命令—控制”措施。

（二）提供满足农民法律需求的新制度

现行农村面源污染防治的法律实效表明，目前对农村面源防治法的社会认同还较低，人人懂法、守法的良好法治环境尚未形成，法治理念尚未深入人心。制度要得到农民发自内心的普遍遵从，合理性是根本前提。对于农民有着强烈需求的农村面源污染防治措施，应当通过立法积极反馈。民众是法律实施的实践基石，民众对法律的感知、了解、认可、接受程度决定了法律能否获得有效的实施。而法律实施的结果也可进一步提升民众对法律的认可度和接受度。法律只有在民众认可的范围内实施，才能实现应然的法向实然的法的转变。

第二节　我国农村面源污染防治的管理体制

一　从政府管理到公共治理

（一）农村面源污染防治中的公共治理

水资源是典型的公共资源，农村面源污染防治具有环境公益的性质。从20世纪60年代起，水资源保护先后经历了政府主导的命令与控制时期，以及基于市场的经济刺激时期，目前已发展到水资源的公共治理时期。水资源公共治理是指政府、市场与公众形成组织网络，共同参与水资源管理，并共同承担责任的合作行为，强调沟通与协调的水资源治理途径、方式和手段。事实证明，政府管理下“大家污染，政府治理”的农村面源污染防治模式难以持续，对于农村面源污染防治这种需要全社会广泛参与的公共事务，应当推动单一的政府管理向水资源公共治理转型，建立农村面源污染防治的全社会参与机制。

（二）农村面源污染防治公共治理的主要措施

一是转变政府职能，实现社会治理机制理念从“水管理”到“水服务”的转变；二是在社会治理手段上，从单纯依靠行政手段向行政手段与经济手段并重转化，研究和推广“水经济”；三是在社会治理主体和方式上，实现从单一主体管理到多元主体共治的转变，在保留原有行政机关治理主体地位的同时，吸纳社会公众和民间组织积极参与面源污染治理，倡导全民参与农村面源污染防治的“水文化”。

社会治理机制理念实现从“管理”到“服务”的转变，是社会治理机制从传统到现代转变的重要标志。首先，理念的转变代表了现代社会治理机制的范式转换。“认识到提供服务是政府的一项重要职能，是现代行政理念区别与传统行政理念的重要标志，体现了行政模式和行政观念的彻底转型。”① 其次，理念的转变代表了现代社会治理机制的当前和未来发展趋势。现代社会治理机制要求治理主体须在尊重社会公平的前提下更加重视民主参与和社会责任，强调社会公众利益需求对于社会治理理念和机制的重要约束和指导价值。管理的科学高效与否，在很大程度上取决于管理对象的满意度，而服务就是以老百姓的满意为重要前提的，因此二者并不矛盾，丹江口库区的农村面源污染问题，说到底是政府的管理严重脱离了农民的需求，管理与服务没有有效统一。

二　农村面源污染防治的管理机构

管理体制是管理系统的结构和组成方式，包括各类管理机构的管理范围、权限职责的分配以及各机构间的相互协调，其核心是管理机构的设置。

（一）农村面源污染防治管理的整体性

我国农村面源污染防治还没有明确的主管机构，防治部门交叉且不

① 崔运武、高建华：《服务行政：理念及其基本内涵》，《学术探索》2004 年第 8 期。

明确。我国的城市环境卫生立法和政策措施中城市卫生、道路清扫等活动虽然没有排除在环保防治之外，但它分属于建设部门管理，城建环卫部门只负责城市“点”上的环保工作，对于“面”上的环保工作无暇顾及。农业部门在促进产业发展和保护环境这两个目标之间，往往倾向于促进产业发展。而国家环保部门对于面源污染问题，又起不到直接的防治作用。这就导致面源污染管理处于一种真空状态。而且，不同部门和行业的制度和政策间缺乏协调机制，结果导致了管理部门（例如建设部门和林业部门）不想成为面源污染防治的主管部门，从而担负起防治面源污染的法律责任，其他部门（例如环保部门等）也不积极配合管理部门履行职责。

湖北省结合新农村建设，进行了不少关于农村水污染防治的行动，如水利部门实施农村饮用水安全工程，确保饮用水放心饮用；环保部门推行“农村小康环保行动计划”，人人参与爱护周边环境卫生；推行全国环境优美乡镇及生态村“四级联创”建设项目等加快新农村建设；农业部门推行测土施肥工程、农村清洁工程示范村、农村户用沼气和养殖场沼气工程等项目，实现农业生产和生活方式的清洁化。但是，由于缺乏明确的农村面源污染防治主管机构，这些行动存在严重的各部门之间职能交叉，团结协作程度不够的问题。

目前，享有农村面源污染防治管理权的行政主管部门有近十个之多，主要有水利、环境保护、农业、土地、交通，以及林业等行政主管部门，这些部门按照各自的管理权限，对农村面源污染防治各管一块，造成了农村面源污染防治功能管理的部门分割。管理农村面源污染防治的部门很多，但每一个部门都仅仅针对农村面源污染防治的某一个或某几个功能进行管理，对农村面源污染防治管理缺乏整体性。农业生态环境保护的整体性、湖泊功能的多元性要求也需要一个从整体角度出发为农村面源污染防治确定专门的管理机构。

（二）农村面源污染防治主管部门为农业部门

在实现建设环境优美、生态安全的新农村目标的同时，应参考国外的有效经验做法，建立健全农村面源污染防治的监管体制，实现多部门之间的信息共享、相互配合和良性互动。农业部门作为农村面源污染防治的主管部门，是建立职能清晰、分工明确、有效合作的环境管理体制的关键。①

农业环保的职责范围的进一步拓宽，是农业部门作为农村面源污染防治主管部门的基础和前提。国务院将农业部门的职责拓宽为“发展循环农业，加大力度防治农村面源污染”，“加强农村基础设施建设，加强村庄规划和人居环境治理，搞好农村污水、垃圾治理，改善农村环境卫生”。② 国务院《关于落实科学发展观加强环境保护的决定》中明确提出“以防治土壤污染为重点，加强农村环境保护”，农村环保首次成为环保工作的重点。农业部在2012年启动实施的“九大行动”中，其中有3大行动与农业环保工作有关，而且特别强调了乡村清洁工程建设和治理农村面源污染。国家相继颁布实施了一批相关的法律法规，拓宽了农业部门的职责范围。《农业法》明确了农业部门在农业生态环境污染事故调查处理上的职责（第66条），这是一大突破；国务院《野生植物保护条例》以及农业部《农业野生植物保护办法》，赋予了农业部门野生植物保护的职责，这几年农业部门开展了资源普查、保护规划的编制、原生境保护点的建设等工作；《农产品质量安全法》第三章规定了农产品产地的管理，赋予了农业部门农产品产地环境监管的职责。

确定农村面源污染防治主管部门为农业部门，最大的障碍来自环保部门。环保部门是我国环境保护的统一监督管理部门，城市的环境保护也一直由环保部门主管。然而，我国最基层的环保系统是县一级环保机构，少数乡镇一级设置有环保办公室等环保机构，但它们针对农村的工作仅限于农村工业，对于农村生活和农业环境涉及很少。且环保工作分散在各个相关部门，而部门利益又难以协调。环保机构隶属关系的复杂，导致其不能很好地贯彻实施环境保护的法规和政策。

确定农村面源污染防治主管部门为农业部门，需要进一步明确农业部门与环保等其他分管机构之间的关系。国外经验表明，环保部门的主要职责是制定农村面源污染防治方面的标准、监督制度，防止农业部门在促进产业发展和保护环境这两个目标之间，本能地倾向于促进产业发展。例如，在美国的农业社区水质交易中，环境保护署与农业部因各自职能的差

---

① 冷罗生：《防治面源污染的法律措施——日本的经验与中国的对策》，《环境保护》2009年第6期。

② 中共中央、国务院：《关于加快推进农业科技创新持续增强农产品供给保障能力的若干意见》。

异，其视角也有所不同。环境保护署将交易视作符合成本效益的传输清洁水的路径，而农业部将交易看作抵消农民最佳管理措施成本的手段。考虑到农业社区的资源和信用能力问题，农业部对特定水质交易项目的资助也在不断增长。因此，农业部在鼓励农民参与水质交易项目中所起的作用是不容低估的。在很大程度上，环境保护署应与农业部一起理性地对待某些与交易有关的观点和信息，与农业部建立牢固的合作关系，共同解决排污权交易的障碍。环境保护署和农业部自然资源保护局在自然资源保护项目和水质交易项目的交叉部分应加强合作。自然资源保护项目的参与者们不可能放弃参与自然资源保护项目而拥有的出售排污权的机会。两个部门的合作非常必要，一方面，环境保护可以更好地向农业社区传达；另一方面，环境保护署和农业部自然资源保护局可就环境品质激励项目资金的分配问题加强合作和信息共享。①

确定农村面源污染防治主管部门为农业部门，农业环保机构、人员的法律地位需要在法规中加以明确。随着我国改革的进一步深入，必须认真对待农业环保机构的法律地位、农业环保体系建设、农业生态环保监察员等问题。

三　农村面源污染防治的公众参与

农村面源污染防治以分散化的个人为主要调整对象，社会公众的普遍守法是农村面源污染防治具有实效的关键。2006 年的统计数据显示，相较于 1990 年，美国受农村面源污染的面积减少了 65%，而这一良好效果的产生，离不开有利于环境保护替代技术的普遍使用，并且这种替代技术的广泛使用离不开政府的鼓励和农民的自愿。②。在广阔的农村地区，很难像城市一样建立起完全由财政负担的环境保护监督管理体制。因而，在农村地区实施环境保护的监督和管理，必须充分调动各方力量和资源，既包括国家力量，也包括社会力量，形成环境保护监督管理的合力，构建起网络化的农村环境保护格局。

（一）推动农村环保自治组织的发展

无论是在城市，还是在农村地区，环境保护皆与每一个人息息相关，

---

① 姜双林、杨霞：《美国非点源参与点源水质交易的法律问题研究》，《环境污染与防治》2011 年第 12 期。

② 《美国如何治理农村面源污染》，《北京农业》2009 年第 1 期。

谁都无法独善其身。这也就意味着环境保护事务并非某个主体的责任，而是所有受影响主体的责任。因而，针对农村面源污染，必须充分重视农村居民的主体作用，根据农村社区规模小、广分布、熟人社会的特点，可通过制定乡规民约、建立环保自治组织等方式，提升农村地区环境保护的公众参与水平与环境保护自治水平。湖北省一些农村地区已开始了相关的实践。例如，2006年荆门、宜昌、襄樊三地共同建立了漳河保护联席会议制度，并讨论制定了《漳河水库环境保护联席会议制度》和《漳河水源环境管理乡村网络联席会议制度》，构建起了跨荆襄宜三地的环境管理网络和乡村环境管理网络。漳河水库提出了“依靠村民组织、提高自律意识、推动公众参与、共建和谐库区”的工作方针，基于“先行试点，逐步推广”的基本思路，首先在库区选择了8个村组进行试点，开展了水政监察社会监管网络工作。这一试点工作的展开是建立在村民自愿、自治的基础上的，所采取的方式主要有：与村民委员会签订协管协议、聘请村民为义务协管员等，充分发挥基层村民自治组织的功能，充分调动沿库沿河居民参与监管的积极性，客观上取得了良好的效果。2008年，京山县为破解投肥养殖监管难的困境，在秉持公众参与的理念下，在全县33座重点水库周围聘请了100名环保监督员。在将这些经验进行总结和提升的基础上，可以将成熟的经验通过以立法的形式加以规范和推广。

（二）发挥经济合作组织作用，大力发展绿色农业

农村经济合作组织是农村农业生产者自发组织形成的一种互助的非法人组织，这种组织的优点是可以实现农村各生产单位之间信息以及资源共享、风险共担，有助于农业生产的规模化，降低生产成本，提高生产效率。在当前农村集体经济尚不发达的丹江口地区，经济合作组织极不发达，其引导农业生产，发挥地域农业企业集团优势的作用没有得到体现。据统计，丹江口市全市无集体经济收入的空壳村2008年有107个，占行政村总数的46.5%，从空壳村的分布来看，大都处于交通相对封闭，自然资源开发利用率不高的地区，典型如官山镇、白杨坪林区、牛河林区、大沟林区，所辖村基本上没有集体经济收入。这样的情况导致当地经济发展缓慢，农民生产积极性降低，以散户为主的农业生产也无法考虑发展成本较高的绿色农业。要想实现农村绿色农业经济的发展，从源头实现面源污染的治理，就一定要发挥农村经济合作组织的作用。当然，在现阶段，要想实现丹江口全市农村集体经济以及经济合作组织的发展与壮大尚不现

实，但农村基层管理者，如村委会要充分发挥其组织协调的优势，提高政府资金的使用效率，要在引导村民发展集体农业的基础上，积极吸引外资，全力支持村级经济合作组织建设，扩大集体经济规模，提高农业产品竞争力。同时，经济合作组织也要加强农业技术引进，加大市场信息供给，鼓励集体农户发展绿色农业，使当地农业发展走上快速健康之路。2010 年，通过产业结构调整，郧县柳陂镇扩大蔬菜基地面积 1350 亩，产量 29000 吨，产值 3300 万元，农村蔬菜专业合作组织、专业协会和龙头企业初步建立，到目前为止，发展“柳绿”“洪绿”“川绿”等蔬菜专业合作组织、专业协会 10 多家。培植市级蔬菜加工型产业化龙头企业 1 家。可以说，郧县独特的地理环境和大规模的蔬菜种植基地以及郧县政府对无公害蔬菜产业化的重视使得郧县无公害蔬菜的产业化发展呈现一种良好的势头。

（三）提升村民环保意识，建立多元的村民环保参与机制

农民环保参与是一件系统工程，要保证这项工程的质量，并发挥其应有的作用，就必须仔细考量工程的设计机制，并在合适的地方稳步推行。农民的环保参与可以分为直接参与与间接参与，那么农民参与机制就可以分为直接参与机制与间接参与机制，设立直接参与机制又分为两种情况：正式性参与与非正式性参与。首先，对于间接参与机制而言，就是要建立村级环保专项资金募集制度，用农民自己的钱治理身边的环境污染，尤其是农村的面源污染，这种做法一方面可以为环境治理提供足够与稳定的资金支持，另一方面可以在村民中强化一种污染者付费的责任意识，进而可以间接提升环保意识。其次，对于直接参与机制而言，要从两个方面展开设计：一方面要依托村民自治组织，建立环保公众参与机制，这一机制的设立可以为农民正式性参与环保提供渠道、创造机会，统计显示，农民个人收入水平较高、经济发展水平较高以及受教育设施与环境良好的地方更适合推广这种机制；另一方面，对于农民的非正式参与，更需要基层组织的宣传与引导，县级机构可以对农村环境管理进行考核，并为其提供技术上的指导。对于非正式参与机制的设立，从我们的调查来看，社会环境因素对其影响不显著，而教育背景因素及务农项目与其有显著关系，具体来讲，受教育水平高的农民，或是从事水产养殖的农民，其自觉从事环保行为的习惯较好，因此，要提高农民的非正式参与意识，需要从提高广大村民的受教育水平方面着手，另外，从事水产养殖的农民因其工作需要在日

常生活中更容易养成环保的习惯，所以可以积极引导他们参与到正式性的环保组织中来，发挥其宣传与示范作用。

同居住在钢筋水泥搭建的框架式建筑中的城市居民相比，农村居民的房屋布局更加利于人际交流和沟通。从这个角度来说，如果农村建立起生态环保的舆论氛围将比城市更加具有约束力和监督力。提高农村面源污染防治法的守法与执法实效，需要通过上述具体制度建设，将现行立法中仅有原则性规定的公众参与，转化为强化公众参与的法定途径和程序。

第三节 我国农村面源污染防治的核心制度

一 "命令—控制"制度的调整与完善

（一）经济刺激制度与"命令—控制"制度的伴随性

单一的"命令—控制"制度的法律实效不佳，并不是否定"命令—控制"制度的理由。国际经验表明，"命令—控制"制度的有效实施，需要同时采取配套的经济刺激制度。

美国在采用传统的"命令—控制"制度，即制定法定标准定时，还采用两种经济刺激方式：一是经济抑制，二是放松管制/补贴。这三种方案都各有缺点：标准制定具有官僚体系的弱点，经济抑制可能实施起来很困难，而纯粹的放松管制可以说几乎不能纠正污染问题。[①]

1. 传统的标准制定方法

加紧面源污染管治，或者是通过提升减排标准，或者是提升所要求的最低管理措施来减少州所要求的污染，或者两种方式一起使用。事实上，在控制影响了29个州的海岸带径流污染方面，国会试图两种方法都使用。1990年《海岸带法修正案》要求州采取经济可行的管理措施进行控制，或者是在现存污染物的基础上增加新的面源污染物的种类和类型，这反映可获得的最大程度的污染物削减，是通过最佳可得的面源污染控制实践、技术、程序、发布标准、操作方法或其他替代方案的应用而实现的。《海岸带法修正案》中的"可获得的最大程度的污染物削减"标准，比319条款中的"最大程度可行的"管理实践标准，或者是208条款中的"可行范围"

---

① David Zaring, Agriculture, "Gunpoint Source Pollution, And Regulatory Control: The Clean Water Act's Bleak Present And Future", 20 *Harv. Envtl. L. Rev.* 529, (1996).

标准更加严格。《海岸带法修正案》还要求美国环境保护署发布州面源污染控制计划的最低标准。如果州不能提出批准计划，《海岸带法修正案》授权美国环境保护署撤回部分联邦海岸环境资助基金。美国环境保护局在《海岸带法案重新授权修正案》中设立了面源控制计划，提出了特定许可条件。这一做法的主要优点在于，这些污染源受到可执行的许可条件和行为的支配，而这些可执行的许可条件和行为又来源于各个州、联邦政府，以及受影响的市民在《清洁水法案》中的公民诉讼条款。这种强制的执行力会构成一种威慑，使得相应的污染源必须遵守 NPDES 中有针对性的或是普遍的规定。《海岸带法修正案》中的高目标和全国范围内的最低标准在《清洁水法》之下被运用于所有的农村面源污染。

然而，国家方法能够创造一个不灵活的法律体系，却不能对美国多样化的环境负责。大规模的控制可能在一些地区要求太多污染控制，而在另一些地区又太少。美国环境保护局认为，确定某一地点面源污染的具体内容，考虑了受影响的流域或水体的本质、当地点源污染情况等多种因素。因此，受到规范的管理实践比制定技术标准更为有效。技术标准是静止的，一旦农民达到了法定最低标准，农民就没有任何动机来进一步减少污染，努力生产会产生更多污染；另外，缺少尽可能经济可行的措施来激励农民减少污染。因此，与缺少灵活性的技术标准等法定命令相比，经济刺激措施的主要优势是可以更灵活地激励农民尽可能减少污染。

2. 经济刺激管理方法

对减少面源污染，经济刺激提供了另一种管理观念。基于市场的刺激理论上能使私人利益与公共目标紧密结合：如果识别并正确运用，这种刺激能诱导农民们削减污染，因为如此做有利于他们的经济利益。即“私人利益的公共利用”①。这一策略很早以前就被认识到了：1979 年，美国律师协会的法律和经济委员会评论道：“在处理溢出问题，比如环境污染时，限制性方式，如税收、披露事项或讨价还价，应该被当作古典的标准制定的补充或是特别替代。”② 经济刺激方法的加入，使得农村面源污染防治发展出了有效的法律对策。

但是，经济刺激并不是机械的“污染者付费”。考虑到农民的负担能

---

① Thomas K. Mccraw, Prophets of Regulation 308 (1984).

② American Bar Association Committee on Law and the Economy, Federal Regulation: Roads to Reform I 43 (1979).

力，以及“污染者付费”的政治难度，美国还向其他水资源的使用者收税。在农业领域成功实施污染者付费机制的困难引导人们考虑其他的可利用的经济刺激方法。大量刺激存在于认同清洁水价值的其他使用者中。这些水使用者能够通过一系列税务评估，为其清洁付费。下游的水使用者，如工厂，能够根据它们的用水总量征税。这一程序也可用于农村面源污染控制计划。同样，任何下游财产所有者也可根据他们所拥有的河岸土地总量征税。水体的娱乐使用，如捕鱼或游泳，也能根据执照征税。虽然让非污染者为农民的污染付费看起来可能不公平，但这种付费某种程度上强调，农民就像所有的河岸土地所有权人一样，有权利利用水。

3. 放松管制

如果农民不再受政府管制，而且还可能从其资助中受益，可以鼓励单纯的自愿面源污染控制计划，延迟实施管制计划的时间表。“某种程度上，农业为面源排放负责，法案正确地选择了避免自上而下的管制方法”。然而，它确实包含为该法下的自愿面源污染控制提供资助。它将支付最高达每年3亿美元的资助款，30亿美元将用于面源污染计划。国家资源保护委员会评论道：“所有这些钱可能直接到农业综合企业去，没有任何问责制。”① 单一的放松管制很快受到了环境保护主义者的严厉批评。被称为“污染者成真的梦想，其他人的梦魇”②。许多人认为，单一的放松管制没有提供有效地解决面源污染的有效框架。

4. “命令—控制”制度与经济刺激制度的配合

1995年通过的《清洁水法》修正案既没有采纳向农民收税的方案，也没有严格限制农民的最小排放量。白宫通过了一个H. R. 961法案，总的来说，继续实行放松管制和补贴的结合。法案的起草者“反对授予美国国家环保总署、国家海洋空气管理局以更大的“命令—控制”权力的提议”③。他们大大地扩大了州根据其需求管理面源污染的权力。法案包括如下宣言：“在实施本法条款时，支持和扩大州、部族和地方政府的作用是我们的国家政策。”④ 起草者认识到：“国会已经选择了如何处理分散

① NRDC, *Save Our Summer*, supra note 133, at 24.

② Bob Benenson, *Water Bill Wins House Passage*, *May not Survive in Senate*, C. Q., May 20, 1995, at 1413.

③ Clean Water Amendments of 1995, H. R. REP. NO. 112, 104th Cong., 1st Sess. (1995).

④ H. R. 961, 104th Cong., 1st Sess. § 101 (b) (9) (1995).

的、面源污染行为。例如，对于畜禽粪肥的土地利用方式和农业投入等行为，以及面源径流管理，州与决定如何采用最佳方式的农民和农场主并肩工作，共同负责。”① 319 条款的修正案因此宣布：“这个条款的目的是帮助州解决面源污染，它有必要成为这部法的目标和要求。我们已经认识到，州在面源防治方面的主动权代表了实现立法目标的最成功的方法。”② 法案要求州实施水污染管理实践仅仅是给美国国家环保总署提供一个关于“在 15 年内实现水质标准的，合理深入的进步所必要的程度”的面源污染报告。而且，“在决定实现此目标的合理进步中，联邦资助的充足性是一个重要因素”③。美国国家环保总署必须发布对州的指导，把它视作管理计划的准备，这将提供达到水质标准的合理进步。然而，法案不允许美国环境保护署“仅仅因为计划不包括强制政策或机制”，就不批准任何计划。④

（二）完善“命令—控制”制度的国际经验

美国农村面源污染防治法的最新发展，为完善我国“命令—控制”制度提供了宝贵的国际经验。

为什么美国国会无论对经济刺激还是传统的“命令—控制”法律都退避三舍呢？从农村面源污染的放松管制中可以观察到一些制度性的解释。对于国会限制，关注面源污染的因果关系是一个重要和谨慎的原因，另一个解释可能是由于更少的政策考虑和更多的政治程序本身。美国国会可能不愿意致力于复杂的经济刺激计划来控制面源污染，因为它关注的是法律识别面源污染者的能力。美国环境保护署认识到：“很难在许多面源和特定的水质问题之间建立一个因果关系。”⑤ 传统法律制度要求从侵害者到被侵害者之间有精确的因果关系，这可能会使国会对面源污染防治立法产生不适，因为在面源污染中，通常很难识别受污染径流来自哪块特定的农场土地。不仅是因果关系难于追溯到个体的污染者，而且它还随任何特定流域的景观变化而有所不同，影响着通过农场

---

① Clean Water Amendments of 1995, H. R. REP. NO. 112, 104th Cong., 1st Sess. (1995).

② H. R. 961 § 319 (p).

③ Clean Water Amendments of 1995, H. R. REP. NO. 112, 104th Cong., 1st Sess. (1995).

④ H. R. 961 § 319 (d) (2) (B).

⑤ US Environment Protection Agency, Report to Congress, *Nonpoint Source Pollution in The United States*, 2-6 to 2-7 (1984), at 1-17.

土地上的水迁移的方式和总量。国会认识到:“因为问题的分散本质,来自动物养殖废弃物、农药、杀虫剂和受侵蚀土壤的面源污染都难以控制。”①

因为政治群体的介入,即便因果关系能够明确建立,严格的面源管制也难以发挥效力。立法程序的分析利用了公共选择理论,它被定义为“非市场决策的经济研究”,作为博弈理论的应用,以及对立法程序的微观经济分析。这种公共选择理论的分支,将立法程序视为利益团体之间的竞争。正如一位有影响力的经济学家对公共选择理论的定义:“基本的假设是,法律和其他的政治制度都是用于提升更有影响压力的利益群体的福利的。”② 对面源污染的严格立法将产生受惠者(得到了更干净水的其他水利用者)和损失者(将不得不遵守潜在的昂贵的新规则或税收政策,使他们处于不利竞争中的农民),立法程序可以视为两个利益相对的群体之间的竞争。在这种竞争中,立法者服务于最有可能使其获得重新当选机会的利益群体。“立法被提供给战胜了寻求有利立法的竞争者的群体或联盟”。③ 一个利益群体赢得立法服务的希望,有赖于群体围绕立法进程进行联合的成本。能够以少于被管制的成本组织起来的群体将能够有效施加压力,游说立法。相反,仅能以比令人厌恶的立法带来的成本更为昂贵的成本组织起来的群体,将在立法竞争中败于能以更便宜方法组织起来的,追求这一立法的利益群体。

利益群体对心仪立法的追求通常被称为“寻租”。观察家们早就考虑到,美国政治是否能被准确地描绘为一种寻租利益群体之间的竞争。这表明,至少在农业环境立法的分散性主题中,集中起来的污染者利益群体和他们的游说者,在立法程序中更能发挥重要作用。H. R. 961 法案的案例说明,类似污染者利益群体的游说将极大地减少在国家水平上控制面源污染的努力。农业污染者和其他水利用者之间在国家面源污染立法程序上的竞争,并不是均匀平衡的。一方是受益于农业面源污染减少的、广泛多样的“公共”利益群体——其他用水户;与之相对应的另一方是受到潜在

---

① S. Rep. No. 370, 95th Cong., 1st Sess. (1995).

② Gary S. Becker, “A Theory of Competition Among Pressure Groups for Political Influence”, 98 *Q. J. Econ.* 371 (1983).

③ William M. Landes & Richard A. Posner, “The Independent Judiciary in an Interest Group Perspective”, 18 *J. L. & Econ.* 875, 877 (1977).

昂贵污染规制威胁的集中的“私人”群体——农民。与从任何游说努力中都仅能获得较少利益的其他用水户相比，农业利益者有更强的动力，推动每个人为了他们的利害关系去战斗。

H. R. 961 法案的发展证明，《清洁水法》的面源概念条款，本质上是处于不平等地位的特殊利益团体之间进行竞争的结果。观察者们注意到，《清洁水法》的广泛流行并没有将其从法案所代表的“重大缺陷”中解救出来。《纽约时报》的一位记者说：“《清洁水法》使污染者的污染行为更容易，但是别奇怪，正是污染者们起草了法案。”① 法案是在任务压力下起草的，农业和其他受到面源污染防治严格限制的潜在利益群体受邀参加了立法，而环境保护和其他的“公共利益”群体却没有。众议院交通及基础设施委员会前主席米内塔，形容 H. R. 961 法案是特殊利益群体所撰写的“污染者权利法案”。② 而且，农业利益者支持 H. R. 961 法案。美国大豆协会首任副主席约翰·朗盖尔，在 H. R. 961 法案的听证中，强调污染削减计划的自愿参与，指出“有必要避免那些依靠强制性水质目标、自上而下的计划。”③

在今后较短的时间内，严格的立法或农业径流税不可能强加于农民身上。公共选择理论假定小的、容易组织起来的，在潜在立法中有巨大利害关系的群体在立法发展中最终将发挥重要作用，这对 H. R. 961 法案的发展提供了理论解释。乔纳森·梅西教授发现，农民的小规模集中有利于获得理想立法的利益，这会带动本群体更强地卷入政治程序。因此，他指出：“在农业仅占农村经济构成小部分的地方，如日本、以色列和美国，它就能得到高额补贴；而在农业占农村经济构成大部分的地方，如波兰、中国、泰国或尼日利亚，它们就负担着重税。”④

解决面源污染问题，两个方法值得考虑。在立法程序中，使立法者更多地与追求污染的政治压力相隔离，是可以战胜农业利益者的。例如，美

① “Bud Shuster's Dirty Water Act”, *N. Y. Times*, Apr. 2, 1995, §4, at 4.

② Bob Benenson, “House Panel Easily Approves Revision of Clean Water Act”, *C. Q.*, Apr. 1, 1995, at 935.

③ Hearing before the House Water Resources and Environment Subcomm., Feb. 24, 1995, WL76950.

④ Jonathan R. Macey, “Public Choice: The Theory of the Firm and the Theory of Market Exchange”, 74 *Cornell L. Rev.* 43, 48 (1988).

国国家环保总署可以通过复审部分其颁布的规则是否符合法律的方式，在法庭上寻求对《清洁水法》的有利解释。① 美国环境保护署还可以游说国会，或者联合其他联邦机构，对现有的自愿面源污染控制计划提高资助。另外的替代方法认识到，农业在立法程序等的影响。这个方法就是对农村面源污染控制问题给予充分补贴，以及通过水使用税、娱乐许可证等方法，以针对其他水使用者的成本。这个替代方案具有政治上易行的优势，但是对作为污染者的农民付费令人难以忍受。因此，解决农村面源污染需要新方法，即双管齐下，两种措施并行。

（三）我国“命令—控制”制度的完善

1. 建立农村污染防治的全过程控制机制

目前我国农村水污染防治仍然以传统的“末端控制”和“点源控制”措施为主，这一局面应迅速得到改变，在坚持体现预防性原则的源头控制措施的基础上，实现农村水污染防治的全过程控制机制。一是要从规划入手，加强农村水污染防治规划进度，并将其纳入国家和地方政府的相关计划和规划，尤其是小城镇和新农村建设规划、工业园和畜牧园规划。同时，尽快解决湖北省现行的水功能区划和水环境功能区划之间的紧张关系，依据当前水环境质量状况修订水环境功能区划，并重新划定新的饮用水源保护区范围。二是实现农村环境影响评价体系的建立和完善。现行的环境影响评价体系忽视了对农村环境影响的评价，湖北省应正视这一现状，根据《环境影响评价法》的相关规定，结合湖北省农村环境质量现状，逐步开展对农村规划的环境影响评价，落实对乡镇企业以及城市转移产业建设项目的环境影响评价，探索对地方水环境有重大影响的农业政策进行环境影响评价。三是着力整治农村水污染，对于已经形成的严重污染，要采取有效措施，积极进行治理，尽量将污染造成的危害控制在不对人体健康造成重大影响的范围内。适合于农村的水污染防治技术及高效的农业技术推广体系，是助推农村水污染防治的重要措施，湖北省可通过采取多种有效措施推进水污染防治进度，如建立健全农村水污染监测监察机制；鼓励研发适合于农村的、经济可行的环保公共设施，以及操作简单、

---

① 例如，《清洁水法》将集约化畜禽养殖（CAFO）作为点源污染。1995 年，美国环境保护署仅将载畜量在 1000 头以上的机构定义为集约化畜禽养殖（CAFO）。美国环境保护署可以重新设计更低的集约化畜禽养殖（CAFO）的载畜量标准，以便更多的畜禽养殖机构可以适用《清洁水法》。

成本较小、农民易于接受的面源污染防治技术；扶持研究和推广“改水、改厕、养殖、沼气四位一体”的生态农业新模式；推动农业技术推广服务体系完善，在现有农技推广服务系统中增加和突出科学种田、合理施用农药化肥、节约用水的技术。

2. 寻求适合于农村的水污染防治投入机制

农村水污染防治的有效开展，离不开环保投入机制支持，因此，需要结合农村水污染的新特点而创新环保投入新机制。一是继续加强财政投入在农村水污染防治中的作用。财政投入是社会资本投入的风向标，其示范和引导作用巨大。财政投入具有投入形式多样化和灵活化等优势，如扶贫和“以奖促治”等形式。环保部、财政部、发改委于2009年共同发布了《关于实行“以奖促治”加快解决突出的农村环境问题的实施方案》，三部委要求各地政府参照国家“以奖促治”政策，充分考虑当地实际情况和环境质量状况，合理安排本级农村环境保护专项补助资金。该方案也建议省级财政设置“以奖促治”专项资金，支持农村开展以“两清”（清洁种植、清洁养殖）、“两减”（农药和化肥施用减量化）、“两治”（农村环境综合整治、规模化畜禽养殖污染防治）、“两创”（创建环境优美乡镇和生态文明村）为主要内容的农村环境综合治理工作，为此，湖北省应在充分考虑本省实际和当地农村环境现状的前提下，尽快构建完善的农村环保财政投入机制。二是兼顾政府主导作用的发挥和市场机制作用，鼓励社会资本积极关注、转投农村水污染防治工作，积极吸引社会公众资本，构建政府、社会、个人的多元化农村环保投资机制，实现污染综合治理的共治局面。扶持研究环保债券。研究环保彩票的发行可行性，适时探索发行。三是推进农村水污染防治运营的市场化和服务专业化。参考、借鉴城市公共环保设施建设和运行的成功市场经验，运用市场机制，通过财政、税收、价格、信贷等渠道完善环保投入优惠政策，为农村水污染防治运营的市场化提供良好的运营环境。同时，坚持走专业化道路，组建农村水污染综合治理的专业服务机构和团队，提升污染防治的服务水平。

3. 多元补偿的市场经营机制

实践调查研究发现，过于依赖行政指令，忽视市场机制作用，不重视相关部门及经济主体的合法利益，是农村面源污染防治法律实效不佳的重要原因。实际上，生态农业、生态养殖、生态渔业、生态湿地与垃圾再回收利用等生态产业能够产生巨大的经济效益，由此得到的收入可以再投入生态基金，生态基金扶持生态农业和生态产业，从而形成农村污染治理的良性生态循环，在治理农村环境污染、确保农村生态安全的同时，还进一步实现了效益的增收，一举多得。除此之外，还应逐步培育新的市场机制，通过补偿的方式平衡各方利益。在武汉市和丹江口库区所展开的城乡居民对农村面源污染防治的认知与支付意愿调查，证明建立利益相关方共同付费补偿的市场经营机制是可行的。

表 6-8　武汉市居民和丹江口水源地保护区居民对无污染农产品价格支付意愿对比

	武汉市居民对消费无污染农产品的支付意愿	丹江口水源地保护区居民对生产无污染农产品的支付意愿
贵 10%以下	57. 2%	12. 7%
贵 10%—20%	22. 4%	7. 1%
贵 30%及以上	6. 9%	2. 2%

总体来说，城乡居民对环境保护的支付意愿不强，武汉市居民对环保的支付意愿较丹江口水源地保护区农村居民强，这可能受支付能力和生活水平的影响，城市居民大多解决了基本生存问题，有一定的能力支付环保费用，也更加愿意通过支付一定的环保费用提高自己的生活水平。而农村居民，大多从事农业生产，小农经营靠天吃饭，支付能力有限，无力承担因使用无污染、污染程度较低的化肥而带来的成本风险、销售风险，因此支付意愿不强。

表 6-9　武汉市居民和丹江口水源地保护区居民对无污染农产品价格认知

	武汉市居民愿意支付无污染农产品价格	丹江口水源地保护区居民对无污染农产品估价
贵 10%以下	57. 2	34. 8
贵 10%—20%	22. 4	29. 95
贵 20%—50%	4. 5	19. 5
贵 50%—100%	2. 4	15. 75

调查得知，79. 6%的武汉市居民愿意支付比一般农产品贵 20%的无污

染农产品价格，64.75%的丹江口水源地保护区居民也认同了这一价格，说明在一定程度上无污染农产品是有销售市场的。

建立多元补偿的市场经营机制，可以采取的主要措施如下：一是生产者付费：推行生态农业产业化发展，加强农业生产过程的生态化。世贸组织新一轮回合谈判内容涉及的生产与环境关系问题已有了不同于以往的大的改变。改变后的规则要求，不仅最终的出口产品要符合绿色环保要求，同时整个生产过程也要按照环保要求不对外界环境产生任何污染。这一新规则实现了产品从原材料采购到最终产品出口全过程的环保要求。多哈回合谈判尽管已终止，但其关于环境与贸易的规则得到越来越多国家的认同，一旦转化为相关国内法，将直接冲击我国长期以来形成的“绿色出口、污染留守”的贸易模式，尤其冲击传统农药、化肥高投入的农业生产。届时，逐步减少农业化肥农药投入，缩小农村面源污染将不仅仅是实现水资源保护的目标要求，更是提升农产品出口能力的必要条件。因此，需要从当前开始转变传统农业生产和农村生活模式，走生态农业发展道路。生态农业不仅仅强调农产品的绿色化，更要强调农业生产整个过程的环境无害化、生态化。当前我国农业生产仍以散户为单位的分散式耕作方式为主，高化肥、农药投入是其典型特征，自然带来农业环境的污染和农产品的非绿色化。故应改变现有的散户分散耕作方式，鼓励生态农业产业化、过程生态化发展，培育乡镇龙头企业。尽管打破散户耕作方式、推行生态产业化发展会增加生产成本，但增加的部分成本是合理的“生产者付费”，增加的成本将会通过绿色产品的盈利而予以填补。与此同时，生态农业的推广更能减少面源污染，保护农村生态环境。二是消费者付费：绿色农产品认证、标识制度。当前制约农民推行生态农业的一个重要因素是绿色农产品较高的市场价格与消费者较低的购买欲之间的冲突。生态农业推行之初，相关配套制度和机制尚未完全确立，全部农业生产成本都转嫁到绿色农产品的市场价格中，因此引发了市场价格的偏高局面。相关配套机制和制度的缺失，其中就包括绿色农产品认证制度和标识制度的缺失和不完善。生态农业及其绿色农产品的成本转嫁到最终的农产品，其中就包含生产者的绿色认证成本高昂，而社会对此又缺乏宣传力度，以至于消费者对初期的绿色农产品不买账，“劣币驱逐良币”，农民转而生产带来严重面源污染的农产品。为缓解农产品高昂的市场价格与消费者低购买欲之间的矛盾，需要完善相关配套机制和制度，完善绿色农产品认证制度和标识制度，在减轻生产者生产成本的同时，由消费者分担部分生产成本，合理利用价格杠杆实现资源的优化配置和水资源的保护。三是财政与金融举措：政府补贴与低息贷款。农业生产先天的脆弱性决定了当前并非在农业生产中征收水资源保护税或类似税种的最佳时机。调查走访发现，虽然湖北省农民现阶段收入水平普遍不高，参与农村环境治理需要牺牲部分自身利益而支付一定成本费用，但民众对于改善农村环境质量状况都有积极的热情和参与度。因此，政府需要制定科学的公众参与规划，充分发挥政府财政的作用，设计合理的补贴标准，采取奖励方式鼓励民众从事清洁生产和生态农业。生态农业尚未全面推广，在确保粮食产量不减产的前提下，借助实行政府补贴农产品价格的方式增加农民从事环保性农业生产的动力，补贴比例可尝试从5%左右起，同时借助市场机制，确保农产品价格提高16%左右，如此，既可提升城市居民绿色农产品的市场购买欲，又可鼓励农民选择从事生态农业而增收，从而促进农业生产方式的升级，带动生态农业的发展，形成农业生产的良性循环。除此之外，政府还可以鼓励农村金融机构在农业生产中发挥积极作用，通过农村金融机构为生态农业经营者提供低息与便捷的贷款扶持，解决该类生产经营者发展生态农业初期所面临的资金紧张问题。

二 建立回应农民法律需求的新制度

对现行农村面源污染防治法律法规的实效考察表明，目前农民最需要的，是关于农村面源污染的有关知识。加强宣传与教育，不仅能增强守法实效，而且能够使民众的环保认知和支付意愿大大加强，从而减轻政府的补贴压力。尽管现行农村面源污染防治法不乏宣传教育条款，但既无具体制度设计，又没有明确相关责任主体的权利与义务，极大地降低了农村面源污染防治宣传教育制度的法律实效。

（一）丹江口库区农村面源污染防治宣传教育的实证研究

尽管湖北省农村居民环保意识总体不高，但如能进行适当的引导，他们的参与意愿将会明显增强，这一变化启发我们必须对影响农民环保意识以及环保意愿的影响因素进行深入分析，以为政府推动、社会引导机制的建立提供有效的科学依据。以下利用回归方法建立假设，并通过问卷数据验证假设。

1. 假设的提出

假设1：根据经验，年龄越大、学历越高的农民群体对环境认识的程度更深，他们有独立的判断力并更容易把环境的恶化与自身的健康状况联系起来，同时，学历越高的群体一般具有更多的环保知识，而环保知识的熟悉程度可能会直接影响农民的环保意愿。因此，可以假设湖北省农村村民的环保意识以及参与意愿与自身的年龄、受教育程度以及所掌握的环保知识相关。

假设2：具有良好的健康意识可能会促使农民关心周边环境对健康的影响，从而间接提高农民的环保意识与环保参与意愿。

假设3：在同一地方居住时间较长的农民，他们对自己的家乡具有较深的感情，同时，居住时间跨度较长会让他们深刻感受到身边环境的变化，从而促发他们的环保意识，这种意识的提高从本质上说是源自农民对家乡热土的感情，因此，可以假设居住时间的长短会影响农民的环保意识与环保参与意愿。

2. 变量的分析与统计说明

在三个假设中，因变量均为环保意识与环保参与意愿，根据问卷，可以通过"你知道以上行为都会对环境造成污染吗""如果要求畜禽的粪便集中处理再排放，你会配合吗""农村居民是否愿意为环保支付费用""如果有水资源保护协会，你会参加吗"这样的题目得出。

自变量分别是：（1）假设1为年龄、学历、环保知识掌握程度，前两个变量可直接通过数值表现出来，而环保知识的掌握程度可从问卷中农民对"你知道以上行为都会对环境造成污染吗"这一问题的回答得出；（2）假设2为农民的健康意识，对于这一变量可以进一步分解成农民对"如果体检是免费的，你和家人多久会去一次"以及"你觉得最近村里得病的人在多大程度上和环境污染有关"两个问题的回答得出；（3）假设3为农民在本地居住的时间变量，此变量可以直接从农民的回答中得出数值。

需要说明的是，问卷是采取随机抽样的方式，但抽样的范围局限于湖北省丹江口库区，因此，回归分析的结论只能说明这一地区的情况，但这一局限并不能否定它对其他类似区域进行分析的指导意义。

3. 具体分析结果

针对假设1，通过回归分析，其结果显示如下：

表 6-10　　村民环保参与意愿回归统计

变量		环保意识	环保参与支付		
		环保认识	环保参与	环保支付	环保协会加入意愿
个人情况	年龄	.941	.030**	.030**	.023**
	教育	.052*	.800	.083*	.626
	环保知识掌握		.483	.019**	.882
居住年限	居住年限	.977	.106	.020**	.176
健康意识	体检意愿	.047**	.039**	.007**	.405
	健康与环境相关	.005**	.043**	.026**	.050**
决定系数（R Square）		.32	.69	.78	.34

注：**：在 0.1 水平（双侧）上显著相关。*：在 0.05 水平（双侧）上显著相关。

分析结果表明，“年龄与配合参与环保行动、环保支付以及环保组织参与方面具有强相关性，年龄越大的农民在参与环保行动、环保支付以及环保组织参与方面具有更大的意愿；教育背景方面，农民本人学历越高，对环境污染的认识越强，对环保支付的意愿也越大，并越愿意投入更多的资金支持环保。环保知识的掌握程度与环境支付的意愿有较强的相关性”①。

村民在环保参与支付方面的意愿随着其居住年限的增加而越加强烈，并不受环保参与意识的影响。村民参与环保意愿和环保参与支付力度受其对家乡的热爱程度影响，与其成正相关性。

不考虑体检的成本，农村对于体检的接受表明其对自身健康状况的关注。数据统计显示，农民的环保意识、环保参与支付意愿与其对自身健康状况的关注度成正相关性。对于农民身体的实际状况这一变量，结果显示身体越好的农民参与环保自治组织的意愿越强，它们之间呈现弱相关性；对于容易将对非健康状况的认识与农村环境恶化联系起来的村民，他们的环保意识越强，环保支付意愿越大，同时他们也更愿意参与到农村环保组织中。

从以上调查结果可知，农民自身的年龄、居住时间、教育程度以及身体健康状况是影响其环保意识和环保参与的重要因素。因此，为充分吸收

① 吕忠梅、邱秋等：《农村面源污染控制的体制机制创新研究——对四湖流域的法社会学调查报告研究》，《中国政法大学学报》2011 年第 5 期。

村民参与农村环境综合治理，政府需要重视以上影响制约因素，有目的、分步骤地采取合理可行的管理方式和人性化的服务模式，积极引导村民参与农村环境综合治理，为建立农村环境保护自治机制打下坚实基础。

（二）建立细则明确的农村面源污染防治宣传、服务制度

建立富有实效的农村面源污染防治宣传、服务制度，关键要加强环保教育和农技推广的专业性，在农村面源污染防治法中建立明确的细则。

1. 环保教育专门化

目前我国的环保教育，一定程度上提高了居民的环保责任感，但环保教育的专业性不足，环保教育空泛，喊口号、刷标语、流于形式的问题非常突出。2006 年，国家环保总局制定了《全国环保系统环境宣传教育机构规范化建设标准》，但这一标准囿于环保系统环境宣传教育机构的人员、编制、经费、设备配置及业务用房等办公标准，并未涉及环保教育本身的专业性。通过立法赋予公众参与权，明确公众参与农业环境保护的程序、途径、监督等实施细则，能广泛提升群众的环保积极性。例如美国 TMDL 计划取得最大成效的关键，就是公民参与每一个环节，包括 TMDL 计划的开发、执行、监管和评估。通过提高土地持有者和土地使用者的参与度可以引发公众对 TMDL 计划的讨论。虽然这一方法既耗时又耗钱，但它对流域划分方法的成功至关重要。①

2. 农技推广专门化

因农业生产面临的脆弱性和科学技术研发的高成本投入，农业技术推广多涉及大范围群体，投入成本大，社会效益大而经济效益小，难以通过市场调节配置技术资源，营利性组织受营利目标的影响而不会大范围、长时间介入。1993 年颁布、2012 年 8 月 31 日修正的《农技推广法》，将国家农技推广机构明确为公共服务机构，要求其履行七项公益性职责，不再搞有偿服务，并确立了国家农技推广机构的设置原则和管理体制。但是，我国农技推广体系仍存在严重的“最后一公里”问题，农技推广体系在基层，即乡和村的体制和体系不健全、不完善，有的甚至处于瘫痪状态，难以使国家关于农业农村发展的一些方针政策更好地落实到基层。

《农技推广法》规定：“乡镇国家农业技术推广机构，可以实行县级

---

① Revisions to the Water Quality Planning and Management Regulation and Revisions to the National Pollutant Discharge Elimination System Program in Support of Revisions to the Water Quality Planning and Management Re. gulation，10 Fed. Reg. 4386（July 13，2000）.

农业技术推广部门管理为主或者乡镇人民政府管理为主、县级农业技术推广部门业务指导的体制，具体由省、自治区、直辖市人民政府确定。”我国农业发展呈现明显的多样性和多层次性，不同地区的自然条件、资源禀赋不同，生产主体、生态类型各异，现代农业建设和农村经济发展进程不一，对农业科技成果种类、推广服务方式需求也不尽相同。《农技推广法》是农业技术推广领域的基本法律，不可能对所有问题作明确具体规定。消除农技推广体系的“最后一公里”现象，亟须在农业技术推广法的基本框架下，制定法律法规的实施细则，因地制宜地制定地方立法，建立国家农业技术推广机构与农业科研单位、有关学校以及群众性科技组织、农民技术人员相结合的推广体系。

三　完善符合农民法律需求的现行制度

对现行农村面源污染防治法律法规的实效考察揭示出，对于农村面源污染防治这种需要全社会共同参与，充分调动农民积极性的环境保护而言，“大家污染，政府治理”既不可能，又不可行。与此同时，农民又有着非常高的成立环保自治机构，进行农村面源污染防治服务与监督的法律需求。然而，在国家尚未修改社会组织民政登记及管理制度的情况下，大量新成立农村环保组织，首先难以逾越法律身份的限制。在现行立法框架下，重点完善现行农民用水户协会等相关制度，可以迅速提高现行制度的法律实效。

（一）农民对用水户协会制度的法律需求

节水及科学灌溉是防治农村面源污染的重要方法之一。在我国，农业灌溉是用水大户，节水潜力最大。例如，2008年湖北省农业灌溉用水量为250.42亿立方米，占全省总用水量的56%。农业灌溉用水水费收取难，是许多中小型水库，特别是灌溉型水库投肥养殖屡禁不绝的主要原因。目前，农业灌溉水费的收费网络，主要为水管单位—农民用水户协会—农户体系。在传统的政府—村组—村民收费网络体系逐渐解体后，农业灌溉水费的收取，以及灌溉用水的分配，主要由农民用水户协会承担。

农民用水户协会是在民政部门登记的农民自治组织，协会通过代表会实行民主管理。农民用水户协会发源于湖北省，湖北省第一个农民用水户协会成立于1995年6月，随后在全省范围内推广，2009年制定了《湖北省农民用水户协会管理办法》。通过创办试点，积累经验，稳步推广，到

2004年，全省已组建农民用水户协会767个。许多农民用水户协会在灌溉水分配、水费计收、解决用水纠纷、渠道清淤等日常职能工作中能够充分发挥作用，改善了灌溉水分配的合理性和有序性，在一定程度上提高了渠道输水效率，水务更加公开透明，增强了用水户的广泛参与性并且用水户对协会成绩给予了较高评价。[①] 农民用水户协会的营运费用，主要来源于水库从所收水费中返还给协会的15%的基本费用和8%的计量费。

但是，农民用水户协会的发展仍然较为落后。已组建的协会存在组织松散性和职能单一，登记注册工作跟不上，管理人员能力欠缺等运行不规范问题，部分协会甚至无法运转。而且，协会管理的灌溉面积仅仅是大中型灌区设计灌溉面积的5.7%，主要集中在荆门、襄樊和宜昌地区，3个地区协会共694个，占全省协会的90%以上，有220个大中型灌区还没有组建协会。[②] 问卷调查的结果也表明，农民对用水户协会的参加率和认知度都很低。只有5%的人表示当地成立了类似组织，有51%的人表示当地没有成立，44%的人不知道。而且，仅有2%的人表示参加了当地的农村用水团体组织。没有参加的原因主要是当地没有这样的组织（52%）和不知道有这类组织（37%）。认为没有必要参加的人极少（6%），我们在访谈中也了解到，农民普遍欢迎这类组织的存在。

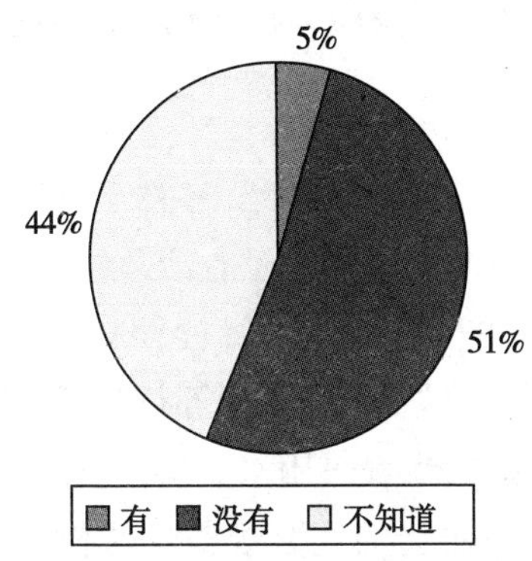

图6-1　所在地是否成立农村用水的团体组织

① 王建鹏、崔远来、张笑天等：《漳河灌区农民用水户协会绩效评价》，《农村水利》2008年第7期。

② 吴克刚：《湖北省用水户参与灌溉管理的调查报告》，http://www.hwcc.com.cn/pub/hwcc/ztxx/xgzt/hubeipd/hubeilt/200901/t20090112_209634.html。

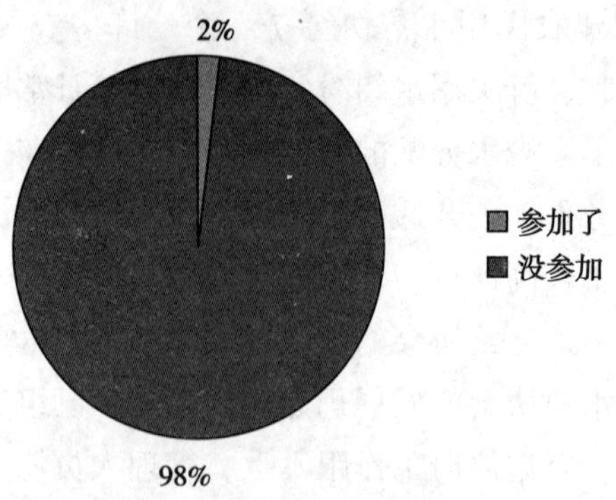

图 6-2　是否参加了农民用水户协会

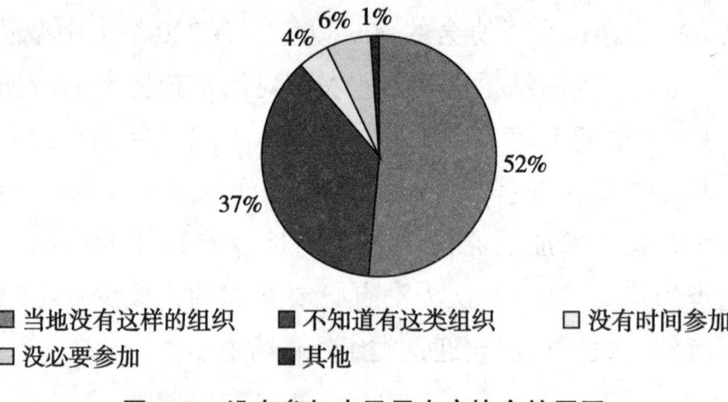

图 6-3　没有参加农民用水户协会的原因

（二）完善农民用水户协会制度

迄今为止，我国现有法律体系尚没有关于农民用水户协会的专项立法，包括《水法》在内的基本法律均没有涉及相关内容的条款。适用于农民用水户协会的现行立法，主要是《社会团体登记管理条例》（1998）、《取缔非法民间组织暂行办法》（2000）等行政法规。部分省市还颁布了专门的地方立法，如《荆门市农民用水户协会管理暂行办法》（2002）是我国首个针对农民用水户协会的地方规范性法律文件，2005 年湖北省又制定了《湖北省农民用水户协会管理办法》。农民用水户协会的具体管理主要按照民政部《关于加强农村专业经济协会培育发展和登记管理工作的指导意见》等政策执行。因此，影响现行农民用水户协会制度法律实效的主要问题，在于缺少具体的实施细则。

完善农民用水户协会制度，培育农民用水户协会，促进农村用水自治，必须制定相应的实施细则，组织或引导建立农民用水户协会，规范农民用水者协会的运作。实施细则的核心内容为：

1. 农民用水户协会登记注册制度

根据《社会团体登记管理条例》的规定，社团组织要想获得合法身份，要满足下列条件："（1）挂靠的业务主管部门；（2）满足一定的人数要求；（3）合法的资金来源和一定数量的注册资金；（4）专职的工作人员；（5）规范的名称和相应的组织机构；（6）独立承担民事责任的能力；（7）在同一行政区域内不能有业务范围相同或相似的社会团体；（8）向登记管理机关提供筹备申请书、业务主管单位的批文、验资报告、场所使用权证明、章程草案等文件材料。"① 民政部下发的《关于加强农村专业经济协会培育发展和登记管理工作的指导意见》规定了"在不违背《社会团体登记管理条例》基本精神的基础上"对于农村专业经济协会的登记注册"可以适当放宽登记条件、简化登记程序"的优惠政策；水利部《关于加强农民用水户协会建设的意见》（2005）特别强调，"协会的登记条件应该具体按照民政部《关于加强农村专业经济协会培育发展和登记管理工作的指导意见》等文件中的规定执行"，但是，农民用水户协会的法定登记注册制度仍不明确。实施细则应当明确：引导农民用户协会进行民政登记的具体程序；明确建立农民用水户协会的政府引导、奖励等制度。

2. 农民用水户协会运行管理制度

实施细则中完善农民用水户协会运行管理制度的主要内容为：（1）农民用水户协会内部管理制度。如农民用水户协会章程、会员资格及其权利义务、组织结构、选举制度、工程管理制度、用水管理制度等。（2）资金保障制度。资金投入是限制协会发展的重要因素，实施细则应当明确政府补贴、农民集资、水费等经费的形式、来源，以及相关的法定程序。

（二）完善农村专业合作社制度

加强水产品合作社建设，制订科学的水产品绿色供应链定价策略与利益协调机制。南水北调水源区水产品生产与销售一直以农户分散经营为主，产品市场定价权较弱，供应链运作中利益分配不合理。应加强水源区水产合作社建设，提升水产品生产农户的定价权，并在考虑政府补贴与惩罚措施基础上，制订水产品绿色供应链集中定价策略与利益协调机制，制订科学的绿色水产品批发、零售价格，并合理分配生产农户、加工企业、物流企业以及零售企业的利润，保证绿色供应链的可持续运作。

① 韩东：《论我国农民用水户协会的管理制度》，《湖北社会科学》2009年第1期。

四　开展农村面源污染防治相关立法后评估

对湖北省农村面源污染防治法律实效的考察表明，农村面源污染防治立法的司法影响尚不明确，2012 年以来，随着新《环境保护法》《湖北省湖泊保护条例》《湖北省水污染防治法》等关键立法的实施，执法实效有显著提升，重污染企业和农户的守法压力增大，但仍存在较为普遍的不守法现象，说明威慑式执法并不能解决所有违法问题。提升我国农村面源污染防治法律实效，应当外部威慑与守法保障并举，发展合作式执法，制定绿色证券等守法激励政策，加强对中小企业的守法援助，通过守法提升企业和农户的守法文化与能力。鉴于农村面源污染防治的相关制度，特别是禁止性、限制性制度，对地方经济社会发展，尤其是农民的生产和生活有较大影响，在农村环保监督力量和农村环保执法力量严重不足的情况下，受规制的企业和农户是否守法，是影响农村面源污染防治立法的实施实效的主要因素。因此，有必要开展农村面源防治相关立法后评估，发现促进农民守法的积极因素，制定更有针对性的细化立法。

（一）开展环境立法评估的必要性与可行性

良法是善治之前提。30 多年来，包括农村面源污染防治立法在内的我国环境立法速度远快于其他法律部门，生态环境却并未得到根本改善。党的十八大以来，生态文明建设被提升到前所未有的高度，环境立法质量也面临前所未有的压力。2013 年，《环境保护法》的修订开启了我国新一轮大规模环境立法的“废、改、立”。研究环境立法评估的中国模式，对提升新一代环境法的可操作性、可测度性，让环境法“好用”“管用”，具有重大意义，也能为其他部门立法和其他发展中国家的立法评估提供范例与借鉴。

首先，环境立法评估确有必要：

（1）环境立法评估可以提高环境立法质量。①环境立法评估能通过成本收益差测算法律制度经济效率，经济效率是评估环境立法的根本标准之一。环境立法前评估可以通过比较不同立法方案间的成本收益差测算出最优方案，环境立法后评估可以通过比较立法目标和实施效果间的成本收益差得出立法实效。②环境立法对于社会、经济、环境层面均产生重要影响，因此环境法被誉为“最难以评估”的立法。环境立法评估的定量定性分析结合，成本收益全面化，评估方法多样化，立法影响分布公正化等手段可实现环境法评估的科学化。

（2）环境立法评估可以促进环境执法效率与透明度。①环境立法评估可以通过环境法执法收益与成本的考量，回答执法程度问题，减少行政自由裁量。②环境立法评估可以通过立法影响分布，厘清环境规制过程中的利益群体及利益关系。③环境立法评估中的公众参与机制，前评估中的法案征集机制，后评估中的信息搜集机制均可增强公众对立法的参与度与了解度，继而增强执法的透明度。

（3）环境立法评估可以辅助环境司法公正。①环境立法评估的成本收益考量及立法影响分布能帮助司法裁判者全面了解环境立法给当事人可能带来的司法影响。②立法评估的核心方法——成本收益法可以用作环境司法裁量方法，可以帮助环境司法裁判者简化裁判标准，做出社会效益最大化的合理裁判。

（4）环境立法评估有益于理性守法。①公众在环境法评估中的参与机制有益于树立对环境法的正确认识。②环境法评估的成本收益方法为立法者、执法者和司法者提供了促进守法的新思路：通过科学设定与解释违法成本，杜绝或减少违法收益，促进公众自觉守法。

国外环境立法评估的成熟经验，为我国开展环境立法评估提供了具有可行性的参考。立法评估起源于美国，20 世纪 70 年代以后，在发达国家逐渐发展成熟，成为提高立法质量的重要立法工具。环境立法普遍会对经济、社会和环境产生重大影响，立法评估的必要得到一致认同，但一度认为环境法难以像其他部门法一样进行定量评估。大量学者对环境立法前评估的特殊性进行了专门研究，环境立法评估的实践得以在美国和欧洲开启。尽管定量评价的结果存在一个较大的范围，但实践证明成本—效益分析法等定量分析工具仍然可以有效用于环境立法评估。1983 年美国环境保护署（EPA）发布了环境法规立法评估指南《政策影响分析》，提供了环境立法评估的制度化、标准化方案。此后，环境立法评估在美国、欧洲及大多数发达国家得到广泛适用，在发达国家的环境立法决策中具有正式的程序和实质的标准。进入 21 世纪以来，环境立法评估在发展中国家的环境法律法规决策中也日益流行，近年来，拉丁美洲、非洲、印度出现了许多适用的先例。

目前，我国正在开展立法评估试点，将立法评估作为提高立法质量的重要抓手。海南（2007）、陕西（2012）、广东（2013）等相继开展了立法成本效益分析及表决前评估，2014 年全国人大常委会提出要“探索法律出台前评估工作”，山东、青岛等地方已开始试行立法前评估。

（二）以《湖北省湖泊保护条例》为例开展农村面源污染防治立法后评估

党的十八届四中全会提出，依法治国要坚持立法先行，抓住提高立法质量这个关键。2014 年以来，以“史上最严”《环境保护法》为代表，我国进入新一轮的大规模环境立法时期，“史上最严”环境执法也取得明显成效，但依旧未能改变目前“十面霾伏”的严峻污染局面。山东临沂等地的“断崖式执法”，以及为追求“APEC 蓝”“阅兵蓝”“G20 蓝”，越来越多地实施“应急式执法”，对产业发展和民生的影响引发了争议。2015 年下半年以来，经济下行压力加大，环境保护法律的严格实施面临越来越大的经济压力。在环境与经济社会发展矛盾的凸显期，如何立法才能使法律更具操作性，将有限的环境治理资源配置到最有效益的领域，是当前环境立法面临的重大现实问题，也是下一阶段提升环境立法质量的核心任务。

在全国对农村面源污染防治的法律规定主要为倡导性和宏观性规定的时期，2012 年《湖北省湖泊保护条例》率先对以水产养殖污染为主的农村面源污染明确规定了禁限措施。该条例实施几年以来，湖北省加大了拆除围栏养殖执法力度，拆除围栏养殖等农村面源污染防治措施常抓不懈，湖泊面源污染防治取得了明显的成绩，围栏养殖的湖泊个数、围栏的数量和面积等关键指标都有明显的下降。如图 6-4、图 6-5、图 6-6 所示。

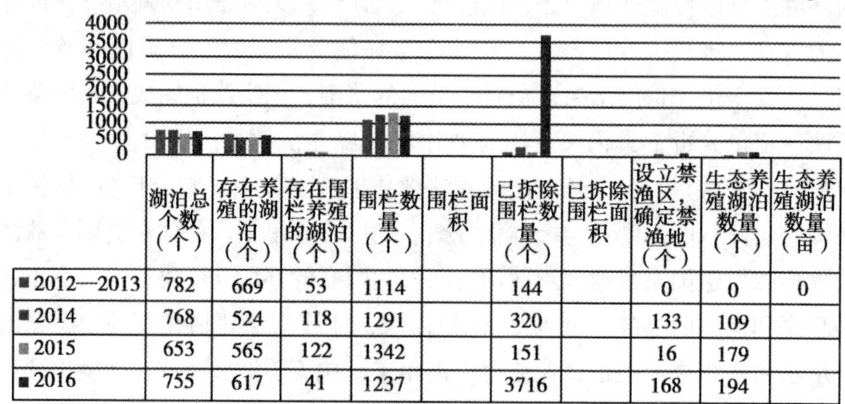

	湖泊总个数（个）	存在养殖的湖泊（个）	存在围栏养殖的湖泊（个）	围栏数量（个）	围栏面积	已拆除围栏数量（个）	已拆除围栏面积	设立禁渔区，确定禁渔地（个）	生态养殖湖泊数量（个）	生态养殖湖泊数量（亩）
■2012—2013	782	669	53	1114		144		0	0	0
■2014	768	524	118	1291		320		133	109	
■2015	653	565	122	1342		151		16	179	
■2016	755	617	41	1237		3716		168	194	

图 6-4　2012—2016 年湖北省湖泊生态养殖情况

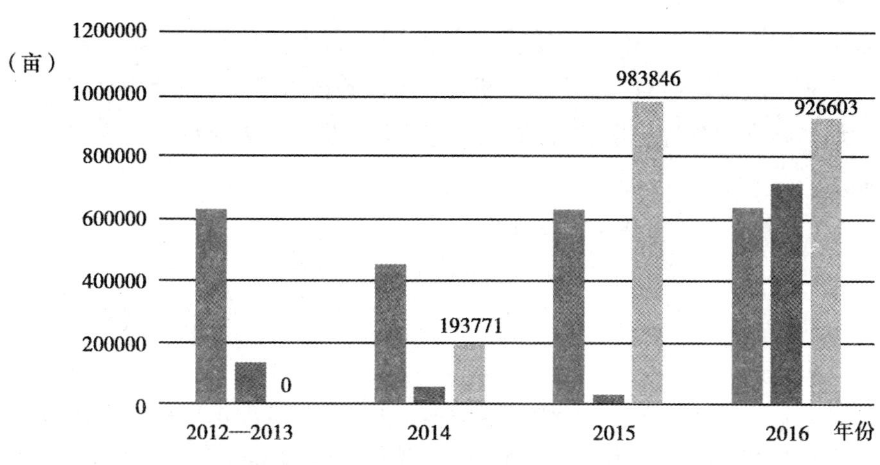

图 6-5　2012—2016 年湖北省湖泊生态养殖围栏网及生态养殖湖泊数量统计

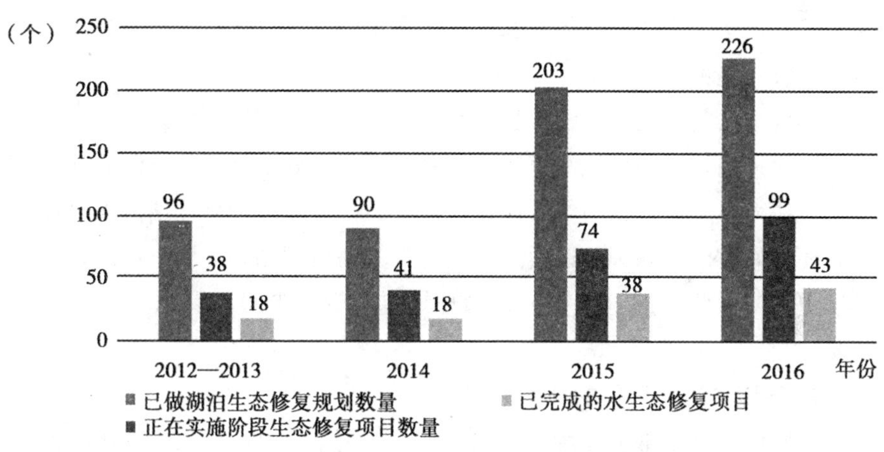

图 6-6　2012—2016 年湖北省湖泊生态修复情况统计

但是，《湖北省湖泊保护条例》在实施中也存在围栏养殖拆得掉，但难以长期保持，执法压力大，养殖户守法动力不足等问题。通过立法加强水环境要素的保护，与群众基本生存条件和生活质量息息相关。在水污染防治领域首先展开立法后评估试点，不仅是立法所需，更符合广大人民群众意愿。建议在《湖北省湖泊保护条例》的立法后评估中，将农村面源污染防治法律实效作为重要评估内容之一，不仅可总结《湖北省湖泊保护条例》的成功经验，并为进一步完善立法，达到该法的立法目标提供富有操作性的建议，而且可以为国家和湖北省细化农村面源污染防治相关立法提供有效的制度供给方案，并为我国开展环境立法评估提供有意义的范本。应通过采集法律实施数据，探索跨学科生态环境法律实效评估方法，实现法律评估与科学评估有机结合；完善技术层面上的生态环境立法后评估制度和程序，明确评估主体、客体、方法、结论及其他相关配套制度。

（三）如何进行环境立法评估

1. 从后评估起步建立和完善环境立法评估制度

环境立法评估包括环境立法前评估和环境立法后评估。环境立法前评估，也称环境立法影响评估、立法可行性研究等，主要指对环境立法的必要性、合法性、协调性和可操作性等进行分析，重点预估环境立法对经济、社会和环境的影响，目的在于减少法律法规的试错成本，提高立法质量。环境立法后评估是对环境法律法规的操作性、执行性、有效性和存在问题等进行分析，重点评估环境立法对经济、社会和环境的实际影响，以及执法、司法和守法的具体问题，目的在于评估已立之法实施效果及是否需要修改、完善甚至废除。

环境立法前评估与后评估虽存在显著差异却也有密切联系。良好的环境立法前评估是提高环境法律实效的基础；是有效开展环境立法后评估的前提。法律政策的评估与修改应良性循环。合理的环境后评估成果应在下一轮环境修改前评估中予以适当回应。与立法后评估相比，立法前评估的难度更大。因此，建立和完善我国环境立法评估制度，宜从立法后评估起步。

2. 环境立法后评估的基本框架

我国已开展了部分环境立法后评估，最具代表性的是2016环境保护部开展的新《环境保护法》实施情况评估。总结现有国家和地方层面开展的环境立法后评估，主要内容为：（1）立法质量评估：主要包括对法律的周延性、合法性、合理性、可操作性、立法技术进行的评估，主要通过座谈、调查、文本分析来获得。（2）法律实施后产生的实际效果评估，主要通过座谈、调查获得定性分析结论，但定量分析部分非常弱。因此，开展环境立法后评估，需要在现有定性评估的基础上，加强定量分析：（1）守法评估。通过公众问卷调查获得统计数据，可以较直观地反映公众对新《环保法》及其主要制度的认知，结合座谈、调查中反馈的主要问题，作进一步的原因分析。（2）执法评估。本部分是评估的重点，可以根据座谈、调查反馈的主要问题，结合环保部统计的数据，针对若干重点制度，如环境影响评价制度，建立数学模型来深入分析、印证定性分析内容。定量评估制度的选择，需要根据内容的重要性和数据的可评估性来确定。（3）司法评估。对环境司法案件做定量分析，包括环境私益案件和环境公益案件。

3. 环境立法后评估的关键因素

开展环境立法后评估需要考虑的关键因素主要有：（1）环境守法与执法评估的目的：环境类守法与执法评估以守法评估为基础，评估具体规制对象的严重“不守法”行为，目的在于及时恰当执法。因此，守法与执法评估是提高环境执法的新路径。（2）环境守法与执法评估的基本原则如下：整体性原则，针对单项立法或类型化立法整体评估，而非逐条评估；优先性原则，不针对所有违法行为评估，仅针对与环境、健康与安全紧密相关的严重违法行为评估；准确性原则，评估基础数据全面、及时、准确；评估方法合理客观。（3）环境守法与执法评估的主体：中央及地方环保行政机构。需要准确、全面、及时的守法与执法信息，尤其是关于严重环保类违法行为的信息数据。（4）环境守法与执法评估的客体：典型严重环境违法行为。以单项立法或类型化立法的整体性评估为导向，依据所评估的立法，类型化典型严重环境违法行为。

4. 守法实效评估是环境立法后评估的核心环节

相比于司法的事后救济性和个案性，执法和守法运用广泛。富有实效的环境立法应当兼具“有效果”和“有效率”，即“环境执法有效果、环境守法有效率”。环境法律实效集中体现于被监管人的环境守法情况与监管人的环境执法效能。环境守法与环境执法密切联系，相互影响。环境法实效评估既应考察环境守法实效，又应考察环境执法绩效；环境法实效增强则应从环境守法与执法双向入手、内外提升结合。执法绩效评估以守法水平为成果导向，已成为当代环境立法实效评估的国际趋势，执法绩效评估通常又被称为环境守法保障评估。因此，守法实效评估是环境立法实效评估的核心环节。

5. 环境守法保障评估的特点、主要内容及方法

“执法促进守法”已成为环境执法的国际趋势。根据这一理念，环境执法绩效评估可以通过守法保障评估得以实现。2009 年，OECD 发布《环境守法保障体系的国别比较研究》，总结环境守法保障式的执法模式特点、趋势与最佳实践。在最佳实践中，以守法水平为成果导向的执法绩

效评估得到广泛实践。以 INECE 发布的“守法与执法绩效评估指南”为索引，将守法保障型执法评估与守法评估纳入同一框架考察，通过守法水平而非执法投入，评估执法效果，发现执法不足。这一评估框架中，从执法投入出发，以守法水平为中间产出，以环境质量为最终结果，从执法行动到守法成果，形成了一条清晰的环境治理逻辑链，为执法水平与守法水平的同步提高奠定了基础。

环境守法保障评估，虽有国别差异，但已有普遍模式与规律可循，一般需参考 4 个类型指标：输入指标，即执法资源的使用；产出指标，即执法行动、检查（数量、性质、结果）等；中间结果，即守法率或其他成果；最终结果，即相关环境质量或量化指标的提升。守法保障的内容构建体现了现代化环境执法策略即威慑式执法与合作式执法相结合，反映了环境执法追求的新理念，即“执法要便于守法”。

（四）环境立法评估需要程序保障

环境立法评估离不开程序保障。环境立法评估的基本程序可分为评估准备、评估实施、评估总结与应用三部分。环境立法前评估与后评估因评估目的不同，具体程序存在差异。（1）评估主体。环境立法前评估主体为有立法权的主体，既包括典型立法机关，也包括有立法权的行政机关。环境立法后评估主体多元。立法后评估基本主体有三类：立法机关发起，执法机关发起，中立第三方发起；亦可由前三类主体联合发起。（2）评估对象。环境立法前评估对象为单项立法，或单项立法中的重点条款。环境立法后评估对象为单项立法、类型化立法及总体立法。类型化立法评估对象指将具备统一性质或相似内容的立法归为一类作为立法评估对象。总体性立法评估对象指以一定范围内立法主体制定的法律规范为整体评估对象。（3）评估方法。评估方法可粗略分为信息收集方法、信息整理方法及信息分析方法。在信息收集方法上，环境立法前评估更多运用考察、调研基础上的软件模拟方法；后评估则更广泛地使用实地考察、专题调研、座谈会、问卷调查、专家论证等方法。在分析方法上，前评估与后评估更具共性：以成本收益法为基础，并重成本有效性法，以风险分析法为重要补充。（4）评估总结与运用。评估总结以评估报告的方式呈现，并公开。评估总结中应对评估主体、目的、客体进行完备阐述；突出分析结论；对评估方法，分信息搜集、整理及分析三方面进行系统概述，并对分析方法进行重点阐述，可选择性附录信息搜集和整理的相关材料 。在立法后评估总结中，应一并提出立法、执法建议。（5）评估结论无须全面运用于实践。评估结论在美国定位为立法执法的重要参考。立法前评估中，比较出来的最优立法方案可被选为立法预案。立法后评估结论的运用又称为后评估回应。立法后评估的结论及建议，应抄送相应立法机关或执法机关，并要求相应机关在合理期间内作出认可、部分认可、否认的答复，并附送理由。

五　逐步建立农村面源污染防治多元补偿体系

要控制农村面源污染，必须普及相关基本知识以提高参与度和支付意愿、完善绿色农产品市场体系以提升农民收益、建立生态农业补贴制度以弥补市场机制的不足。为此，我们建议在湖北省建立“政府能够负担、消费者愿意支持、农民乐于接受”的农村面源污染防治多元补偿体系。

1. 大力开展生态教育活动，提升认知水平

对城乡居民进行农村面源污染防治知识普及，针对不同的对象进行不同重点的生态教育。对农村居民，重点是身边的面源污染及危害，教育他们从力所能及的小事做起，改变高污染的生产和生活方式。对青年农民，重点普及现代农业知识，提供科学种田、科学养殖培训，吸引和支持他们返乡从事现代农业。对城市居民，重点是农村面源污染对生态安全和居民生活质量的影响，教育他们改变消费态度和方式。

当前，湖北省正在开展科技、文化、就业服务“三下乡”等活动，可以将生态教育纳入这一有效形式。同时，要采取切实措施建立公益性的生态农业技术推广服务体系，普及生态农业科技知识，教育农民合理施用化肥、农药，节约用水。

2. 建立农村生态环境综合治理体制，促进公众参与

大力提高公共服务水平和能力，推行公共服务均等化。普及农村义务教育，大力发展农村高中教育和职业教育，提高农民的受教育程度和健康意识；提高农村公共卫生服务水平，开展环境与健康知识下乡活动，并在有条件的地方，逐步推广免费体检。

将生态农村建设作为新农村建设的重要内容，积极探索农村污水和垃圾集中处理、农村沼气综合建设、农业生产废弃物综合利用、农村管理方式创新的体制与机制。广泛培育农民用水户协会、农民专业合作社等具备合法身份的农村社会组织，大力推动农村环保自治。

3. 建立农村面源污染防治专项补贴制度，发挥政府职能

充分发挥财政投入对社会资本投入的导向作用，设计合理的政府补贴内容和补贴标准，为农村面源污染防治提供有别于一般农业生产的政府专项补贴：补贴内容为绿色农产品的生产、农村面源污染控制技术的研发和推广；补贴对象为规模化生产绿色农产品的农民专业合作社，以及规模化推广农村面源污染控制技术的专业企业；补贴标准为生产绿色农产品、推广农村面源污染控制技术，市场补偿的不足部分，具体数值可以根据补贴内容分别测算。

4. 强化农产品生产过程的生态化，引导农民付费

湖北省是农产品出口省份，出口农产品对生产过程的生态化要求更高。欧盟、美国、日本等湖北省农产品的主要出口国家和地区对环保的要求不断提升，不但要求农产品绿色环保，整个生产过程也必须对外界环境无污染。“绿色出口，污染留守”的贸易模式将难以为继，防治面源污染成为湖北省农产品出口的必要条件。强化农产品生产过程的生态化，会导致农业生产成本攀升，但这是合理的“生产者付费”，也能在客观上减缓面源污染。

5. 理顺绿色农业市场体系，推动消费者付费

理顺市场体系，形成污染治理的良性循环，变“输血”为“造血”。主要措施有：第一，完善绿色农产品的认证制度和标识制度，制定相关法律法规，使生产者能够方便地认证，使消费者买得清楚，买得放心，愿意支付生态农业生产的高额成本。第二，扶持生态农业的龙头企业，通过企业+农户的方式，引导农户进行生态生产。第三，鼓励有机化肥和农药的大规模生产和投用，使之产生规模效应以降低成本。第四，为保护水资源有力的企业提供低息贷款、减免税等政策，以提高投资回报率。第五，加大对污染产品的监管和查处力度，严格执行环境保护法律法规，为绿色产品的正当竞争创造良好的市场环境。

第四节　关于加强湖北省农村面源污染防治立法的建议

一　湖北省农村面源污染现状

湖北省是淡水资源最丰富的省份，长江、汉江流经湖北省，100 亩以上的湖泊 843 个，是三峡大坝库区和南水北调中线工程水源地，有着得天

独厚的水资源。湖北省因水而兴，也因水而忧。与我国其他地区相比，湖北省面源污染对水体的影响尤其严重，其中，以畜禽养殖污染、水产养殖污染和农业种植污染为主。2002 年湖北省就被列为全国 8 个农村面源污染高风险地区之一。2007 年，湖北省农村主要污染物的排放量已超过全省工业污染排放总量，仅产出全省国民生产总值 16 %的农村地区排放了超过全省 50 %以上污染物。

农村面源主要包括畜禽养殖污染源、水产养殖污染源、农业种植生产污染源及农村生活污染源（包括生活废水和垃圾）。

湖北省是畜牧业大省，绝大多数畜禽场的粪便未得到处理和利用，污染物数量大而且集中，对水质的污染最为严重。湖北省是淡水渔业资源大省，水产品总量已连续 14 年居全国第一位。湖北省的水产养殖废水一般以本省的湖库和内河为受纳水体，仅集约化养殖（网箱、围栏和精养池塘）就排放了全省近 30%的农村面源污染。湖北省是全国重要的粮、棉、油生产基地，为保证高产，化肥、农药的不合理使用和过量使用十分普遍。2007 年，全省化肥施用量是全国平均水平的 2. 13 倍，世界平均水平的 4. 12 倍，农药施用量比 1990 年增长近 7 倍，绝大部分进入水体流失。湖北省大多数村、镇都是依水而建，除个别试点乡镇外，全省绝大多数村庄无完整的生活污水收集、处理系统，生活污水随意排放。

湖北省农村不断加剧的面源污染状况，不仅严重影响农业生产，而且直接威胁广大农村居民的身体健康，公众对此普遍不满。

二　湖北省农村面源污染防治及其存在的问题

（一）面源污染防治的主要措施及效果评估

许多政府部门对农村面源污染防治极为关注和支持。建设部门开展了乡镇村生活污水、垃圾收集、处理设施的建造与试点；农业部门进行测土配方施肥、查禁高毒农药，推广高效低毒低残留农药和生物农药；农业、环保、水利等多个部门共同推动养殖小区治污，整治围网养殖、水库投肥等。

但是，这些零星的、以试点和行政命令为主的防治措施，实际效果并不理想。湖北省作为农业大省，农村面积大、农业人口多，面源污染问题严重，至今也没有找到十分有效的农村面源污染控制方法和途径。

（二）农村面源污染防治中存在的主要问题

城乡分割、二元经济结构是农村面源污染的内因，它间接影响了农民的行为，使农民在严峻的生存压力下采取不利于水环境保护的生产和生活方式，导致面源污染。在农村居民看来，技术、资金等硬件的不足只是表面现象，政府和社会的不重视才是农村水污染日益严重的根本原因，他们最为期盼的，是城乡水污染问题能够获得同等的重视。

农村面源污染防治存在技术性障碍：全省尚没有农村水污染系统性、基础性的监测与调查；农村水污染防治技术研发不够，可选用的实用技术少；可控制式化肥、农药品种少，价格高；基层农技机构公益性推广服务严重不足，农民得不到科学施肥、用药等方面的必要培训。农村面源污染防治存在投入障碍：几乎完全依赖政府投入，政府对农村的投入又很少。农村面源污染防治存在监管障碍：绝大部分乡镇没有建立专门的环保机构和队伍，基层农村环保自治组织极不发达，农村水污染防治无人管、无力管的现象十分普遍。农村面源污染防治存在法制障碍：面源污染地域差异显著，地方立法大有可为。湖北省已率先颁布《湖北省农业生态环境保护条例》《湖北省实施〈中华人民共和国渔业法〉办法》《湖北省实施〈中华人民共和国水法〉办法》《湖北省实施〈中华人民共和国农产品质量安全法〉办法》等多部地方性法规，对农村面源污染防治做出明确规定。但是，缺乏配套法规和引导性规范，立法的操作性不够。

三　加强湖北省农村水污染防治立法的主要建议

农村面源污染防治是全国的难题，也是全世界的难题，首先在湖北省推进农村面源污染防治立法非常有意义。既能化解湖北省的燃眉之急，又能获得较大的全国影响，还能带动相关产业的发展。湖北省的淡水养殖污染、分散型畜禽养殖污染、农村饮用水源地保护及丰水地区节水等问题，都是我国最具代表性的农村面源污染问题。湖北省有最优秀的农业科技力量，我国最早研究农村环境保护的学者，雄厚的环境法研究队伍，湖北省在较短的时间内取得农村面源污染防治立法的突破性进展，可行性非常高。

针对目前湖北省农村面源污染防治立法中存在的主要问题，特提出如下建议：

（一）转变立法思路

目前湖北省农村面源污染防治立法仍未摆脱“命令—控制”为主的立法思路，注重强制农民承担农村面源污染防治的义务，农民在经济上无利可图，甚至背负沉重的经济负担从而产生消极甚至抵触情绪。这是当前立法中农村面源污染防治法律实效欠佳的重要原因。因此，有必要转变立法思路，研究出台以经济刺激、技术扶持为主的农村水污染防治“促进法”，重点是农业生态补偿、农村面源污染控制技术及农村水污染防治专业企业扶持，以及农业循环经济、农业清洁生产推广等，将农村面源污染防治措施变为增进农民利益的措施，推动农民成为积极的守法者。

（二）完善立法体系

尽管湖北省的农村面源污染防治立法走在全国前列，但对农村面源污染防治的规定仍很零散，建议湖北省首先在制定专门的水污染防治法时，重点加强对农村面源污染防治的规定，针对湖北省自身存在的特殊水污染问题予以特殊规定。

1. 加强有关水产养殖污染、畜禽养殖污染防治制度的规定

湖北省是千湖之省，境内江河纵横，湖泊、水库、池塘星罗棋布，发展水产业具有得天独厚的资源优势。湖北省水域总面积 2200 万亩，宜养水面 1180 万亩，居全国第一。近二十年来，湖北省水产养殖呈现持续、快速、稳定的发展势头。2010 年，湖北省养殖总面积达到 985 万亩，其中湖泊养殖面积约占 30%，水库养殖面积约占 17%，精养鱼池和塘堰面积约占 51%。同年，湖北省淡水养殖产量达到 327 万吨（占全国比重 13.9%），居全国第一，湖泊养殖的产量约占全省总产量的 11%，水库养殖约占 7%，精养鱼池和塘堰养殖则约占到 81%，其中精养鱼池的平均单产高达 582 公斤/亩。建议《湖北省水污染防治条例》针对水产养殖污染、畜禽养殖污染，以及湖泊水域围网围栏和投肥养殖等湖北省自身存在的特殊水污染问题做出明确规定。

2. 加强农村面源污染防治关键性地方配套立法

目前，湖北省还存在关键的地方性强制性技术标准和规范缺乏，配套立法不够，细则不足等问题，极大地制约了现行农村面源污染防治立法的实施效果。例如，湖北省经营畜牧业的农户为 16 万户，从事畜牧业的农业生产经营单位为 2811 个，畜禽养殖场以中小规模养殖场为主 。按照现行《畜禽养殖业污染防治管理办法》和《畜禽养殖业污染排放标准》，湖北省许多中小规模养殖场不能涵盖其中，而访谈情况证实恰恰是这类养殖场的污染治理最为困难。同时，湖北省也没有出台畜禽养殖污染的地方强制性标准，这方面的污染控制实际处于无法可依、无章可循的状态。建议

迅速出台湖北省急需的畜禽养殖排放等地方强制性技术标准和规范，完善现有农村污染防治地方立法体系。

3. 加强农村面源污染防治重点地区专门立法

农村面源污染具有非常强的地区分异性，在加强湖北省农村面源污染防治统一立法的基础上，还需要针对重点地区予以专门立法。在国家开放设区的市的立法权的背景下，湖北省内设区的市完全可以针对本市的实际情况，制定市级立法，提供更有操作性的农村面源污染防治制度。建议湖北省在充分论证的基础上，以推进丹江口库区建设农业部重点流域和区域农村面源污染综合防治示范区，四湖流域建设农村面源污染控制国家级试点区，梁子湖流域全面退出一般工业，打造梁子湖生态文明示范区为契机，制定农村面源污染防治的专门立法规划，根据需要和可能，在丹江口库区、四湖流域和梁子湖流域推动设区的市开展相关立法，深入分析农村面源污染防治立法的重点、难点问题，建立健全农村面源污染控制的法律制度。在此基础上，逐步建立和完善农村水污染防治地方立法体系，为国家立法提供经验和技术支持。

（三）有效提高立法实践操作性。

及时修改现有地方立法中不具有可操作性的规定，进一步完善现有地方立法中执行成本过高、权利义务和责任界定不明、操作程序不完备的条款；对于国家立法中的相关原则性条款，如《水污染防治法》中涉及农业和农村水污染防治的过于抽象而不具可操作性的规定，可通过细化、补充地方立法的形式，提高国家立法的实践可操作性。

（四）创新制度体系

1. 加强农村面源污染防治宣传制度

面源污染与农民不知道科学种田，过量施用化肥、农药，不懂得节约用水有关。环保宣传在农村几乎是一片空白，人们普遍渴望了解农村面源污染防治知识。要在新农村建设中加强农村环保宣传和教育：宣传部门要加强农村水污染防治宣传，多采用一些农民喜闻乐见的方式，让农民能听得懂，记得住，用得上；农业部门还应普及推广科学种田知识，教育农民合理施用化肥、农药，推广科学养猪、养鱼，节约用水。

2. 建立农村面源污染防治的利益增进制度

实现农村面源污染防治的突破，要建立农村面源污染防治的利益增进制度。包括全过程控制机制、技术开发及农技推广机制、投入机制，以及农村环保自治机制等。农业部门要大力研究和推广生态农业新模式，强化农技推广服务系统。环保部门要建立健全农村水污染监测体系，推广“荆襄宜乡村环境管理网络”等农村环保自治组织。科技部门应鼓励研发操作简单、价格便宜、农民容易接受的面源污染防治技术，如荆门地区的自然养猪法。卫生部门要改水、改厕，推动农民改变传统的卫生习惯和生活方式。产业部门要推进农村水污染防治运营市场化和服务专业化。

3. 建立有利于农村面源污染防治的绿色供应链制度

主要包括建立绿色农产品生产的多元补偿机制；打造农产品冷链物流中心，构建农产品信息交易平台和可追溯质量监控体系；制定有利于引进大型龙头企业的制度，通过供应链金融模式进行农产品绿色供应链中小企业融资；加强农产品合作社建设，制订科学的农产品绿色供应链定价策略与利益协调机制；制订完善的绿色农产品质量认证标准，推进绿色产品质量数据信息透明化，扩大品牌效应；等等。

附　录

一　“南水北调水源地农村面源污染防治”问卷

亲爱的居民朋友：

您好！

中国日益严峻的环境污染，极大地威胁着民众的健康。近年来，来自农业和农村的非点源污染已经上升成为中国湖泊污染的主要来源，对附近及下游居住人群的身体健康造成了极大的威胁。为了建立合理和科学的环境保护机制，有效保障民众健康，我们组织了这次调研。希望您能给予配合和支持，您的反馈信息，我们将会保密，并会组织专家和学者进行分析和论证，最终形成调研报告和立法建议等研究成果，上报给有关部门。

谢谢您！祝您身体健康！一切顺利！

湖北省水事研究中心

问卷编号：________________

调查时间：______年______月______日

调查员（本人签名）：________________

调查地点：________省（直辖市、自治区）________市（县/区）________乡（街道）

一　基本情况

1. 您的性别______　　A. 男　B. 女
2. 您的年龄是 ______
3. 您的教育背景是______

A. 小学及以下　B. 初中　C. 高中　D. 中专
E. 大专　F. 本科　G. 硕士（研究生）
E. 博士（研究生）
4. 您是否已经结婚？
A. 是　B. 否
5. 子女情况______
A. 无子女　B. 有，一个　C. 有，不止一个
6. 您的子女的受教育情况______
A. 小学及以下　B. 初中　C. 高中　D. 中专
E. 大专　F. 本科　G. 硕士（研究生）
H. 博士（研究生）
7. 您主要从事的工作是？______
A. 种植粮食、蔬菜等农作物
B. 林业（树木种植、林产品种植或采集等）
C. 养殖家禽、家畜　D. 渔业（养殖或捕捞水产品）
E. 商业人员（做些生意）　F. 外出打工
G. 机关事业单位的职工　H. 上学
I. 其他
8. 您家最主要的收入来源是？________
A. 农业　B. 非农业
9. 您家一年来自农业的收入大概是？______________

二　当地经济发展和水环境情况

10. 近年来本地经济得到了明显的发展吗？________
A. 是的　B. 没有　C. 不好说
11. 经济发展后，您个人觉得日子过得更舒适了吗？__________
A. 是的　B. 没有
原因：家庭纠纷；自家的收入并没有实质提高；环境污染
12. 您觉得最近几年本地的水环境有什么变化？__________
A. 有较大改善　B. 有改善　C. 有所恶化　D. 迅速恶化
E. 没有什么变化
如果本地的水环境得到了改善，主要原因是什么？__________

A. 治理乡镇企业污染　　B. 治理农村生活垃圾污染

C. 控制、鸡、鸭、猪、牛等畜禽养殖场污染

D. 控制水产养殖投肥、投药　　E. 控制种植业中的农药、化肥污染

F. 防止城市污染向农村转嫁

13. 在日常生活中，您认为目前对本地影响最大的水环境问题是什么？________

A. 水产养殖中的投肥、投药污染　　B. 农药、化肥污染

C. 畜禽养殖场的粪便污染　　D. 农村生活垃圾污染

E. 乡镇企业污染　　F. 城市污染向农村转嫁

14. 您对当地渔业养殖总体印象如何？________

A. 不错　　B. 黑心　　C. 污染太严重　　D. 其他

15. 您对当地养殖场总体印象如何？

A. 不错　　B. 扰民　　C. 污染太严重　　D. 其他

16. 您觉得在这里居住，哪里需要改进？________

A. 太穷了，经济要搞上去　　B. 交通及出行不便

C. 环境污染太严重　　D. 都还好吧

E. 其他

排序：________________________

三　生产和生活方式调研

生产情况：

17. 您家务农的主要项目是什么？________

A. 农田耕作　　B. 水产养殖　　C. 畜禽养殖

18. 如果是农田耕作，务农所使用的农药、化肥是从哪里来的？____

A. 市场上购买　　B. 农技中心处购买　　C. 其他

19. 化肥、农药涨价后，使用量是否减少了？________

A. 是的　　B. 没有

20. 农药使用得多吗？________

A. 多　　B. 还好　　C. 完全不用

21. 使用农药化肥有技术指导吗？________

A. 有　　B. 没有

22. 若有技术指导，是否按照指导施肥？__________

A. 是　　　　　　B. 否

23. 您家一年用于购买这些农药、肥料的钱大概是多少？__________

如果是水产养殖

24. 您家养殖有多大规模：__________

25. 您往鱼塘投过肥或者类似的行为吗？__________

A. 有　　　　　　B. 没有　　　　C. 很少

26. 您家一年用于购买这些肥料的钱大概是多少？__________

27. 养殖后水质是否发生了变化：__________

A. 水质变好　　B. 水质变坏　　C. 变化不明显　　D. 没注意

如果是畜牧业

28. 畜牧的粪便往哪里排？__________

A. 村里有集中的地方　　　　　　B. 没注意，随便乱扔的

C. 不记得了

29. 养殖规模有多大？(头/只) __________

A. 500 以下　　　　B. 500—1000　　C. 1000 以上

D. 零散养几头（大概数字）__________

30. 您家的农产品（如水产品）的生产、流通和销售一般采用什么方式？__________

A. 单家独户分散进行　　　　　　B. 和亲朋好友协商合作

C. 通过农民专业合作社组织　　　D. 地方政府组织

E. 企业和商户上门收购　　　　　F. 其他

生活方式情况：

31. 您家的饮用水源是什么？__________

A. 水库水　　B. 自己家打井　　C. 湖泊、小河、溪流等

D. 自来水　　E. 地下水　　　　F. 雨水　　G. 其他

32. 您家自己吃的菜、鱼、肉是自己家吃的和您拿到市场上去卖的是一样的吗？__________

A. 完全一样　　　　B. 不一样，自己家吃的是单独养殖的

33. 您家生活用水往哪里排？__________

A. 村里有管道　　　　　　　　　B. 没注意，随便乱泼的

C. 不记得了

34. 您家生活垃圾往哪里倒？__________

A. 村里有集中的地方　　B. 没注意，随便乱扔的

C. 不记得了

四　对环境污染和相关政策法律的认知

35. 近几年附近在畜禽及水产养殖过程中发生过流行性疾病吗？____

A. 没有　　B. 有　（哪些病？）

36. 如果有，怎么处理的？__________

A. 自生自灭　　B. 买药　　C. 农技站统一处理

D. 其他

37. 这些动物患的疾病，接触到这些动物的人有得病的吗？______

A. 没有听说　　B. 不多　　C. 很多

38. 您听说过面源污染或非点源污染吗？__________

A. 听说过　　B. 完全不知道　　C. 很清楚

39. 您知道哪些行为属于非点源污染吗？__________

A. 工厂排放污水和其他污染物　　B. 生活垃圾随便倒

C. 养鸡、养鸭、养猪等产生的粪便随便倒

D. 养鱼、养螃蟹、鳝鱼等投放的化肥、饲料、鱼药

E. 生活污水随便排　　F. 农药化肥的使用

40. 以上这些污染行为，对您的生活影响最大的是：排序__________

41. 您知道以上行为都会对环境造成污染吗？__________

A. 知道　　B. 不知道

42. 我国环境污染中有60%以上来自非点源污染，您相信吗？______

A. 相信　　B. 不太可能吧，肯定还是工业最严重啊

43. 您觉得村里人得病，在多大程度上和环境污染有关呢？______

A. 0%　　B. 20%　　C. 50%　　D. 80%

44. 平时接受过以下形式的保护环境问题的宣传吗？__________

A. 报纸　　B. 电视　　C. 网络

D. 当地政府会有些宣传活动　　E. 环保企业

F. 子女读书后回来聊天告诉我们的

G. 其他

45. 您知道本地是南水北调工程水源保护地吗？__________

A. 听说过　　B. 完全不知道　C. 很清楚

46. 您知道水源保护地的哪些相关政策？＿＿＿＿

A. 禁止投肥（药）养殖　　B. 禁止放养畜禽

C. 禁止设置排污口

47.《湖北省农业生态环境保护条例》规定，从事畜禽、水产规模养殖和农产品加工的单位和个人，应当对粪便、废水和其他废弃物进行综合利用和无害化处理，达到国家或者地方标准后，方可排放。＿＿＿＿

A. 听说过　　B. 完全不知道　　C. 很清楚

五　参与意愿调查

48. 您觉得有必要减少农药化肥的使用/粪便集中处理吗？＿＿

A. 有　　B. 没有

49. 今后您会减少化肥、农药/鱼塘的肥料的使用吗？减少多少？＿

A. 0% 不能减少，农业生产需要

B. 20%　　C. 50%　　D. 80%

50. 为了保护环境，需要一定的投入，您愿意负担一部分费用吗？＿

A. 愿意　　B. 不愿意

您觉得您的邻居愿意吗？如果不，为什么？无须在此处打钩＿＿＿

您觉得负担多少比较合适？（具体数字或百分比均可）＿＿＿＿

51. 现在市场的有机化肥，对环境的污染会轻很多，至少在何种情况下，您会考虑使用？（这家如果是以渔业为主，则改为问投肥类似的问题）＿＿＿

A. 比目前化肥贵 10%　　B. 比目前化肥贵 20%

C. 比目前化肥贵 30%

D. 和其他化肥一样价格才会考虑

E. 比现在的化肥更便宜才会考虑

52. 没有使用过农药、化肥或者使用了有机化肥的农产品的市场价格应该比普通农产品贵多少才比较合适？（这家如果是以渔业为主，则改为问投肥类似的问题）＿＿＿＿

A. 10%　　B. 20%　　C. 50%　　D. 80%

53. 如果以后要求畜禽的粪便要集中排放，您会配合吗？＿＿＿＿

A. 会　　B. 不会，太麻烦

您觉得您的邻居会吗？________

A. 会　　　　　　　　B. 不会，太麻烦

54. 畜禽的粪便经过集中处理再排放可以有效减缓污染，但是需要您每个月帮工一段时间，您觉得多久比较合适？______

A. 没时间啊　　　　　B. 一天　　　　　C. 三天

D. 一周　　　　　　　E. 两周

55. 如果村里鼓励大家将生活垃圾集中排放然后处理以减缓污染，您觉得村里会有多少家做得到？________

A. 麻烦，估计没人做得到　　　　　　　B. 大概 10%吧

C. （大概数字或百分比）__________

56. 您能做到吗？________

A. 太麻烦了，做不到　　　　　　　　　B. 肯定能做到

C. 如果不忙，尽量吧

D. 大家都集中，我就集中，如果大家都随手扔，我一个人也懒得集中了

57. 您觉得哪个部门来主管农村面源污染防治比较合适？__________

A. 农业部门　　　　　B. 环保部门　　　　C. 水利部门

D. 其他

58. 您觉得农村面源污染防治，立法有作用吗？如果没有，原因是什么？________________

59. 您觉得控制农村面源污染，最有效的法律手段是？__________

A. 加大惩罚力度　　　　　　　　　　　B. 加强执法

C. 给予适当补贴　　　　　　　　　　　D. 让老百姓能参与

E. 更加人性化的制度设计

60. 如果有水资源保护协会，您会参加吗？________

A. 会　　　　　　　　B. 不会

C. 大家都参加我就参加

丹江口水库区水产品养殖者：

1. 在农产品（如水产品）的生产、流通和销售方面，有没有农民专业合作社或其他机构组织和管理？

2. 农产品（如水产品）流通、销售过程中有没有质量检验措施？

3. 目前农产品主要通过什么方式运输到市场销售的？

A. 汽车　　B. 摩托车

C. 多家农户集中成规模运输　　D. 各农户独立分散运输

4. 在农产品包装、运输、存储等过程中是否考虑以下环保因素或实施环保措施？

A. 农产品环保认证　　B. 建立保鲜冷链物流体系

5. 如果不使用农药化肥或者使用有机化肥，你觉得农产品生产的成本会增加多少？(具体数字或者百分比)

6. 从事农产品生产，如果不使用农药化肥或者使用有机化肥，政府有补贴吗？

二　梁子湖周边农村居民环保意识调查问卷

尊敬的先生/女士：

您好！我们是湖北省水事研究中心的调查员，非常感谢您在百忙中抽空接受本问卷调查。为了研究目前梁子湖保护情况，我们需要了解一些相关情况。请您认真审阅并如实填写这份问卷，您的回答对于我们得出科学的结论十分重要。您所填写的资料只用于科研，绝无他用，敬请放心。非常感谢您的配合与支持！

湖北省水事研究中心

第一部分　基本情况

1. 您的性别：________

A. 男　　B. 女

2. 您出生于哪年________？

3. 您读过________年书？

4. 您的婚姻状况________

A. 未婚　　B. 已婚　　C. 离异　　D. 丧偶

5. 您家有________口人？

6. 您在这里生活了________年？

7. 您的职业是 ________

A. 农民/渔民　B. 村委会干部　C. 公务员　D. 商人

E. 技术人员（教师、技术员等）

F. 打工　G. 其他

如果您选了 A，生计方式主要是__________

A. 种田　B. 水产养殖　C. 畜禽养殖

D. 其他

8. 您现在的人均年收入大约是：__________

A. 5000 元以下　B. 5001—10000 元

C. 10001—15000 元　D. 15001—2000 元

E. 2 万元以上

9. 您家主要采用哪种农肥？__________

A. 化肥　B. 农家肥和化肥混合使用

C. 有机肥　D. 长效缓释肥 E. 其他

10. 请问本地村民的生活垃圾的主要处理方式是__________

A. 焚烧填埋　B. 用作农业肥料

C. 村里集中处理　D. 随意丢弃

第二部分　对农村污染的态度

11. 根据您自己的判断，您觉得农村的污染问题是否严重？____

A. 非常严重　B. 比较严重　C. 既严重也不严重

D. 不太严重　E. 根本不严重　F. 无法选择

12. 您认为以下哪个问题是农村最重要的环境问题？__________

A. 空气污染　B. 化肥和农药污染

C. 水资源短缺　D. 水污染

E. 生活垃圾处理　F. 自然资源枯竭

G. 以上都不是　H. 无法选择

其他（请注明）：________

13. 您认为哪个问题对您和您的家庭影响最大？__________

A. 空气污染　B. 化肥和农药污染

C. 水资源短缺　D. 水污染

E. 生活垃圾处理　F. 自然资源枯竭

G. 以上都不是　H. 无法选择

其他（请注明）：__________

14. 您认为农业生产中使用农药和化肥对梁子湖的危害程度如何？__

A. 极其有害　B. 非常有害　C. 有些危害

D. 不是很有害　E. 完全没有危害　F. 无法选择

15. 在解决您所在地区环境问题方面，您认为近年来，地方政府做得怎么样？__________

A. 片面注重经济发展，忽视了环境保护工作

B. 重视不够，环保投入不足

C. 虽尽了努力，但效果不佳

D. 尽了很大努力，有一定成效

E. 取得了很大的成绩

F. 无法选择

16. 您是否关心梁子湖的水质污染问题？__________

A. 完全不关心　B. 比较不关心　C. 说不上关心不关心

D. 比较关心　E. 非常关心　F. 无法选择

17. 您对造成梁子湖水质污染问题的原因有多少了解？

A. 根本不了解　B. 不太了解　C. 说不上了解不了解

D. 比较了解　E. 非常了解　F. 无法选择

18. 您关心梁子湖水质污染问题的主要原因：__________

A. 涉及自身利益　B. 社会责任感驱使

C. 个人应尽义务　D. 其他（请注明）__________

19. 您了解有关湖泊保护的相关政策和法规吗？__________

A. 非常了解　B. 了解一点　C. 不了解　D. 说不清

20. 您对政府在湖泊保护方面的措施满意吗？__________

A. 满意　B. 比较满意　C. 不太满意　D. 不满意

E. 说不清

21. 如果您家因为倾倒垃圾等原因被处罚，您愿意配合吗？____

A. 愿意　B. 不愿意　C. 看情况

D. 没遇到过，说不清楚

22. 如果水源受到污染，您认为主要源自何处？__________

A. 工矿企业排废　B. 生活污水随意排放

C. 农田流失的化肥农药　D. 禽畜粪便

E. 围栏围网养殖　　F. 固体垃圾随意丢弃

G. 其他

第三部分　对农村污染治理的参与意愿

23. 您在多大程度上同意以下说法?

	完全不同意	比较不同意	无所谓同意不同意	比较同意	完全同意	无法选择
1. 像我这样的人很难为环境保护做什么	1	2	3	4	5	8
2. 即使要花费更多的钱和时间，我也要做有利于环境的事	1	2	3	4	5	8
3. 生活中还有比环境保护更重要的事情要做	1	2	3	4	5	8
4. 除非大家都做，否则我保护环境的努力就没有意义	1	2	3	4	5	8
5. 许多关于环境威胁的说法都是夸大其词	1	2	3	4	5	8
6. 我很难弄清楚我现在的生活方式是对环境有害还是有利	1	2	3	4	5	8
7. 环境问题直接影响我的日常生活	1	2	3	4	5	8

24. 您对下列关于经济发展和湖泊环境保护说法的态度是:

	完全不同意	比较不同意	无所谓同意不同意	比较同意	完全同意	无法选择
1. 经济更重要，要先搞好经济发展再进行湖泊环境保护	1	2	3	4	5	6
2. 保护湖泊更重要，任何的经济发展不能以牺牲环境为代价	1	2	3	4	5	6
3. 两方面都很重要，二者需要兼顾	1	2	3	4	5	6
4. 视具体情况而定，以获得利益为前提	1	2	3	4	5	6

25. 你对下列观点的态度如何?

	完全不同意	比较不同意	无所谓同意不同意	比较同意	完全同意	无法选择
1. 为了支持水环境保护，我们个人应多交点税	1	2	3	4	5	6
2. 我们每个人都应该参与到水环境保护中来，即使牺牲个人时间，不计报酬也无所谓	1	2	3	4	5	6
3. 除非自身受到水污染的侵害，否则不会采取行动	1	2	3	4	5	6
4. 自身受到水污染带来的经济损失，你会采取法律手段向排污者进行环境诉讼	1	2	3	4	5	6

26. 您认为以下哪种方式是保护环境的最好方式？＿＿＿＿＿＿

A. 重罚破坏环境的个人

B. 使用税收手段奖励保护环境的个人

C. 向个人提供更多的关于保护环境好处的信息和培训

D. 无法选择

E. 其他

27. 如果政府给予您一定量的补贴，您是否愿意减少化肥的投放？＿

A. 不愿意　　B. 视情况而定　　C. 愿意

28. 在原有化肥成本的基础上，您觉得补贴化肥与有机肥差价的多少百分比，您愿意减少或者不投放化肥？＿＿＿＿＿＿

A. 10%以下　　B. 10%—20%　　C. 21%—30%

D. 31%—40%　　E. 41%—50%　　F. 51%—60%

G. 61%—70%　　H. 71%—80%　　I. 81%—90%

J. 90%以上

29. 您家农药使用情况怎么样？＿＿＿＿＿＿

A. 经常使用　　B. 偶尔使用　　C. 很少使用　　D. 从不使用

30. 如果完全施用有机肥不施用任何农药、化肥，您觉得您施用有机肥产出的农产品要比施用农药、化肥的农产品价格贵多少您才能承受？＿

A. 10%以下　　B. 10%—20%　　C. 21%—30%

D. 31%—40%　　E. 41%—50%　　F. 51%—60%

G. 61%—70%　　H. 71%—80%　　I. 81%—90%

J. 90%以上

31. 日常生活中您参与过本地水环境污染治理吗？＿＿＿＿＿

A. 总是　　B. 经常　　C. 有时

D. 很少　　E. 从不

32. 如果您要向政府部门反映水环境问题情况，您会通过＿＿＿＿渠道。

A. 电话热线（市长热线等）

B. 写信或直接去政府办公大厅当面询问

C. 政府官方网站留言或者发邮件

D. 通过媒体和记者和托关系找熟人

E. 其他（请说明）＿＿＿＿

33. 您对以下所列参与环境污染治理障碍的态度是什么？

	完全不同意	比较不同意	无所谓同意不同意	比较同意	完全同意	无法选择
1. 参与信息渠道不畅，没人组织	1	2	3	4	5	6
2. 参与方式单一	1	2	3	4	5	6
3. 缺乏相关专业知识	1	2	3	4	5	6
4. 缺乏参与积极性	1	2	3	4	5	6

34. 如果本村开展环境污染治理，需要您支付一定的环境污染治理费用，您愿意支付多少费用？＿＿＿＿＿

A. 不愿意支付　　B. 50 元以下　　C. 50—100 元

D. 101—200 元　　E. 201—400 元　　F. 401—800 元

G. 800 元以上

第四部分　拆围问题

35. 请问您所在区域主要的养殖模式是？＿＿＿＿＿

A. 网箱养殖　　B. 围栏养殖　　C. 自然放养　　D. 其他

36. 目前政府出台的拆围的政策或措施，您了解吗？＿＿＿＿＿

A. 根本不了解　　B. 不太了解　　C. 说不上了解不了解

D. 比较了解　　E. 非常了解　　F. 无法选择

37. 您对下列围栏养殖与湖泊污染关系说法持什么态度？

	完全不同意	比较不同意	无所谓同意不同意	比较同意	完全同意	无法选择
1. 围栏养殖是管理部门与渔民只图眼前利益的短视行为	1	2	3	4	5	6
2. 围栏养殖对湖泊生态不利	1	2	3	4	5	6
3. 围栏养殖对湖泊没什么影响	1	2	3	4	5	6
4. 围栏养殖是促进当地经济和环境可持续发展的大好行为	1	2	3	4	5	6

38. 您所在区域目前拆围情况如何？__________

A. 已全部拆完　　B. 大部分已拆　　C. 小部分已拆

D. 未拆　　E. 不清楚

39. 针对围栏养殖如果当地政府要求拆围，并给予一定的经济补偿，您是否愿意拆围？__________

A. 不愿意　　B. 无所谓　　C. 如果补偿合理才愿意

D. 愿意

40. 如果愿意拆围，补偿多少比较合理？__________

A. 原有收益30%以下　　B. 原有收益30%—60%

C. 原有收益的60%—100%　　D. 原有收益的100%以上

41. 拆围后，您的养殖收益将减少多少？__________

A. 10%以下　　B. 10%—20%　　C. 21%—30%

D. 31%—40%　　E. 41%—50%　　F. 51%—60%

G. 61%—70%　　H. 71%—80%　　I. 81%—90%

J. 90%以上

42. 您认为本地湖泊强制拆围后的经济发展较以前相比如何？______

A. 明显退步　　B. 稍微退步　　C. 没有变化

D. 稍微进步　　E. 明显进步　　F. 无法选择

43. 您觉得拆围以后，梁子湖的水质发生什么变化了？__________

A. 明显更差　　B. 稍微变差　　C. 没有变化

D. 稍微变好　　E. 明显更好　　F. 无法选择

44. 您觉得拆围的政策是否合理？__________

A. 极其不合理　　B. 不太合理　　C. 说不上合理不合理

D. 比较合理　　E. 非常合理　　F. 无法选择

45. 您觉得围网养殖户会自愿拆围吗？__________

A. 会　　B. 若补偿到位，可能会　　C. 不会

46. 您对政府出台拆围政策的看法？__________

三　农村面源污染防治体制机制调查问卷（城市卷）

亲爱的居民朋友：

您好！

中国日益严峻的环境污染，极大地威胁着民众的健康。近年来，来自农业和农村的非点源污染已经上升成为中国湖泊污染的主要来源，对附近及下游居住人群的身体健康造成了极大的威胁。为了建立合理和科学的环境保护机制，有效保障民众健康，我们组织了这次调研。希望您能给予配合和支持，您的反馈信息，我们将会保密，并会组织专家和学者进行分析和论证，最终形成调研报告和立法建议等研究成果，上报给有关部门。

谢谢您！祝您身体健康！一切顺利！

湖北省水事研究中心

问卷编号：________________

调查时间：______年______月______日

调查员（本人签名）：________________

调查地点：________省（直辖市、自治区）________市（县/区）________乡（街道）

1. 您的性别________

A. 男　　B 女

2. 您的年龄是 ________

3. 您的教育背景是________

A. 小学及以下　　B. 初中　　C. 高中

D. 中专　　E. 大专　　F. 本科

G. 硕士（研究生）　E. 博士（研究生）

4. 您是否已经结婚？________

A. 是　　　　　B 否

5. 子女情况________

A. 无子女　　　B. 有，一个　　　C. 有，不止一个

6. 您的子女的受教育情况________

A. 小学及以下　　B. 初中　　C. 高中　　D. 中专

E. 大专　　F. 本科　　G. 硕士（研究生）

E. 博士（研究生）

7. 您主要从事的工作是？______

A. 种植粮食、蔬菜等农作物

B. 林业（树木种植、林产品种植或采集等）

C. 养殖家禽、家畜

D. 渔业（养殖或捕捞水产品）

E. 商业人员（做些生意）

F. 外出打工

G. 机关事业单位的职工

H. 上学

I. 其他

8. 您家庭年收入大概是多少　__________

调查开始

9. 附近有个癌症村，您知道吗？________

A. 知道　　　　B. 没听说

10. 您觉得为什么会突然爆发这么多癌症呢？________

A. 当地人生活习惯不好　　　　B. 遗传

C. 环境污染　　　　D. 没想过，不知道

11. 最近国家一直提倡保护环境，您相信环境污染会导致一些诸如癌症的恶性病吗？________

A. 相信

B. 有，但是没那么严重，报道有些危言耸听

C. 不相信

12. 您觉得最严重的环境污染的来源是什么？________

A. 工厂的排放　　B. 矿山的开采

C. 来自农村的农田耕作、养殖场、生活垃圾的排放等

D. 其他

13. 您听说过面源污染或非点源污染吗？________

A. 听说过　　B. 完全不知道　　C. 很清楚

14. 您知道哪些行为属于非点源污染吗？________

A. 工厂排放污水和其他污染物

B. 生活垃圾随便倒

C. 养鸡、养鸭、养猪等产生的粪便随便倒

D. 养鱼、养螃蟹、鳝鱼等投放的化肥、饲料、鱼药

E. 生活污水随便排

F. 农药化肥的使用

请简单向被调查者介绍非点源的相关知识

15. 您觉得农村和农业的非点源污染会影响到您日常的生活吗？____

A. 会　　B. 不会低

表现在什么地方？________

A. 污染水源　　B. 农产品安全性降低　　C. 其他

16. 我国环境污染中有60%以上来自农业和农村的非点源污染，您相信吗？________

A. 相信　　B. 不太可能吧

17. 您平时购买食品时会特意挑选绿色食品吗？________

A. 会　　B. 没特别注意这个

C. 太贵，买的不多　　D. 其他

18. 为了保护环境，需要改变不健康的农业生产模式，这会导致农业生产成本攀升，您觉得绿色农产品比普通农产品贵多少是合适的呢？____

A. 10%　　B. 20%　　C. 30%　　D. 40%

E. 50%　　F. 60%　　G. 70%　　H. 80%

I. 90%　　J. 100%

19. 如果开征环境税，您觉得开征多少是合适的？（数字或收入百分比）________

四　农村面源污染防治体制机制调查问卷（农村卷）

亲爱的居民朋友：

您好！

中国日益严峻的环境污染，极大地威胁着民众的健康。近年来，来自农业和农村的非点源污染已经上升成为中国湖泊污染的主要来源，对附近及下游居住人群的身体健康造成了极大的威胁。为了建立合理和科学的环境保护机制，有效保障民众健康，我们组织了这次调研。希望您能给予配合和支持，您的反馈信息，我们将会保密，并会组织专家和学者进行分析和论证，最终形成调研报告和立法建议等研究成果，上报给有关部门。

谢谢您！祝您身体健康！一切顺利！

湖北省水事研究中心

问卷编号：________________

调查时间：______年______月______日

调查员（本人签名）：________________

调查地点：________省（直辖市、自治区）________市（县/区）________乡（街道）

一　基本情况

1. 您的性别________

A. 男　　B. 女

2. 您的年龄是 ________

3. 您的教育背景是________

A. 小学及以下　　B. 初中　　C. 高中　　D. 中专

E. 大专　　F. 本科　　G. 硕士（研究生）

E. 博士（研究生）

4. 您是否已经结婚？ ________

A. 是　　B. 否

5. 子女情况________

A. 无子女　　B. 有，一个　　C. 有，不止一个

6. 您的子女的受教育情况________

A. 小学及以下　　B. 初中　　C. 高中　　D. 中专

E. 大专　　F. 本科　　G. 硕士（研究生）

E. 博士（研究生）

7. 您主要从事的工作是？______

A. 种植粮食、蔬菜等农作物

B. 林业（树木种植、林产品种植或采集等）

C. 养殖家禽、家畜

D. 渔业（养殖或捕捞水产品）

E. 商业人员（做些生意）

F. 外出打工

G. 机关事业单位的职工

H. 上学

I. 其他

8. 您家最主要的收入来源是？____________

A. 农业　　B. 非农业

9. 您家一年来自农业的收入大概是？________________

二　当地经济发展及居民居住、搬迁意愿

10. 最近几年村里有什么大的变化吗？

A. ____________________________________

B. ____________________________________

C. ____________________________________

D. ____________________________________

11. 近年来本地经济得到了明显的发展吗？________

A. 是的　　B. 没有　　C. 不好说

12. 经济发展后，您个人觉得日子过得更舒适了吗？________

A. 是的　　B. 没有

原因：家庭纠纷；自家的收入并没有实质提高；环境污染

13. 您对当地企业总体印象如何？____________

A. 不错　　B. 黑心　　C. 污染太严重　　D. 其他

14. 您对当地养殖场总体印象如何？ ____________

A. 不错　B. 扰民　C. 污染太严重　D 其他

15. 您在这里居住了多少年了？喜欢这里吗？近期有搬迁的打算吗？

____

16. 其他人搬迁的多吗？ ____________

A. 多　B. 不多

如果多，为什么？

A. 污染　B. 其他

17. 为什么要搬迁？ ____________

A. 外地发展前途更好　B. 住腻了，想换个地方

C. 当地环境污染太严重　D. 其他

E. 喜欢这里，没有搬迁的打算

F. 不喜欢这里，但是没有办法搬迁，只好住在这里不

G. 不喜欢这里，有机会就搬

H. 以前很喜欢，但是最近几年准备搬迁

18. 什么时候想到搬迁的？ ____________________________

19. 搬迁估计要花多少钱？ ____________________________

20. 如果有可能，你希望您的子女继续居住在这里吗？ __________

A. 我希望，他们也愿意　B. 我希望，但他们不愿意

C. 不希望，但他们不想走　D. 不希望，他们也想走

E. 很矛盾，我希望，但是这里的确不宜居（不宜居的原因：太穷，没发展；癌症发病率太高；环境污染太严重；其他）

21. 您觉得在这里居住，哪里需要改进？ ______

A. 太穷了，经济要搞上去　B. 交通及出行不便

C. 环境污染太严重　D. 都还好吧

E. 其他

排序： ________________________

三　生产和生活方式调研

生产情况：

22. 您家务农的主要项目是什么？ __________

A. 农田耕作　B. 水产养殖　C. 畜禽养殖

如果是农田耕作

23. 务农所使用的农药化肥是从哪里来的？＿＿＿＿＿

A. 市场上购买　　B. 农技中心处购买　　C. 其他

24. 化肥涨价后，使用量是否减少了？＿＿＿＿＿

A. 是的　　B. 没有

25. 农业生产所需要的水源是哪里？＿＿＿＿＿

A. 壁南河　　B. 附近池塘　　C. 有水利设施

26. 农药使用得多吗？＿＿＿＿＿

A. 多　　B. 还好　　C. 完全不用

27. 使用农药化肥有技术指导吗？＿＿＿＿＿

A. 有　　B. 没有

28. 若有技术指导，是否按照指导施肥？＿＿＿＿＿

A. 是　　B. 否

29. 您家一年用于购买这些农药、肥料的钱大概是多少？＿＿＿＿＿

如果是水产养殖

30. 您家养殖有多大规模：＿＿＿＿＿

31. 您往鱼塘投过肥或者类似的行为吗？＿＿＿＿＿

A. 有　　B. 没有　　C. 很少

32. 您家一年用于购买这些肥料的钱大概是多少？＿＿＿＿＿

33. 养殖后水质是否发生了变化？＿＿＿＿＿

A. 水质变好　　B. 水质变坏　　C. 变化不明显

D. 没注意

如果是畜牧业

34. 畜牧的粪便往哪里排？＿＿＿＿＿

A. 村里有集中的地方　　B. 没注意，随便乱扔的

C. 不记得了

35. 养殖规模有多大？（头/只）＿＿＿＿＿

A. 500 以下　　B. 500—1000　　C. 1000 以上

D. 零散养几头（大概数字）＿＿＿＿＿

生活方式情况：

36. 您家的饮用水源是什么？＿＿＿＿＿

A. 洪河/梁子湖　　B. 自己家打井　　C. 其他湖泊、小河、溪流等

D. 自来水　E. 地下水　F. 雨水　G. 其他

37. 您家一直是用这个水源吗？

A. 是　B. 不是，以前是＿＿＿＿＿＿

38. 为什么没用洪河/梁子湖呢？＿＿＿＿＿＿

39. 为什么换水源？＿＿＿＿＿＿

40. 您家自己吃的菜、鱼、肉是自己家吃的和您拿到市场上去卖的是一样的吗？＿＿＿＿＿＿

A. 完全一样　B. 不一样，自己家吃的是单独养殖的

41. 您家生活用水往哪里排？＿＿＿＿＿＿

A. 村里有管道　B. 没注意，随便乱泼的

C. 不记得了

42. 您家生活垃圾往哪里倒？＿＿＿＿＿＿

A. 村里有集中的地方　B. 没注意，随便乱扔的

C. 不记得了

四　对疾病的认知及对健康的需求

43. 最近一两年村里有没有人得怪病甚至癌症，得的主要是什么病（癌症）？

A. 不知道　B. 肝癌　C. 肺癌　D. 很多

44. 您担心您和您家人有一天也会得类似的病吗？＿＿＿＿＿＿

A. 很担心　B. 不关自己家的事，不太担心

C. 没想过

45. 您和您家人身体好吗？＿＿＿＿＿＿

A. 很好，很多年没吃药打针去医院了

B. 偶尔一点小病，自己买药就行了，很少去医院

C. 不好，医院药店常客

（为什么身体这么不好？从小就这样；不知道，最近几年突然就这样了）

46. 您和您的家人会去医院定期体检吗？＿＿＿＿＿＿

A. 从来没有过　B. 偶尔，很少　C. 子女会送去，大人没有

D. 以前没有，但是最近有　E. 以后会去

47. 当地体检一次的费用大概多少？＿＿＿＿＿＿

48. 为什么不去体检呢？______________

A. 费钱，家里经济比较紧张　　　　　B. 身体一直很好，没必要

C. 周围没人去，没想到要去　　　　　D. 其他

49. 如果体检是免费的，您和您的家人多久会去一次？（最好让农民自己说）____________

A. 一年一次　　B. 两年　　C. 半年　　D. 其他

50. 您祖上一般高寿多少？____________

A. 40 岁或以下　　B. 50 岁　　C. 60 岁　　D. 70 岁或以上

51. 您估计您的寿命是多少？____________

A. 40 或以下（具体______________）　B. 50 岁

C. 60 岁　　　　　D. 70 岁

52. 为什么寿命会减少或增多？____________

A. 生活条件好了，吃穿不愁　　　　B. 心情好

C. 每天劳动强度太大，太累

D. 污染太严重，没准哪天也得癌症了

E. 其他

53. 近几年附近在畜禽及水产养殖过程中发生过流行性疾病吗？______________

A. 没有　　B. 有　（哪些病？）__________

54. 如果有，怎么处理的？________

A. 自生自灭　　B. 买药　　C. 农技站统一处理

D. 其他

55. 这些动物患的疾病，接触到这些动物的人有得病的吗？______

A. 没有听说　　B. 不多　　C. 很多

五　对环境污染的认知

56. 您觉得当地最严重的污染是什么？________

A. 工厂的排放　　B. 养殖场　　C. 其他

57. 您听说过面源污染或非点源污染吗？________

A. 听说过　　B. 完全不知道　　C. 很清楚

58. 您知道哪些行为属于非点源污染吗？________

A. 工厂排放污水和其他污染物

B. 生活垃圾随便倒

C. 养鸡、养鸭、养猪等产生的粪便随便倒

D. 养鱼、养螃蟹、鳝鱼等投放的化肥、饲料、鱼药

E. 生活污水随便排

F. 农药化肥的使用

59. 以上这些污染行为，对您的生活影响最大的是：排序 ________

60. 您知道以上行为都会对环境造成污染吗？________

A. 知道　　　　B. 不知道

61. 我国环境污染中有60%以上来自非点源污染，您相信吗？____

A. 相信　　　　B. 不太可能吧，肯定还是工业最严重啊

62. 您觉得最近村里这么多癌症，在多大程度上和环境污染有关呢？

______

A. . 0%　　　　B. 20%　　　　C. 50%　　　　D. 80%

63. 平时接受过以下形式的保护环境问题的宣传吗？________

A. 报纸　　　　B. 电视　　　　C. 网络

D. 当地政府会有些宣传活动　　　　E. 环保企业

F. 子女读书后回来聊天告诉我们的

G. 其他

六　参与意愿调查

64. 您觉得有必要减少农药、化肥的使用/粪便集中处理吗？______

A. 有　　　　B. 没有

65. 今后您会减少化肥、农药/鱼塘的肥料的使用吗？减少多少？__

A. 0%不能减少，农业生产需要　　　　B. 20%

C. 50%　　　　D. 80%

66. 为了保护环境，需要一定的投入，您愿意负担一部分费用吗？__

A. 愿意　　　　B. 不愿意

您觉得您的邻居愿意吗？如果不，为什么？无客观原因在此处打钩__

您觉得负担多少比较合适？(具体数字或百分比均可) ________

67. 现在市场的有机化肥，对环境的污染会轻很多，至少在何种情况下，您会考虑使用？（这家如果是以渔业为主，则改为问投肥类似的问题）

A. 比目前化肥贵 10%　　　　B. 比目前化肥贵 20%

C. 比目前化肥贵 30%　　　　D. 和其他化肥一样价格才会考虑

E. 比现在的化肥更便宜才会考虑

68. 没有使用过农药、化肥或者使用了有机化肥的农产品的市场价格应该比普通农产品贵多少才比较合适？（这家如果是以渔业为主，则改为问投肥类似的问题）

A. 10%　　B. 20%　　C. 50%　　D. 80%

69. 如果以后要求畜禽的粪便要集中排放，您会配合吗？________

A. 会　　B. 不会，太麻烦

您觉得您的邻居会吗？________

A. 会　　B. 不会，太麻烦

70. 畜禽的粪便经过集中处理再排放可以有效减缓污染，但是需要您每个月帮工一段时间，您觉得多久比较合适？________

A. 没时间啊　　B. 一天　　C. 三天　　D. 一周

E. 两周

71. 如果村里鼓励大家将生活垃圾集中排放然后处理以减缓污染，您觉得村里会有多少家做得到？________

A. 麻烦，估计没人做得到　　B. 大概 10%吧

C. （大概数字或百分比）________

72. 您能做到吗？________

A. 太麻烦了，做不到　　B. 肯定能做到

C. 如果不忙，尽量吧

D. 大家都集中，我就集中，如果大家都随手扔，我一个人也懒得集中了

如果有水资源保护协会，您会参加吗？________

A. 会　　B. 不会　　C. 大家参加我就参加

五　农村面源污染防治法律实效调研笔录（四湖流域）

地点：荆州水利局会议室

调研对象：荆州市政府，市水利局，四湖工程管理局，市农业局

会议内容：

问：荆州地区的发展以“人水和谐”为理念，所以水资源的保护是很重要的问题，那么，怎样建立水资源保护体制？流域管理体制怎么理顺？请大家介绍情况，反映问题，畅谈自己的想法。

水利局：首先介绍水资源概况，台风对四湖流域的影响明显，南边的降水丰富，尤其是洪湖，6—7 月是“梅雨期”，降水主要集中在 4—9 月，多年平均为 840.4 毫米，占全年降水量的 70%—80%，蒸发量最大为七八月，陆面蒸发相对较大，多年平均为 700—800 毫米。荆州干旱指数 0.79—0.85，属典型的湿润地区。荆州市地表水资源量南多北少。水利工程建设方面，电排站、涵闸、水库较多。地表水环境现状：河流中，除了漉水水质为Ⅰ类，松西河、沮章河为Ⅱ类外，其余河流水质分别为Ⅲ—Ⅳ类。长湖和洪湖是荆州市的主要湖泊，长湖、洪湖水质均为Ⅲ类，富营养化程度为中营养。荆州有大型水库两座，漉水水库、太湖港水库。漉水水库水质Ⅱ类，富营养化程度为中营养，太湖港水库水质为Ⅲ类。荆州地区地下水三氮污染较为普遍。

其次，水资源开发利用及水环境保护存在的一些问题，包括：一、水资源管理法规体系和制度尚需健全，荆州市尚未建立以水法为核心、多层次的水资源管理配套法规体系；二、城乡安全饮水形势依然严峻，譬如发生了松滋城区缺水的事情，饮用水源地保护措施不力，担心出现松花江类似的污染情况，应该开发荆州地区除了长江外的第二水源地；三、荆州城市水环境污染的主要原因是城市生活污水处理率低、部分工业企业未能达标排放、城内河水系不畅通；四、污水处理工程建设存在一些问题，包括污水处理设施建设项目启动缓慢、污水处理厂及相关设施建设进展缓慢、乡镇项目缺乏启动资金和配套资金；五、水土保持工作有待加强。

再次，目前水资源开发利用以及保护工作中采取了的措施包括加强农村安全饮水工程的建设、加大城乡污水处理项目建设的力度、加快对重点污染企业整治的力度以及以“四湖流域综合整治”为契机，疏通荆州市内河水系。

最后，提出一些建议和意见。一、实现城乡水务一体化，完善水务管理体制；二、建立严格的水资源管理制度，严格执法监督；三、以总量控制为核心，抓好水资源分配；四、围绕提高用水效率和效益，大力推行节水型社会建设；五、以水功能区管理为载体，加强水资源保护；等等。

问：农村的管网建设现状如何？

水利局：2009年共兴建水厂29处，其中新建5处，改扩建及管网延伸23处，续建1处，已全部完工，解决了农村饮用水的问题，但没有进行污水排放管网的建设。

问：荆州“两部制”水价实施了吗？

水利局：荆州农村的“两部制”水价未实施，因为资金难以到位，硬件建设不能完成，计量措施也不到位，特别是灌溉用水，目前以县、市为单位收取。

问：污水厂运行情况怎样？

水利局：荆州城区管网正在建设中，农村未建，主要原因是官网不配套以及运行资金没有落实。城区居民已交纳8毛/吨的污水处理费。

问：目前荆州地区最需要的立法是什么？湖泊管理现在存在哪些问题？

水利局：第一是《大型湖泊管理条例》未出台，第二是地下水的开采问题，无地方法规，导致地方缺乏取水依据，没有地方立法权。湖泊管理不是单方面的工作，应该由水务、农业、环保局等各方面协作。目前水利局只做了防洪、生活用水管理方面的工作，没有对污水进行管理，水利局其他职能并没有发挥出来，所以“水务一体化”工作很重要。譬如血吸虫的治理，应该先治理上游再治理下游，进行流域治理、综合治理，由各部门之间协作，才能减少感染机会。

四湖局：先介绍四湖流域基本情况。四湖流域境内原有四个大型湖泊，目前仅存长湖、洪湖两大湖泊。流域涉及荆门、荆州、潜江部分区域。四湖流域是国家重要的农产品生产基地，是长江重要的分洪区和调蓄区。目前存在的一些问题，主要有以下几个问题：一、过度围垦，蓄洪格局恶化，一、二级站比例失调，导致总干渠水位不断上升，骨干系统防洪排涝压力剧增；二、排涝标准偏低；三、生态和环境日益恶化，来源于造纸、印染等企业的工业污染令人担忧，城镇生活污染对环境的影响逐渐加剧，农村面源污染对水质的破坏日益明显，据初步估算，仅以上三大污染源入湖入河COD总量201060吨每年，氨氮总量17551.9吨，流域纳污负荷量大大超过了其环境承载力，造成严重污染；四、血吸虫病疫情严重；五、干旱缺水的问题依然严峻；六、工程老化失修，设施配套不全。

最后是我们的建议和请求。建议将四湖流域水环境综合治理尽快立项，尽早组织项目建设，造福四湖流域人民群众。治理水污染，修复水生态，加强水利工程建设，整治水环境，加强湿地生态建设以及推进新农村建设。总之，由于四湖流域的水污染问题比较严重，既给排污企业周边的农业生产和养殖业及环境保护造成严重伤害，也给四湖总干渠两岸以及监利、洪湖等下游群众的生产、生活与环境造成了严重的影响，因此，尽快解决四湖流域水污染问题，已经到了刻不容缓的地步。

问：退田还湖有没有执行?

四湖局：退田还湖是历史遗留问题，处理起来涉及多方面的问题，困难太大，没有执行。

环保局：荆州地区水资源很丰富，人均水资源占有量在全国相对较高，但仍不足，功能用水较少，如长湖，主要是荆门农业、水产养殖造成的农村面源污染，缺水状态严峻，配套不完善，水位降低，环境恶化，给人民群众的生活造成了威胁。2009 年长江干流荆州中心城区段水质基本保持Ⅲ类标准，其他河段保持Ⅱ类标准，沮漳河、洛溪河、虎渡河、藕池河、澭水河、松滋河水质均达到Ⅲ类水质标准要求，满足规划功能的要求。洪湖水域分为湿地保护核心区、缓冲区和实验区，其中核心区和缓冲区为Ⅱ类水域，实验区为Ⅲ类水域。2009 年洪湖总体水质达到Ⅲ类区的要求，主要超标因子为高锰酸钾指数。

主要的水环境问题和成因为：规模化畜禽养殖污染源未能全面达标排放；城镇生活垃圾无害化处理率偏低；农村面源污染加重了水污染；部分河段主要污染污染物入河入湖量超过环境容量，局部水域污染严重，生态环境遭到较严重破坏。省委、省政府非常重视四湖流域的水环境综合整治工作，近年来，取得了如下成果：编制了流域水污染防治规划，包括《四湖流域水环境污染防治规划》《长湖水环境污染防治规划》《洪湖水污染防治规划》和《四湖流域农村面源污染控制国家级示范区建设规划》；开展城镇生活污水处理设施建设，实现污染物排放减量化，改善水环境质量；开展印染废水集中治理和产业优化升级工作；强化城市污水处理厂运行检查和监管；积极推进农村环境综合连片整治工作，探索控制农村面源污染的途径，改善农村环境；实施四湖流域生态恢复综合治理工程，改善四湖流域的生态环境。

今后的工作建议包括：加快城镇污水处理重点项目和污水收集管网的建设进度，落实运行费用来源，确保污水处理厂正常运行；积极推进《四湖流域综合治理规划》《四湖流域水环境污染防治规划》和《四湖流域农村面源污染控制国家级示范区建设规划》的实施；加大农村环境保护工作力度，优化环境整治技术规范，扎实推进农村生态文明建设；确保城乡饮水源安全；健全和完善四湖流域水环境管理体系和法律规范。

问：畜禽养殖产生的污染怎么处理的？

环保局：围栏养殖基本没有污染处理，垃圾未进行处理，没有规范化的垃圾填埋厂，农村的情况更加严重。

问：乡镇污水处理厂的情况怎么样？

环保局：一共有 10 个乡镇级污水处理厂，但是都没有投入运行，核心问题是经费的问题，没有运行经费，管网建设完成不了。另外，污水处理费，对乡镇来说很困难，收费难，国家也没有补贴。乡镇污水处理难度很大，责任不明确。

问：四湖流域与全国其他农村面源污染防治试点地区有什么不同吗？

环保局：区别不大。但四湖流域的特点是，水产养殖占的比例很大，养殖密度大，水产品大众化、无特色，以封闭式或半封闭式养殖为主，没有规模化、集约化养殖，这种情况对污染的治理以及调查带来了技术上的难度。农作物以水稻为主，产生的污染大。示范村大部分亏损，建议加大规划的落实与实施，加大宣传力度。农村饮用水安全问题存在，饮用的地下水污染比较严重，每年 2—4 月，水华严重，甚至会引起群众的恐慌。

农业局：荆州地区是全国重要的粮棉油、淡水渔业、畜牧业生产基地，承担着农产品安全有效供给的社会责任。由于农业资源利用不合理，工农业和生活污染治理滞后，导致水体富营养化问题突出，农业湿地功能退化，农业农村生产生活面临较大的环境压力。农业污染物包括种植业使用农药与秸秆焚烧的污染物、畜禽养殖业污染物、渔业污染物，全市农业源万元产值污染物排放量高于全省平均水平。

农业环境存在的主要问题有：水体富营养化突出、湿地生态系统功能退化、农业污染较为严重、外来有害生物入侵危害加重。希望建立健全农业污染减排和治理的体制与机制，发挥湿地资源优势，创建绿色品牌农业，推广优化种养模式，发展生态循环农业，实施农业环保工程，保护湿地生态环境。

种植业污染物减排的主要措施包括：推广科学施肥技术、农作物病虫害综合防治技术、易降解地膜技术。水产养殖污染物减排的主要措施包括：修复渔业生态环境、优化渔业养殖模式、促进渔业标准化生产。畜禽养殖业污染物减排的主要措施包括：科学选址与合理布局、标准化生产与规范化管理、科学治污与依法治污。

问：建立农业污染治理体制与机制的关键在什么地方？

农业局：关键就是要建立农业主产区的生态补偿机制，对粮食、生猪进行补贴，因为这些是必需品，应有生态补偿政策。还应建立农业污染的社会化市场化治理机制，因为农业的污染物很多可以再利用，可以由政府引导，发展农业市场主体，这方面应有扶持政策。另外还要加强农业局职能建设。

湿地局：从保护区的角度看，洪湖位于四湖流域的下游，承接着上游来水的同时也承接着污染。洪湖是草型湖泊，对污染的自治能力较强，但是由于污染严重，洪湖的自治能力不足以处理污染。除了上游排放的污染物外，洪湖自身的养殖污染也相当严重，尤其是每年7—8月时，水质甚至为Ⅳ—Ⅴ类。还有渔民的生活产生的污染，外来物种、水华生自身腐烂也造成了严重的污染。所有的内部污染中，农村面源污染最严重。2004年以来，实施围网撤围，入水口与出水口的水质与以前相比明显不同。另外还有潜在的旅游污染，洪湖湿地的旅游还处在待开发的状态，没有规模化经营。建议建立间断性人工湿地，尤其是入湖口，成本小，效果好，好管理。

问：对于洪湖湿地，最好的最直接的污染处理方法是什么？

湿地局：建大面积的人工湿地是最好最直接的办法，这对位于下游的洪湖很有用，但初期投入较大。建议尽快建立生态补偿机制。

问：对于农村面源污染，哪一种污水处理投入最少，处理效果最好？

湿地局：主要还是以生态的方法，建人工湿地。污水处理厂的建立根本不可行，建厂与管网建设需要投入的资金太多，运行的费用也较高，对处理农业污染根本不可行，效果也不好。人工湿地只是初期投入较大，但是最有效，是可行的办法。

水利局：第一，水利局应该有保护水资源以及调配和使用的权力。目前水资源管理的职能不明确，管理混乱，应该理顺水行政管理体制。水务管理上有重大弊端，水利局只管理了局部水体。第二，部门的职能要明确，譬如纳污口的控制，要系统管理。第三，应该把握重点，使污水排放达标。荆州市每日自来水供应30万吨，雨水收集率不知，污水处理厂处理的污水只有20多万吨，所以还有污水排入西干渠。第四，农业畜牧业污染严重，破坏土壤，生态环境恶化，生态农业是治理污染的必由之路，要有相关的政策出来。第五，应该建立流域生态补偿体制，自然产水量较少，长江过境水量较多，能否考虑充分利用长江过境水。希望对四湖流域试点，建立完善的体制，在治理环境上游突破。

水利局：荆州地区水污染目前的问题环保项目真正的实施困难，资金困难，污水处理厂闲置，建议增强行政领导的责任，由环保部门垂直领导，加大资金投入。

主要参考文献

一　英文类

"American Bar Association Committee on Law and the Economy, Federal Regulation: Roads to Reform", *American Bar Association Journal*, Vol. 43 (1979).

Andrew Green, "You Can't Pay Them Enough: Subsidies, Environmental Law, and Social Norms", 30 *Harv. Envtl. L. Rev.* (2006).

Andrew Green, "You Can't Pay Them Enough: Subsidies, Environmental Law, and Social Norms", *Harv. Envtl. L. Rev.* 407 (2006).

Bob Benenson, "Water Bill Wins House Passage, May not Survive in Senate", *C. Q.*, May 20, 1995

Brandon Cooper, "Total Maximum Daily Loads v. Nonpoint Source Pollution & the South Carolina Administrative Procedures Act", 15 *Se. Envtl. L. J.* 483 (2006).

Brull, Sarah, "Evaluation of Nonpoint Source Pollution Regulation in the Chesapeake Bay", *U. Balt. J. Envtl. L.* (2005).

Brull, Sarah, "Evaluation of Nonpoint Source Pollution Regulation in the Chesapeake Bay", *U. Balt. J. Envtl. L.*, 2006, 13 (2).

Chelsea H. Condon, Terry F. Young, and Brain E. Gray, "Economic Incentives and Nonpoint Source Pollution: A Case Study of California's Grasslands Region", 14 *Hastings W. Nw. J. Envt'l L. & Pol'y* (2008).

Clifford S. Russell, Jason F. Shogren, *Theory, Modeling, and Experience in the Management of Nonpoint-source Pollution*, Springer, Softcover reprint of the original 1st ed., 1993.

David Letson, "Point/Nonpoint Source Pollution Reduction Trading: An

Interpretive Survey", 32 *Nat. Resources J.* 219 (1992).

David Zaring, "Agriculture, Nonpoint Source Pollution, and Regulatory Control: The Clean Water Act's Bleak Present and Future", 20 *Harv. Envtl. L. Rev.* 515 (1996).

Douglas R. Williams, "When Voluntary, Incentive-Based Controls Fail: Structuring a Regulatory Response to Agricultural Nonpoint Souce Water Pollution", 9 *Wash. Journal of Law & Policy* (2002).

Douglas R. Williams, "When Voluntary, Incentive-Based Controls Fail: Structuring a Regulatory Response to Agricultural Nonpoint Source Water Pollution", *Wash. UJL & Pol'y* (2002).

D. Bart Turner, Chris J. Williams, "Future of Federal Storm Water Regulation after Rapanos", 22 *Nat. Resources & Env't* (2008).

Gburek W. J., Sharpley A. N., "Hydrologic Controls on Phosphorus Loss from Up Land Agricultural Watersheds", *Environ. Qual.* 27 (2) (1998).

George A. Gould, "Agriculture, Nonpoint Source Pollution, and Federal Law", 23 *U. C. Davis L. Rev.* 461 (1996).

Heller, Michael A., "The Tragedy of the Anticommons: Property in the Transition from Marx to Markets", *Harvard Law Review*, 622 (1998).

James S. Shortle, David Gerrard Abler, *Environmental Policies for Agricultural Pollution Control*, CABI publishing, 2004.

James S. Shortle, David Gerrard Abler, *Environmental Policies for Agricultural Pollution Control*, CABI Publishing, 2004.

J. B. Ruhl, " Farms, Their Environmental Harms, and Environmental Law", 27 *Ecology L. Q.* 263 (2000)

J. B. Ruhl, " Farms, Their Environmental Harms, and Environmental Law", 27 *Ecology L. Q.* 263 (2000-2001).

Kenneth M. Murchison, " Learning from more than Five and a Half Decades of Federal Water Pollution Control Legislation: Twenty Lessons for the Future", 32 *B. C. Envtl. Aff. L. Rev.* (2005)

Lee-Anns, " Environmental Grants and Regulations in Strategic Farm Business Decision-Making: A Case Study of Attitudinal Behavior in Scotland", *Land Use Policy*, 2010, 27 (2).

Marc O. Ribaudo and Richard D. Horan, "The Role of Education in Nonpoint Source Pollution Control Policy", *Review of Agricultural Economics*, 1999, 21 (2).

Marie-Ann Bowden, "The Polluter Pays Principle in Canadian Agriculture", *Okla. L. Rev.* 76 (2006).

Michael P. Vandenbergh, "From Smokestake to SUV: the Individual as Regulated Entity in the New Era of Environmental Law", *Vand. L. Rev.* 518 (2004).

Michael P. Vandenbergh, "Order Without Social Norms: How Personal Norm Activation Can Protect the Environment", 99 *NW. U. L. Rev.* 1121 - 25 (2005).

Peter S. Wenz, *Environmental Justice*, State University of New York Press, State University Press, 1998.

Prevention of Environmental Pollution From Activities Code, PEPFAA.

Quan W. M., Yan I. J., "Effects of Agricultural Nonpoint Source Pollution on Eutrophication of Water Body and Its Control Measure", 22 *Acta Ecologica Sinica* (2002).

Rosencranz, Armin, "The Origin and Emergence of International Environmental Norms", *Hastings International and Comparative Law Review*, Spring 2003.

Ruppert, Thomas K., "Water Quality Trading and Agricultural Nonpoint Source Pollution: An Analysis of the Effectiveness and Fairness of US Environment Protection Agency's Policy on Water Quality Trading", 15 *Vill. Envtl. L. J.* 1 (2004).

R. Hranova, *Diffuse Pollution of Water Resources: Principles and Case Studies in the South African Region*, London, UK, Hoboken: Taylor & Francis Ltd., 2006.

Scott D. Anderson, "Watershed Management and Nonpoint Source Pollution: The Massachusetts Approach", 26 *B. C. Envtl. Aff. L. Rev.* 339 (1998).

Scott D. Anderson, "Watershed Management and Nonpoint Source Pollution: The Massachusetts Approach", 26 *B. C. Envtl. Aff. L. Rev.* 339 (1998-1999).

Tamin Younos, *Total Maximum Daily Load: Approaches & Challenges*,

Pennwell Corporation, 2005.

The Water Environmental (Controlled Activities) (Scotland) Regulations 2005, CAR.

William L. Andreen, "Evolution of Water Pollution Control in the United States-State, Local, and Federal Efforts", 22 *Stan. Envtl. L. J.* (2003).

William L. Andreen, "Water Quality Today-Has the Clean Water Act Been a Success", 55 *Ala. L. Rev.* 537 (2003).

二 中文类

白建军:《法律实证研究方法》, 北京大学出版社 2008 年版。

白建军:《罪刑均衡实证研究》, 法律出版社 2004 年版。

[美] 比克斯等:《法律实证主义: 思想与文本》, 陈锐编译, 清华大学出版社 2008 年版。

蔡守秋、吴贤静:《农村环境保护法治建设的成就、问题和改进》,《当代法学》2009 年第 1 期。

陈景辉:《法律的界限: 实证主义命题群之展开》, 中国政法大学出版社 2007 年版。

谌洪果:《哈特的法律实证主义——一种思想关系的视角》, 北京大学出版社 2008 年版。

郭云忠:《法律实证研究导论》, 北京大学出版社 2012 年版。

[英] 哈特:《法律的概念》, 许家馨、李冠宜译, 法律出版社, 2011 年版。

黄锡生、张显云:《我国农村水污染问题的法律对策研究》,《水利经济》2008 年第 7 期。

[德] 卡尔·拉伦茨:《法学方法论》, 陈爱娥译, 商务印书馆 2003 年版。

[英] 拉兹:《实践理性与规范》, 朱学平译, 中国法制出版社 2011 年版。

雷晓政:《法律生长与实证研究》, 北京大学出版社 2009 年版。

冷罗生:《我国面源污染控制的立法思考》,《环境与可持续发展》2009 年第 2 期。

李挚萍、陈春生:《农村环境管制与农民环境权保护》, 北京大学出版社 2009 年版。

[美] 理查德·A. 波斯纳:《法律的经济分析》(上、下),蒋兆康译,中国大百科全书出版社,1997 年版。

吕忠梅:《环境法学研究的转身——以环境与健康法律问题调查为例》,《中国地质大学学报》(人文社会科学版) 2010 年第 4 期。

吕忠梅:《农村水资源保护的法律需求——以湖北农村水污染防治现状为例》,载《2009 年湖北省法学会环境资源法学会年会论文集》。

马怀德:《我国法律冲突的实证研究》,中国法制出版社 2010 年版。

[英] 尼尔·达克斯伯里等:《法律实证主义:从奥斯丁到哈特》,陈锐编译,清华大学出版社,2010 年版。

秦天宝:《遗传资源获取与惠益分享法律问题研究》,武汉大学出版社 2006 年版。

[德] 施密特:《论法学思维的三种模式》,苏慧婕译,中国法制出版社 2012 年版。

石路:《政府公共决策与公民参与》,社会科学文献出版社 2009 年版。

宋英辉:《法律实证研究本土化探索》,北京大学出版社 2012 年版。

宋英辉、王武良:《法律实证研究方法》,北京大学出版社 2009 年版。

汪劲主编:《环保法治三十年——我们成功了吗》,北京大学出版社 2012 年版。

王树义等:《环境法基本理论研究》,元照出版社 2012 年版。

王树义等:《环境法前沿问题研究》,元照出版社 2012 年版。

王锡锌:《公众参与和行政过程:一个理念和制度分析的框架》,中国民主与法制出版社 2007 年版。

俞可平:《权利政治与公益政治》,社会科学文献出版社 2005 年版。

俞可平:《治理与善治》,社会科学文献出版社 2000 年版。

后　记

对农村面源污染防治法律实效的关注，始于2009年起我在湖北水事研究中心参加的基层调研。选择实证研究的方法，则缘于湖北水事研究中心跨学科研究团队常年共事给我带来的启发，以及我在华中科技大学公共管理专业的一段博士后经历。回顾近十年来本书的思考与写作，我的心中充满了感激。

感谢吕忠梅教授及湖北水事研究中心跨学科研究团队的鼎力支持！湖北水事研究中心是湖北经济学院与中南财经政法大学联合设立的人文社科类跨学科水事研究机构，2010年获评为湖北省高等院校人文社科重点基地，2013年因科研服务社会的突出成绩获湖北首届环境保护政府奖。在创始人吕忠梅教授的领导下，中心始终把解决实际问题作为研究的出发点和落脚点，坚持“实践、实证、实用”的建设思路。吕老师对社会现实的强烈关注，激励我走出校门，寻找社会科学研究的“真问题”，回应环境立法与政策实践的真实需求。从2009年起，中心在湖北这个农村面源污染的“重灾区”，每年组织师生走乡入户，到田头地间开展了大规模的社会学调查，建立了相关基础数据库，对现行农村面源污染防治立法的法律实效有了深切的认识。由此形成了一批获得实务部门采纳的意见和建议。衷心感谢王腾、张宏志、王丹、王玉宝、张晓京等各位同事，本书的写作离不开你们给予我的启迪和帮助。每一次的研讨和思想碰撞，都加深了我对环境立法实效的反思与感悟。

感谢我的博士后合作导师谭术魁教授为我开启了一扇跨学科研究的大门。对于进站前只从事过法学规范研究、对定量研究一无所知，甚至完全没有高等数学基础的我，谭老师付出了更多的心血。冷面热心的谭老师，是你给我信心和勇气，去克服学科背景上的局限。谭老师广博的学术视野，不拘一格的创新思维，睿思敏学的治学精神，不断激励和启发我去探索法学研究的另一片风景。因为我的愚钝，在博士后研究期间没有取得更多的成绩，但是，谭老师关于法学定量研究的理念，已扎根于我的内心，成为我未来学术生涯的奋斗目标。

感谢华中科技大学公共管理学博士后流动站的所有老师们，在这里我得到了太多的关爱。特别是徐晓林教授、钟书华教授、王冰教授、卢新海教授、马彦琳教授、严丹萍副教授、曾忠平副教授、陈莹博士等各位尊敬的老师在本书写作的各个关键阶段上，都给了我中肯的意见和无私的帮助。感谢张红霞、万志前、毛子俊、张孜仪等各位同窗，与你们的交流给我许多有益的启发。每次来到公共管理学院，都被这里特有的勤奋严谨的学术精神和永远向上、敢于攀登的蓬勃生机所包围、感染，我深深体会到，在这样的环境中浸泡过的人，生活一定是充实的，生命一定是饱满的。

感谢王树义教授多年来亦师亦父般的关怀，永远忘不了您和师母在我艰难困苦之际、彷徨疑惑之时，给予给我亲人般的鼓励支持和温暖的学术家园！

感谢我的家人，你们的支持，给予我不竭的动力。

最后，永远感激人生中能有这么美好的一段从实践中来到实践中去的研究经历。环境法实效研究是一个新领域，于我而言，本书的研究亦是一个新的开始。

邱　秋

2018 年 11 月 10 日　武汉